本书编委名单

主　　任：王　立

副 主 任：蒋承云　田满华

委　　员：范三川　江胜东　普兆敏　禄　祎
　　　　　包崇刚　彭纪星　赵　坤　向　萍

主　　编：向　萍

副 主 编：倪荣中

编　　辑：杨亘岗

特约编辑：汪龙舞

政协六盘水市委员会文史资料　第十六辑

凉都撷彩（二）

六盘水市民族民间文化资料选辑

政协六盘水市委员会文化文史与学习委员会 编

贵州出版集团
贵州民族出版社

图书在版编目（CIP）数据

凉都撷彩：六盘水市民族民间文化资料选辑. 二 /
政协六盘水市委员会文化文史与学习委员会编. -- 贵阳 ：
贵州民族出版社，2020.12
（政协六盘水市委员会文史资料；第十六辑）
ISBN 978-7-5412-2600-7

Ⅰ. ①凉… Ⅱ. ①政… Ⅲ. ①文史资料-六盘水
Ⅳ. ①K297.33

中国版本图书馆 CIP 数据核字（2020）第 239330 号

政协六盘水市委员会文史资料　第十六辑
凉都撷彩（二）
LIANGDU XIECAI（ER）
——六盘水市民族民间文化资料选辑
政协六盘水市委员会文化文史与学习委员会　编

出版发行　贵州民族出版社
地　　址　贵阳市观山湖区会展东路贵州出版集团大楼
邮　　编　550081
印　　刷　贵阳德堡印务有限公司
开　　本　787mm×1092mm　1/16
印　　张　19
字　　数　250 千字
版　　次　2020 年 12 月第 1 版
印　　次　2020 年 12 月第 1 次印刷
书　　号　ISBN 978-7-5412-2600-7
定　　价　48.00 元

盘州市武笔塔（明清时期）　历史文化古镇——六枝特区
通高约 11 米　汪龙舞　摄　　岩脚镇俯瞰　王述慷　摄

水城县老城一角　汪龙舞　摄

郎岱镇邹家石木结构雕枋双步廊三合院（清末）　汪龙舞　摄

三孔拱顶起尖的回龙溪三和桥 六枝特区岩脚镇 供稿

中国第一座生态博物馆——六枝特区梭戛生态博物馆
王述慷 摄

妥乐村一角 姚盘 供稿

水城县新光村民居 原载《六盘水市志·文化志》

水城县花戛天门村远眺 胡小柳 摄

天门村古树 胡小柳 摄

六枝特区桥梁村苗族男女装束　　汪龙舞 摄

布依族接亲进门仪式　　聂康 摄

"小花苗"支系传统婚俗——以穿多为荣的新娘和伴娘
汪龙舞　摄

芦笙大鼓舞中的"乌龙绞柱"特技　原载《载六盘水市志·文化志》

阿喇地的羊皮鼓舞　汪龙舞　摄

盘州市双凤古城秦氏面艺制作　吕文春　摄

秦氏面艺作品"四龙戏珠"　吕文春　摄

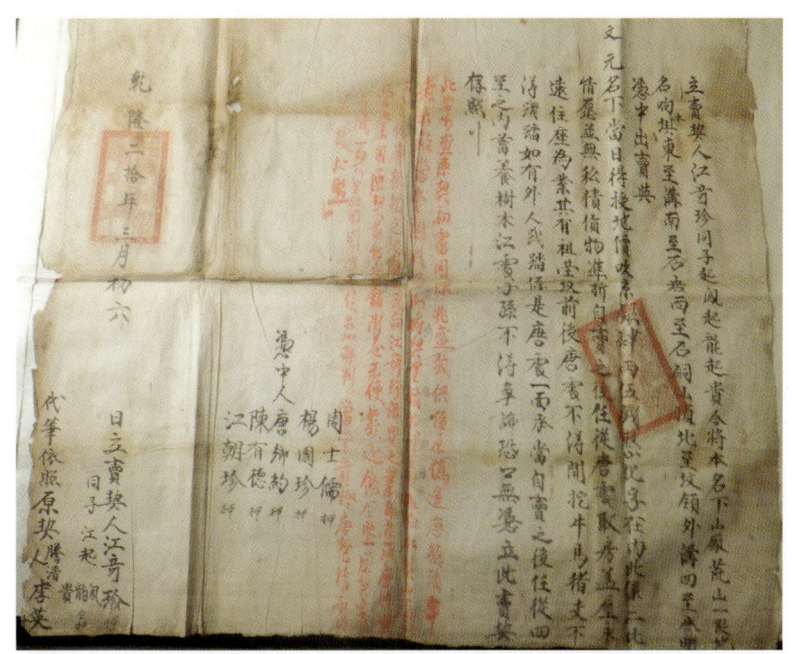

清代契约文书　李建勇　蒋石磊　供稿

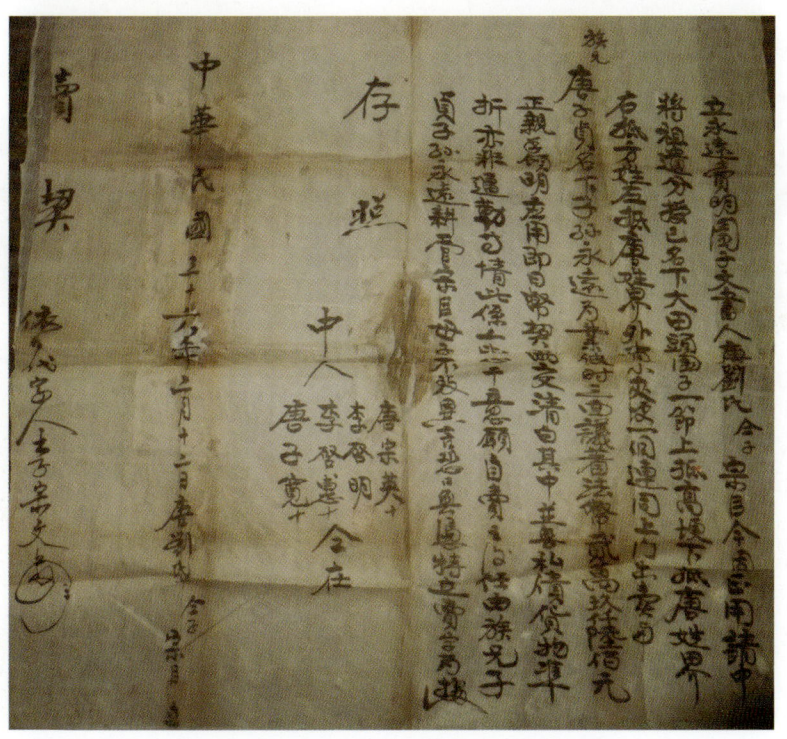

民国期间契约文书　李建勇　蒋石磊　供稿

鸳鸯酥　倪丽萍　供稿

黄粑　秦贵平　供稿

渣面粑　秦贵平　供稿

布依族油团粑　　六枝特区政协　供稿

各美其美争相艳　多元一体汇凉都（代序）

王　立

　　作为统一的多民族国家，各民族多元一体，是老祖宗留给我们的一笔重要财富。今天，六盘水市9914平方千米的大地上，生活着以苗族、布依族、彝族、仡佬族、水族、回族、白族7个世居少数民族为主的近90万少数民族群众，他们与近260万的汉族群众展其声、现其美、传其文，美美与共，共同缔造了多彩而又原真的凉都风情，让这座因"三线建设"而生、而兴的煤电钢重镇，有了更加丰富的情感和丰满的血肉。

　　拜读完这本充满着本色本香的民族民间文化集子——《凉都撷彩》第二辑书稿的时候，正是农历六月二十四，也是彝族同胞的传统节日"火把节"。同样，构建出凉都多元一体靓丽符号的还有苗族跳花节、布依族的"六月六"、仡佬族的"吃新节"，以及中国第一座生态博物馆——六枝梭戛苗族生态博物馆、中国第一个彝族文化园——海坪文化园、中国最大的布依铜鼓——月亮河布依铜鼓、国家非物质文化遗产——盘县布依盘歌、彝族歌剧《支格阿鲁》、布依族音乐舞蹈诗剧《侬》等，不胜枚举。

　　《凉都撷彩》第二辑呈现给读者的是作者更深层次挖掘、整理出来的绚丽多彩的民族民间文化，撷取了文稿35篇共25万字，图片70余幅，涵盖了特色文化、民间文艺、传统习俗、手工技艺、古迹物品、民间饮食等,有着十分重要的历史价值和文化价值。从中可以了解到一座座民族村寨的历史,读到一个个优美的传说,感受到一场场别样的婚俗,品味到一道道独特的佳肴。同时,也会被一个个民间艺人的执着追求所感动。一篇篇文章反映了各个时期各民族文化发展的历史,展现了六盘水各族人民勤劳智慧的品德、人与自然和谐发展的美丽景象,尤其是各种传统节日,完整传承至今,具有广泛的群众基础和较强的艺术观赏性,从不同的视角展示了中华民族共同体意识。

习近平总书记指出,"中国特色社会主义进入新时代,中华民族迎来了历史上最好的发展时期","实现中华民族伟大复兴的中国梦,就要以铸牢中华民族共同体意识为主线,把民族团结进步事业作为基础性事业抓牢抓好"。六盘水市的民族民间文化保护和传承在大踏步前进,各族儿女像石榴籽一样紧紧拥抱在一起,形成了中国凉都包容性更大、凝聚力更强的命运共同体。我们要保护好民族文化遗产,弘扬中华文明,构筑各民族共有的精神家园,铸牢中华民族共同体意识。我们要加强对民族民间文化的抢救、保护和传承,让它留下印记、惠及子孙。我们要弘扬民族民间文化,为宣传六盘水、推介六盘水,实现文化与旅游深度融合做出贡献。我们相信,有市委市政府的高度重视与大力支持,有全市广大民间文艺工作者的勇于担当和辛勤付出,六盘水市民族民间文化这颗艺海中的明珠一定会更加璀璨夺目!是为序。

2020 年 8 月 28 日

目　录

文化区域篇

历史文化城镇

典型民族文化村寨

天门村，一个古老而神秘的地方

历史文化城镇

汪龙舞

六盘水境内城镇的出现是随着明清时期在西南地区设置卫、州、厅、县而发展起来的。春秋战国时期,六盘水先后为牂牁、夜郎国属地。夜郎民族已改变了随畜迁徙的习惯,建立起了"邑聚"的定居生活。秦汉至唐宋时期,中央王朝先后将六盘水纳入郡县,设羁縻州等,但广大地区仍以土酋为长,这一时期的六盘水是否已形成城镇,尚无资料可查。元朝在六盘水南部设普安路,明初设普安州,路治、州治亦未建城垣,且几经变迁,仅存残址。明洪武二十二年(1389)始在今盘州市城关建普安卫城;万历十四年(1586)徙普安州与普安卫同城分治,卫城始成为当地政治、军事、文化、经济中心。清雍正九年(1731)设立郎岱厅并修建石城,十一年(1733)设立水城厅并先一年建起土城,两处厅治逐渐形成城镇。随着商贾贸易和社会生活的发展,一些要冲、要津、集市、行政管理治所等逐渐形成规模不等的集镇;庙宇、驿站、学校、商行、公所等设施逐渐修建设立;街道、房舍也日益规范,商业集市逐渐形成,并呈献出区域经济的多样性。六盘水市(地区)建立后,六枝、水城、盘州均先后将特区、县治所迁到新区,留下了具有丰富历史文化遗产的旧城老镇。为追忆历史、了解社会发展历程、研究社会文化的承传演变,以及开发旅游业等提供了发挥历史文化光热的难得处所,具有重要的保护开发价值。

一、盘州市城关镇

盘州市城关镇处于两山夹一长谷地带,小河将古镇一分为二。周围山势雄奇,形成天然屏障。区境年平均气温15℃,年平均降水量1400毫米,冬无严寒,夏无酷暑,气候宜人。

盘州市原为彝族聚居区,称于失部。元初置普安路。明洪武十五年(1382)改普安路为普安府,另置普山府;二十二年(1389)始创城基为番纳牟山之阳;二十五年筑土城,周砌以石,城堑雄伟险固,称"滇黔锁钥"。万历十四年(1586)移普安州入普安卫。清康熙二十六年(1687)裁普安卫入普安州,为州治。嘉庆十四年(1809)升普安州直隶州;十六年(1811)改普安州为直隶厅。宣统元年(1909)改为盘州厅;宣统三年(1911)重修城垣。民国2年(1913)改盘州厅为盘县。

盘州市老城1937街景 斯信强 供稿

因城中有凤凰山,民国21年(1932)设凤凰城。民国31年(1942)增设凤鸣镇。1949年将凤凰城与凤鸣镇并为双凤镇,1955年更名城关镇。镇区面积21.52平方千米,居民人口万余人,镇郊有对门山等30个自然村。

镇内有 20 多条街巷,即人民路、人民西路、人民中路、人民东路、民主路、建新路、文化路、西门路、沿河北路、沿河南路、盘新路、和平路、建国路、解放北路、环城东路、环城西路、南台路等,其中人民中路、人民南路、人民北路、解放南路、解放北路为镇内繁华之区。

城关镇现存文物古迹有:凤山书院,位于镇西半坡上,始建于清嘉庆十二年(1807),光绪二十八年(1902)改建后更名为文昌阁,并在原讲堂基础上建正殿。1928 年秋,盘、安(今晴隆)、普(今普安)联立初中从南台山迁于此,为盘江八属最高学府,现为盘州市城关中学。

南台山考棚,处在原盘县特区政府前右侧山顶上,为清道光十五年(1835)地方绅民捐资修建于文昌阁旧址上,同治七年(1868)增修号舍,光绪六年(1880)改为官立武备学堂。

北门城楼,始建于明洪武二十二年(1389),民国 17 年(1928)仿昆明"近日楼"重建。

普安卫城垣,始建于明洪武二十二年(1389),现存完整的有北门洞(原称"镇远门")及左侧和右侧的一段古城垣,均为料石砌筑。门洞拱券为双曲并列砌法,完整地体现了中国明代及其以前的建筑工艺,是贵州现存古城垣中仅见的两处门洞之一。

盘州市文庙,位于镇东营盘山东麓,始建于明永乐十五年(1417),清康熙七年(1668)与道光二十八年(1848)重修。盘州市文庙占地面积 3000 余平方米,其大成殿的"柱升起"工艺在我国南方已是罕见,戟门上的承重斗拱、补间铺作有宋代遗风,省内仅此一处。

水星寺,处于营盘山麓,始建于明洪武年间(1368～1398),为封闭四合院式,占地 1000 余平方米,现为佛教活动场所。此外,在城东对门山还有武笔塔和文笔塔南北相对。镇内城关二小校园内的九间楼为中国工农红军二、六军团长征经过盘县时的总指挥部旧址。1936 年 3 月 30 日,红二、六军团领导人贺龙、任弼时、关向应、萧克、王震等在此召开了著名的"盘县会议"。

盘州市城关镇主要历史人物有：王祚远，明万历四十一年（1613）进士，官至吏部左侍郎。蒋宗鲁，明嘉靖十七年（1538）进士，官至云南巡抚左佥都御史，曾为《普安州志》作序。沈勖，江苏高邮人，明洪武年间随父戍普安（今盘州市），通经史，为明代黔人中著名诗人。蒋杰，万历十七年（1589）进士，著有《十七史摘要》《普安续志》。张道藩，民国8年（1919）赴英、法留学，民国13年（1924）回国任广东省政府秘

明代普安卫城垣西门　汪龙舞　摄

书长，后任中国国民党中央党部宣传部部长，1968年逝世于台北。王漱芳，民国10年（1921）毕业于江苏国立东南大学，任国民政府训练总监秘书主任、国民政府交通部秘书厅主任等职。

盘州市城关镇自元初以降，即为政治、军事重镇，至今仍有史可稽。

二、六枝特区郎岱镇

郎岱名源于老王山（牂牁江的郎山）和岱山的合称，为郎岱县旧治。郎岱镇位于六盘水市六枝特区西南部，距六枝县城47千米，距六盘水市人民政府驻地钟山区129千米。六枝至普安、镇宁公路经由该镇，水（城）黄（果树）高等级公路经郎岱至水城。

郎岱镇地处喀斯特地貌中的溶蚀谷地，地势开阔平坦，有"郎岱坝子"之称，海拔1300米～1400米。郎岱河由东南方向绕城流

过,汇入月亮河,向西北方向入北盘江。城周石山林立,南有打铁关、福堂坡、狮子坡、马鞍山诸峰;北有老里坡,地势险要,自古为滇黔要道之一。城南石壁峭立,下临北盘江,清人马怀信于关口题有"岩疆锁钥"四字。

明洪武十四年(1381)陇榜(陇庞土司)任郎岱长官司长。清康熙十八年(1679)降陇氏土司为外委千总,曾辖郎岱、六枝二目。雍正九年(1731)郎岱、六枝二目地设郎岱厅,治所设于郎岱,始筑石城。乾隆二十四年(1759)

清代所建郎岱文峰塔　林逢春　摄

在城西北隅建木城楼一座,后被毁,同治七年(1868)又重建增修。民国2年(1913)改郎岱厅为郎岱县,为县治。民国6年(1917)设贵州省郎岱审判厅,管理省内20余县案件审判。民国22年(1933)设太平镇,后改称东平镇。1957年更名为城关镇,1960年撤郎岱县,改设六枝市,1982年7月改为郎岱镇。镇郊外有驿马等30个自然村。

郎岱镇主要街道呈东西走向,有东街、西街、后街、平街、书院街、驿马街、石灰街、前营、后营9条街。保护较完整的街道为档大街(现称朝阳街),街道宽阔而静逸。民居建筑多为四合院,临街面为重檐木结构风火山墙建筑,窗棂雕花精致,有较高的艺术价值,大部分民居为晚清建筑。清雍正初年至光绪年间,郎岱城先后建有戏楼3座,书院1座,以及规模较大的庙阁楼塔18座(处)。18座庙阁楼塔分别为文庙、武庙、城隍庙、天齐庙、马王庙、黑神庙、牛王庙、文昌庙、万寿庙、二楚宫、保赤宫、玉皇阁、观音阁、魁星楼、龙神祠、昭忠祠、东山寺、文峰塔等,现多数已被毁,尚存的黑神庙、观音庙、龙神庙、文峰塔等,成了郎岱镇的"历史标记"。

郎岱镇民间文艺主要有逢年过节表演的花灯、文琴戏、龙灯等。民间工艺以陇村陶器为代表,另有银镂工艺技术精湛。地方特色小吃甜酱、挞饵粑、豆豉深受当地人喜欢。

郎岱自清以来一直在贵州西部占有重要的政治军事地位,现仍是六枝特区西南部最为热闹的古镇。

三、水城县老城

水城县老城位于乌蒙山脉东北段东南麓盆地中部,六盘水市中心区东南隅,原为水城厅和水城县治所,现属钟山区所辖。贵(阳)昆(明)铁路从城东北侧穿过,水(城)柏(果)支线、水(城)大(湾)支线分别从城南、北郊分出。六盘水市人民路、环城路隔城南、城北相向而立,交通方便,市场繁荣。水城河沿城南自西向东流入响水河汇入三岔河。河周围群山围绕,上钟山与下钟山遥遥相望。新建荷城花园水抱楼环,风景优美。水城县老城年平均气温12.4℃,年平均降水量1222毫米,四季如春,气候宜人。

水城县老城始建于清雍正十年(1732)。建时为上城墙,墙厚2米,高约3.4米,周长1240米。乾隆二十四年(1759)改建为石城墙,墙厚约2.7米,高5米,周长1500米,有垛口648个,开城门三道(城北因系沼泽地未开)。东门挹晖,南门启文,西门景成。水城河(又名"一字河""凤池河")流到城西门外分为二渠,渠宽约18米,一绕城南,一绕城北,于城东汇而为一向东南流去。如城遭敌围困,立即将水闸关上,四周一片深水环绕,具有很好的防御功能。渠外皆为水田,每逢盛夏雨水较多时,河渠水流暴涨没及田塍,城四周犹如湖泊,故得名"水城"。又因城小而圆,远看似一片荷叶飘浮于水上,故又有"荷城"之称。城中有七座小石山疏密相间,称"七星捧月",亦呼"荷盘戏珠",小石山下还有泉水涌出的龙洞和可通地下的狐仙洞。城内街道、房舍等皆依山相连布局。光绪元年(1875)重修三城楼,重檐有两层,每层高5余米;改东门为春熙,南门为向化,西门为桂馨。城内设东华街(今光明南路)、中大街(今和平北路)、凤翔街(俗称书院街,今和平路)、照磨街(俗称下堂街,今沙田路)、南薰街(今自由东路)、西城街(今解放南路)、龙洞街(今解放北路)、桂芳街(今城隍庙小巷)、奎光街(今民主路东段)、玉带街(今光明西路)、马腾街(俗称马兵街,今电影院小巷)、转西街(今自由路小巷)等 12 条石板路面街道,路幅宽 4 米～5 米。民居多为清末民初建筑,以单檐悬山顶穿斗双层四合院式为主,临街正房多设柜台,院内石板铺成天井,有较为完备的排水系统,正房两山间多有封火墙相隔。至今保存较完好的有杨毓彦居宅、罗景玉居宅、廖允之居宅、陆子高居宅(20 世纪 50 年代水城县兵役局所在地)、吴银桥居宅①、罗聚垣居宅、吴敬卿居宅、陈仲湘居宅,以及明代彝族土司住宅遗迹、民国时期的城区区立两等小学教学楼、20世纪 50 年代所修的水城县书记办公大楼(1966 年彭德怀视察六盘水期间曾在此居住并召开会议)等。

彭德怀召开过会议的原水城县政府综合办公楼
高锡杰 摄

城内古代建筑还先后建有厅通判署、照磨署、游击署、守务署、千总署、关圣庙(武庙)、文庙、文昌阁(观音阁)、吕真君祠、环翠亭、凤池书院,以及民国时期建立的塔山正气亭、抗日将士纪念碑等,但大多已被毁。今尚有观音阁(已修复开放为活动场所)、城隍庙部分建筑、部分古城垣残留。1971 年,城内主要街道改为水泥路面。

---

① 贵州省现代文化名人田君亮出生地。田君亮,早年留学日本早稻田大学,曾参加孙中山领导的"国民革命",中华人民共和国成立后历任贵州大学校长、贵州省教育厅厅长、贵州省副省长等职。

水城县老城主要特色小吃有羊肉粉、烙锅等。

水城县老城至今仍保持着清代街道的基本布局。自建城以来，长期为水城县政治、经济、文化中心，各个时代都有丰厚的人文景观和历史文化遗存。

四、六枝特区岩脚镇

岩脚镇地处由中三叠统上部碳酸盐岩形成的谷地之中，坐落在六枝特区中部偏北的三岔河支流岩脚河畔。河段内有奇潭怪泉，故有"怪泉之乡"之称，四周石峰环抱，形如九只姿态各异的巨狮。周山有清咸同时期遗存的七座石砌营盘。由六枝往织金、纳雍的公路经此穿过。古时蜀郡南下番禺的古驿道途经岩脚羊场，北经水城猴儿关至毕节七星关，现尚存秦汉时期的古驿道一段。岩脚镇距六枝城 22 千米，距六盘水市人民政府驻地钟山区 115 千米。

岩脚镇古时为原始森林，故又有"黑羊大箐"之称。元末有张、杨等姓避难至此并在此地开垦种植，后迁居此地者逐渐增多，人们依岩山建寨，形成"半边街"。岩脚镇原取名"岩觉"，寓岩山觉醒之意，因岩山之麓为"脚"，故后称为"岩脚"。清乾隆十九年（1754）在郎岱厅境内置羊场（岩脚）巡检司，隶属安顺府。民国 3 年（1914）改羊场巡检司为羊场分具。民国 25 年（1936）撤羊场分县并入郎岱县，设岩脚区。民国 32 年（1943）设岩脚镇。1949 年后改为岩脚区，1954 年复为镇，1958 年更名为涌泉公社，1963 年改称岩脚公社，1982 年 7 月 15 日恢复镇的建置。岩脚镇街面积约为 0.6 平方千米，人口约 8000 人，为汉族、苗族、彝族杂居镇，含新郊等 11 个自然村。

岩脚镇平面布局为长方形，东西走向，镇内现有和平街、新华街、文化街、建设街、发展街等主要街道。和平街形成年代较早，民居多为四合院式建筑，院内有石板铺地；临街为重檐式建筑，窗棂木雕精细，正间辟为铺面，两山为封火墙。街道有较好的排水沟。镇西隅有田氏雕楼建筑，石砖结构，由过厅、两厢、正厅、雕楼等组成。田氏雕楼占地面积180平方米，左侧有两组四合院并列，为一组大型的彝族庄园建筑。雕楼为歇山顶，通高约20米，建于民国初年，面貌保存基本完好。

田家大院碉楼（民国）汪龙舞 摄

岩脚镇内寺观有回龙寺、万灵山寺、观音阁、通灵寺、三官庙、万寿宫、财神庙等，系晚清建筑。岩脚场形成于明末，自清朝中期渐臻繁荣。清末，此地为附近各县的集散中心，亦是川盐入黔的重要中转站，是时商贸辐辏，人烟密集，居民达800余户。光绪末年于镇东北辟新街，甚为繁华。

岩脚镇花灯、舞龙远近闻名；岩脚镇斗笠、面条家喻户晓。岩脚镇生产的斗笠曾在中国进出口商品交易会上展销。此外，岩脚镇银制饰品、铜木制品也颇有名气。

岩脚镇地处交通要道，是贵州历史上开发较早的地区之一，商贸发达，民风古朴，至今仍保持着古镇格局，是贵阳通往六枝特区梭戛生态博物馆的必经之地，亦是重要的古城镇文化旅游景点。

典型民族文化村寨

汪龙舞

六盘水早在春秋战国时期就是古濮人繁衍生息之地。秦汉以后，随着社会变化和发展，各少数民族及汉族先后移居此地，逐渐形成了市境内多民族"大杂居、小聚居"的现状。由于历史上长期的交通闭塞，各民族中各支系自拥村落而居，基本上处于一种封闭或半封闭的状态，许多古老、原始的民族原生文化得以较为完整的保留和承传。信仰、风俗、习惯的不同以及服饰、物器、歌舞、工艺技艺等物质文化或非物质文化的差异，使得这片地区形成了各具特色的民族文化生态，进而形成了丰富多彩的民族文化生态环境，留下了极为丰富的民族文化遗产，具有重要的民族文化研究价值。

一、六枝特区陇戛寨

六盘水市六枝特区梭戛苗族彝族回族乡下辖行政村——高兴村是一个苗族聚居的自然村寨，距六枝特区 42 千米，系挪威与中国合作所建的中国第一座生态博物馆——梭戛苗族生态博物馆所在地。

陇戛寨为高兴村六个自然寨之一，属喀斯特地貌，坐落在海拔 1600 米～1800 米的山腰上。寨前有营盘山和神树山，山势陡峭，植被葱茏。远山重峦叠嶂,景色宜人。寨脚有一口水井,供全寨人饮用。

历史:据寨内老人相传,清初平西王吴三桂"剿水西"后,水西的苗族四处散逃,一部分躲到织金、郎岱一带深山老箐中居住,这部分的苗族称为"箐苗",陇戛寨为其中十二个寨子之一。"箐苗"先辈到此定居时只有五户人家,现已传了十余代,有200多年历史,全寨90余户490多人,全系苗族,语言属汉藏语系苗瑶语族苗语支川滇黔中部方言。

民居:民居多为一层平房,分木结构草顶房、夯土墙草顶房和石墙草顶房三种。木结构为梁柱式穿斗结构,四壁多用木板装成,也有用竹条编织的,屋脊堆厚草。夯土墙无吞口,一般面阔三间,隔墙均用竹、藤编织而成,抹泥浆。"妹妹棚"为青年男女谈情说爱之处,离寨而建,为三柱插地式简易建筑,棚门两木杆插地呈三角形状。以竹条、树枝绑扎为墙,门为草编式门帘。"打嘎"(祭祀)期间需建停放灵柩的临时性建筑"嘎房"。"嘎房"三柱着地,用竹藤捆绑札成骨架,盖稻草、麦秆、杉叶等。

服饰:男女头戴木角(男子重大节日才戴木角)。女子所戴木角长约60厘米,高15厘米,上缠10余斤重的麻或毛线做假发,用白带缠扎成大髻垂于耳下到两肩上方,尤为独特。女子服饰无论老幼均为黑底色,对襟上衣前摆到腰,后披至小腿,镶有花条的麻布百褶裙亦长及小腿,衣裙饰以蜡染、刺绣图案。上衣嵌白色纽扣,前配一青色羊毛挂兜,小腿上裹羊毛护腿。佩铜项圈1圈~2圈或5圈~6圈不等,腰带两侧常挂3条~5条蜡染或刺绣花手帕。男子内穿青色麻布前短后长搭襟衫,外套为青色麻布窄袖短衣。领口、袖口镶花边,左右挎绣花方形包,嵌白色盘花扣。下着白色麻布褶裙及裙裤,腹部佩做工精细的围腰,上缝四条刺绣腰带。

刻竹、结绳记事:刻竹是一种记录方式,通常在老人过世时用来记录礼品、礼金。刻竹人一般为家师、寨老。一个寨子的礼品、礼金通常用一根刺竹记录。顺序为:第一节记钱,第二节记布,第三节记鸡,依次为猪、牛、羊等。结绳是办婚事时使用的一种记录礼金方式。主事人用一棵结绳打上节头,插上茅草,记录送礼金的人员与数量。

管理:村主任或村民组长负责处理村寨的行政事务。寨老、寨主处理族内矛盾及主持礼仪等。在陇戛寨,村主任和寨主往往为同一个人兼任。

婚姻:陇戛寨的青年男女多为自由恋爱,实行一夫一妻制。家族内禁止通婚,极少数人与周边其他民族通婚。男子成家后自立门户,女子出嫁随夫家,只有娘家处理大小事务或逢年过节才回家帮忙。

音乐舞蹈:红白喜事唱酒令,男女相恋唱山歌。主要乐器为芦笙、三眼箫、唢呐、口弦、口琴等,曲调随使用场合变换。舞蹈以芦笙双人舞、集体舞见长,常为两个男子持芦笙在前,边吹边跳,其后排列的男女队伍绕场表演。

节日:有春节,农历正月初四至十四跳花坡,二月初龙场天祭树节,三月初龙场天祭山节,四月初八传统节,五月初五端午节,七月半祭祖节,九月九重阳节,十一月耗子粑节等传统节日。其中以跳花坡、祭山节、祭树节较为隆重。

手工艺:有挑花、刺绣、蜡染、铜制品、羊皮制品等手工艺,其中以挑花、蜡染最为普遍。

陇戛寨以其独特的民风民俗和头饰装扮等闻名国内外,不时有游客和专家学者们前来采风、考察。寨中建有一座生态博物馆信息中心,内设有展览室、视听室、档案室、办公室、餐饮室及商店、客房等。

苗族每年正月初十跳花节　杨勇　摄

二、六枝特区桥梁村

桥梁村又名桥梁堡村,所属六盘水市六枝特区新窑乡管辖,系苗族聚居村寨,六(枝)郎(岱)公路贯穿全村。该村距新窑乡人民政府驻地10千米,交通便利。

桥梁村处在南北走向的中山槽谷地带,东以五指山、那贝大坡为屏障,西以马鞍山、巅坡等为依托,总面积7.5平方千米。最高海拔为那贝大坡1755.7米,年平均气温14℃,无霜期290天左右。耕地351亩,产水稻、小麦、玉米、洋芋等。

桥梁村辖9个自然村寨,村内苗族主要分居在牛场坝、青杠林、大园圃、杨家坡4个自然村寨,共160户680人,有杨、王、郭、彭、许、何等姓。据传为明代朱元璋"调北征南"时由江西迁到贵阳干沟桥,清初吴三桂征战水西时才辗转迁入牛场坝、青杠林等村寨。桥梁村苗族服饰尚青,因此称为"青苗";女子盛装上衣图案多为四个官印样式的方格组合,故又有"四印苗"之称。

服饰:男子着青色右衽麻布长衫,系腰带,裹头帕。女子绾髻盘头,盖五彩挑花头帕,帕边饰以璎珞。上衣为大后披领贯首前短后长宽袖紧身式。披领后缀有三根长约尺许(约 3.3 厘米)的挑花条带(俗称"姜豆条")。前襟、后背及衣袖均配以大方格子样式的五彩挑花(或蜡染)图案,前襟短可露脐,后背长能覆胯,通常系青色围腰,长与裙齐。裙为褶裥蜡染长裙,长齐脚踝,裙沿为青布。戴银铜质耳环、项圈、手镯等。耳环较大,直径达 3 厘米。

婚姻:实行同族不同宗的一夫一妻制。过去多为父母包办婚姻,也有些青年男女通过"赶花场"等场合相识、相恋后结婚,现在多为自由婚姻。结亲时男方家需拉一头牛送到女方家,并有"闹亲"等习俗。

文学艺术:民间文学承传内容丰富,民间艺术表演精彩纷呈。传说、故事等自成体系,歌谣种类有古歌、山歌、酒歌、儿歌等。所吹芦笙为六管七音,芦笙舞以祭祀性舞蹈为主,动作舒缓沉着,臂腰摆动幅度教大,有单人舞、双人舞、多人舞等多种表演形式。村中苗族喜好武

六枝桥梁堡"青苗"支系花棍舞　原载
《六盘水市志·文化志》

术,传统的花棍舞集武术、文艺表演于一身。蜡染有单色染和双色染两种。挑花有平挑、十字挑等多种针法。花纹图案有豆花、马蹄花、水户花等 20 多种基本样式,色彩艳丽,做工精细。

节日:有跳花节、祭山节、端午节、七月半、牛王节等多种传统节日。桥梁村的传统节日以正月初五至初八的跳花节最为隆重。跳花节花场设在大园圃,是六盘水市境内著名的苗族花场之一,于 1992 年从雨播岩上迁来,占地约 4 亩。前来"赶花场"的有附近弯龙坡、嘎细、大溪、雨播、那姑坝等"青苗"支系的人员。活动内容有

祭祀祖先及已故亲人、吹笙跳舞、竞技游乐、青年男女交往等,观者达万余人。

桥梁村苗族传统文化独具特色,保存较好,吸引了众多学者、游人前来考察和参观。

三、六枝特区板照村

板照村系布依族聚居村寨,属六盘水市六枝特区落别乡管辖,距落别乡人民政府驻地7千米,有公路通过该村。

板照村地处洒耳风景区中心,四周群山起伏,地势平坦,总面积2.5平方千米。板照村至长田后侧的纳骂河为黄果树瀑布上游,是以滴水滩瀑布为中心的又一瀑布群,风光秀丽,自然环境优美。

板照村曾是原板照乡政府、坝湾乡文化站、落别乡文化站、落别乡精神文明活动中心所在地。全村有8个村民组,340户1052人。传统住房为上下两层干栏式楼房建筑,上层住人,下层关牲畜。楼房系石木结构,用横梁穿枋严榫斗合,不用铁钉。每家房屋互不接触,自成一格。现多为砖石水泥结构的楼房、平房和半边房等。

板照村素有"布依族歌舞之乡"的称誉。民歌曲调有情歌调、酒歌调、念佛调等,器乐曲调有铜鼓谱、竹箫(姊妹箫)调、唢呐调、木叶调等,分别演奏于祭祀、欢庆等场合。传统舞蹈有铜鼓舞、撒麻舞、花包舞等多种,多为集体性舞蹈。

服饰:男裹盘头长帕,穿立领对襟窄袖紧身短上衣,束青蓝布腰带。女头戴花帕,并掺假发编成粗辫盘于帕外,于右鬓插上各色花朵。女装为镶三条花边的"人"字领大襟蜡染袄,两襟及衣边均镶有织锦或蜡染图案,领口和肩上均配有印章花。胸前系蝴蝶锦镶边围腰,并配有两根绸飘带及一块绣花手帕。女孩多穿蜡染百褶长裙,长可遮脚后跟。

手工艺:已婚妇女头戴用箬和布壳做成的"假壳",外系花帕。

织锦是村中最具特色的民族工艺品,制作时在古老的织布机上以青线做经,用各色丝线做纬穿梭编织而成。所织图案有人物、羊儿、蝴蝶、鱼儿等。成品表面光滑平整,图纹精细缜密,颜色缤纷绚烂。此外,尚有蜡染、挑花、石雕、木雕、竹编等传统手工艺。

婚姻:实行同族不同宗的一夫一妻制,多为婚恋自由。板照村的婚礼甚为讲究,有择偶、定亲、要八字、吃聘金酒、结婚、坐家戴"假壳"等过程。

节日:最有特色的节日为六月六布依年和七月半尝新节。每年,乡文化站都要在节日期间于村内举办布依族歌舞文化节。节日内容有传统的对歌、跳铜鼓舞、飞石靶、吹唢呐、吹姊妹箫、青年男女社交等。参加者和观众成千上万,板照村成了市境内著名的民族传统节日活动点之一。

板照村民族传统文化丰富多彩,近年来,有俄罗斯、美国、法国、德国、加拿大、日本等国的国际民族考察团先后到村里考察、观光。中央电视台、贵州电视台以及《中国文化报》《贵州日报》《贵州民族报》等新闻媒体多次到现场采访报道。峨眉电影制片厂还将当地的民族风情摄入了电视剧《情系乌蒙》中。

省领导与村民共跳布依族集体舞　原载《六盘水市志·文化志》

四、六枝特区大卜王村

大卜王村居住有彝、苗两个民族,隶属六盘水市六枝特区中寨乡,距乡人民政府驻地约 10 千米,有乡村公路可通村内。中寨乡辖大卜王、坡头、泥寨、蒙龙新寨、平坝等 5 个自然村寨的 10 个村民组,共440户1705人。其中彝族人口872人,苗族人口833人。

大卜王村彝族男子的传统服饰多为麻布对襟长衫或短上衣,裤子为宽腰深裆大裤脚。男子多束腰带,头上裹黑色或白色包头。彝族女装为右衽窄袖紧身贴花边饰长衫,长可到膝;系围腰,穿筒裤,着绣花鞋。女子以发辫盘头,并裹以青布或白布包头;戴银铜质耳环、项圈、戒指、手镯等。传统歌舞有山歌、酒歌、儿歌、跳脚舞、铃铛舞、酒令舞等,并有唢呐、月琴、箫筒、木叶等乐器。节日以每年农历六月二十四的火把节最为隆重,届时均要举行歌舞表演及文体娱乐活动等。

大卜王村的苗族系"歪梳"支系中的"小歪梳"分支系。男着青色右衽长衫,裹包头,系腰带。女着右衽交襟窄袖挑花边饰紧身上衣;裙为褶裥长裙,裙中部饰以挑花图案。女子戴挑花刺绣围腰,图案为条形排列装饰。传统歌舞以芦笙舞为主,亦有山歌、古歌、酒歌、儿歌等流传,另有唢呐、直箫、口弦、木叶等乐器演奏。

大卜王村传为古濮王所居,与邻近的小卜王、祭王寨等形成市境内古文化的探秘寻根之地。

五、盘州市妥乐村

妥乐村为六盘水市盘州市石桥镇下辖行政村,为中国传统村落,位于石板镇的北部,距县城(盘州市)28千米。妥乐村亦称"千株银杏村",分两个自然村,村民均系汉族,现有398户1580人,以农耕为主。

妥乐村坐落在一条南北走向的谷冲地带,谷地长约5千米,最窄处不到100米,最宽处500米左右。两山海拔1750米,一条小河从谷地中流过,地形窄长而幽静。

历史:该村主要有路、卜、蒋、顾、王五姓氏,五姓均为明洪武"调北征南"时迁移定居于此的汉族,祖籍为明朝前期的首都应天府(今南京)。语言属北方方言区,中原语音痕迹明显。

民居:民居皆为木结构穿斗式建筑,多系硬山顶,少数悬山,面阔三间,明间有"吞口"。

植被:盘州市妥乐村素有"世界古银杏之乡"之称,树龄在 400 年以上的银杏树有 1150 株。连片银杏树 617 株,一般树冠覆盖面积为 72 平方米。整个村掩映在银杏树绿荫之中,夏天一片浓绿,秋天只见金黄。近几年来,妥乐村民种植银杏 1000 亩左右,共计 3 万余株,已成活 90% 左右。

银杏树最早出现于石炭纪,距今约 3 亿多年,到中生代三叠纪侏罗纪前极为昌盛,遍及全球。第四冰期后,仅中国境内有存,为中国特产树种,是现存裸子植物中最古老的孑遗植物,被称为"活化石"。它生长期长,结果慢,有"三十而生"和"公植树而孙得食"之说,故又称"公孙树"。银杏果形小,核为白色,故名白果;因叶状如鸭掌,故又称"鸭掌树"。银杏果实营养丰富,做菜口感极佳,用其入药,有健肺定喘的功能。银杏叶还可提取成珍贵药物。银杏木质细密,是建筑和器具之上材。现妥乐银杏树每年可产银杏 2.5 万公斤,每年收入百余万元,自然落叶 50 吨左右,回收率 70% 左右。

妥乐村集自然风光与人文景观于一体,上千株古银杏树成片成林乃全国罕见,吸引了众多游客和艺术家们前来观赏、游玩。

六、盘州市陆家寨

陆家寨为布依族聚居的自然村寨,位于六盘水市盘州市东北部保基苗族彝族乡境内,距乡人民政府驻地 16 千米。

陆家寨位于格所河西岸台地上,海拔约 1000 米。格所河自寨南约 2 千米处的一个大溶洞中涌出,往北与北盘江交汇。小船可进洞百余米,洞中可见瀑布,其景十分壮观。格所河下切较深,两岸陡峭,形成狭谷。陆家寨下临狭谷,气候湿热,平均气温 21℃,最高气温 36°C,全年无霜,旱地种甘蔗、芭蕉等。东、西山体植被覆盖率在 50% 以上,森林覆盖率 10%。陆家寨分三个自然村寨,皆坐落在榕树林中。寨中有大榕树 49 棵,树干胸径皆在 3 米以上,其中最大的两棵胸径约 10 米,每棵树

陆家寨风光 汪龙舞 摄

冠覆盖面达 2 亩多,整个村寨掩映在榕树绿荫之下。

历史:该寨有陆、王、罗、岑、白、潘六姓氏,据陆氏家谱和口碑记述,最先到此居住的是王姓,之后陆姓于明洪武年间从江西迁于此定居,至今已有 600 多年的历史。现有村民 74 户 297 人,均为布依族,语言属汉藏语系壮侗语族壮傣语支,布依语第三土语区。

民居:大部分的民居为木结构穿斗式悬山顶,面阔三间,四壁装木板,少用檐墙围护,部分为"干栏"式建筑,茅草盖顶。

服饰:女装上衣为窄袖紧身对襟式,领沿和襟边皆饰挑花。图案主要为八角花、菱形围边。袖祍有七圈刺绣、挑花装饰。缝制方法有刺绣、盘绣、剪贴三种。外罩马甲,长与衣同,亦为对襟式,领沿及襟边装饰与衣同,但更精致。马甲肋部各有两条挑花式刺绣宽带,图案为变形鱼和鸟。马甲外面为吊带式围腰,呈梯形,下为直摆,左右有两根飘带往后系。飘带、吊带皆绣得有刺绣、挑花,工艺较精,图案多为变形鱼、鸟及凤凰等。围腰梯形头亦为挑花、刺绣装饰,工艺精美。下裳为百褶裙,上为青色,下为红色,无装饰。鞋为尖嘴船形,"嘴"往上翘,鞋面的刺绣图案有鸟、鱼、花等图形。头裹青色头帕,戴银项圈、银手镯、银指圈。指圈面为菱形,将第一指节全部遮住。

婚姻:实行一夫一妻制,亦有"初嫁不落夫家"的习俗。

节日:主要节日有六月六祭山神节。节日内容为"娱神"、跳铜鼓舞。铜鼓舞有专门的传统鼓谱,由专职鼓师保存。三个寨子均有"马头"(即寨主)负责主持祭祀、婚丧、节日等活动。

管理:村民小组长在村中担任一定的管理工作,寨主则负责寨规的执行和解释,并主持祭祀、婚丧等。

陆家寨环境幽美,榕树群覆盖全寨,在省内极为罕见。村旁古树参天,自然风光与民风民俗很好地融为一体。

七、盘州市滑石板村

滑石板村系苗族聚居村寨,位于六盘水市盘州市马场乡,距县城 45 千米,有乡村公路通达。

滑石板村属峰丛洼地地带,海拔 1400 米～2050 米,年平均气温 13.4℃,年平均降雨量 1525 毫米,无霜期 278 天。全村有 253 户,98%以上为苗族。村境内有著名的"采花洞",是当地苗族春节期间举办"采花节"活动的集中地。

服饰:女服饰分年轻式和老年式两种,年轻式女装为紧身窄袖交领对襟上衣,由领、袖、背片、前襟、衣摆和后片共 9 块拼缝而成,方块中间部分用蜡染、挑花、织锦等图案作装饰。裙为褶裥式,用蜡染制作,前系黑色围腰,围腰边饰以几何形挑花,长与裙齐。后系六条彩色挑花图案构成的飘带,带端饰璎络流苏。头盘成髻,手戴银铜戒指,颈戴银项圈等。老年式上衣与年轻式大体相同,唯前襟长于后片,后片不接摆,整件衣服由 7 块构成,多用蜡染,少有挑花。无后带裙,以青布包头。男子节日时才着民族服装,用黑布盘头,系绣花腰带。因男女上装皆用蜡染和挑花图案装饰花衣,故称"花苗"。

音乐舞蹈:主要乐器有芦笙、唢呐、直箫、大筒箫等,尤以手脚并用吹奏的大筒箫最具特色。村中已故大筒箫演奏艺人王连兴曾被誉为"苗家阿炳"而闻名省内外。音乐有各类芦笙调、箫筒调、唢呐调、唢呐调以及山歌、酒歌、古歌说唱等。舞蹈则以芦笙舞为主。

节日：最有特色的节日为农历正月初一至十五的采花节。是时全村青年男女及附近各寨的苗族小伙、姑娘们都要齐聚于村境内的"采花洞"吹笙、吹箫、吹木叶、对歌、跳舞等，通过各种方式谈情说爱、寻求对象，热闹非凡。其他节日尚有农历三月间的祭山节、五月初五的端午节、十月初一的牛王节等。

婚姻：实行一夫一妻制，同族不同宗开亲。滑石板村的青年男女多为自由恋爱，后请人做媒说亲。说亲、定亲、接亲过程要按相应礼节来举行仪式，并进行唱酒令对歌、吸竹竿酒等。

滑石板村因其独特的大筒箫制作工艺和演奏方式，以及不同于其他苗族地区的服饰、民风民俗而声名远播，吸引了省内外众多专家学者前往考察、参观。

八、盘州市麻郎垤村

麻郎垤村为彝族聚居村寨，隶属六盘水市盘州市淤泥彝族乡，距县城49千米，鸡（场坪）普（古）公路从村境内穿过。

麻郎垤村地处海拔1503米~2270米的中山槽谷地带。地势由西北向东南倾斜，寨中有小河由西向东流入淤泥河。沿山势将全村分为南北两块。年平均气温13.7℃，年平均降雨量1334毫米，无霜期272天。该村分6个小寨子隔河岸相依而居，共有204户815人。

彝族文化村寨——麻郎垤村　原载《六盘水市志·文化志》

服饰：麻郎垤村不论男

女均包黑色盘状头饰。传统男装为自制麻布对襟上衣,宽腰深裆大裤,着披风褂子。女装上衣为立领宽摆右开襟,衣长到膝,摆角边缘饰彩色挑绣图案,衣边袖口用五彩布边或加"栏杆"作饰。女子多穿大裤脚布裤,带围腰。青年女子多在头上插花或覆盖头帕,前后饰以珠络,并戴银质或铜质手镯、戒指、耳环等。

节日:传统节日有农历六月二十四火把节。白天杀牛祭祀祖先,并举行斗牛赛马、表演歌舞等活动。晚上全村人点火把游村。烧篝火、唱歌、跳舞等。农历十月初一过小年,全村每户人家均要用当年的新糯米舂糍粑庆丰收。过小年要吃团圆饭,喝水拌酒。晚上,青年人都要走出家门相约对歌。其他节日尚有农历二月二祭小白龙,三月第一个虎日祭山神土地等。

婚姻:系一夫一妻制,多为自由恋爱方式谈婚论嫁。接亲过程中有颇为独特的"泼水"、抹锅烟"打亲"等仪式,并有唢呐吹奏迎娶。实行同族不同宗族内婚,姑、舅表亲之间可开亲。

音乐舞蹈:传统乐器有唢呐、箫筒、月琴、口弦等。逢婚丧嫁娶都要唱酒令、对歌、跳相关传统舞蹈等。器乐曲调中以唢呐谱最为丰富,各种场合有不同的曲调变换,如娶亲嫁女中吹的《出亲调》《接亲调》《迎亲调》,丧葬场合吹的《敬观音》《宾谱》《封神调》以及比赛时吹的各种花腔杂调等。

近年来,村中还组织了青年业余文艺队,配有服装器乐,在节假日为村民演出,并到附近厂矿及各地进行表演。

九、盘州市张家寨

张家寨为布依族聚居村寨,隶属六盘水市盘州市羊场布依族白族苗族乡,距乡人民政府驻地10多千米,有乡村公路可通行。

张家寨地处海拔1200米左右的中山槽谷地带,年平均降雨量1300毫米以上,年平均气温15.3℃,无霜期319天。该地气候温湿,住户依水布居,处处有竹,风景优美,适宜种植椪柑、橘子、花生、水稻。现有村民81户,其中78户是布依族。300多人口中大专、中专以上学历的占15%,村民均能够流利地使用汉语。

节日:主要传统节日有春节过大年、农历三月初三祭山节、六月二十三至二十四的歌节等。农历六月二十三宰牛祭祀,所宰的牛肉要平均分给村民,并用竹叶包糯米蒸三角粑(粽子)吃;农历六月二十四则是青年男女相邀对歌,届时相邻村寨男女老少纷纷走出家门,齐聚在寨子旁的河沙滩上看青年男女对歌、抛花包、吹箫、吹木叶及玩山等。

服饰:妇女着盛装盘头帕,头帕颜色有青、白、花色等,头帕两端留有一寸(约3.3厘米)多长的抽纱须线,配银泡首饰。右衽大襟衣为五排纽扣,领口、户胛为双扣,盘肩、袖口用宽约三到四寸(10厘米~13.3厘米)的深色布镶花边组成。裤子为青色布大裤脚,裤脚上一寸镶一道约两分宽花边,往上四寸处再绲一道约一寸宽白底花边。裙子的底边约一尺(约33.3厘米)长处用蜡染来装饰。女鞋为船形翘头卷尖绣花鞋。首饰有耳环、项圈、手镯、戒指等,多为银、铜或骨制品,上镌刻有各类花纹图案。男子用青、黑色头帕包头,着白色衬衣,彩色花边镶饰外褂,裤子脚口边亦饰有花边。

婚姻:实行一夫一妻制。以自由恋爱为主,禁同姓开亲,结婚当晚不同房,婚后新娘不常住夫家,经多次往返后,才常住下去。

手工艺:传统手工艺主要有刺绣、挑花、蜡染、剪纸、纺织等。

音乐:主要乐器有唢呐、箫筒、口弦等。婚丧场合唱酒令、古歌。还有大量的山歌、儿歌和各类唢呐调、箫筒调流传。

十、钟山区海发村

海发村系苗族聚居村寨,苗语称"海斯",亦叫"海塞",距六盘水市人民政府驻地58千米,隶属六盘水市钟山区青林乡,有公路直通村中。

该村地处半凉山峡谷地区，背靠神仙坡（海拔2157米），以左面高大陡峭的拖佐楷梁子为屏障，右面有大官山、杨梅坡两道山梁双重环绕，中间有两条溪水长流。地势从西北向东南逐层降低，最低海拔1700余米，4个自然寨相互依托，寨子之间沟壑纵横，对外形成了一个易守难攻的封闭险地。历史上从来没有土匪敢进海发村一步。

历史：全村有张、李、祝、黄、王、陈、杨、龙、安、罗等十多个姓氏，全为"小花苗"支系，语言属苗语西部方言第二次方言第一土语。据最先从纳雍县茨姑老寨搬来的张姓老人讲，其祖先大约是清代迁入此地，至今已传了近20代。全村共267户1331人。海发村是享有黔西北"芦笙王"之誉的著名芦笙舞蹈艺术家张文友的故乡。

服饰：男子过去多蓄长发，束辫绾结于顶。女子着蜡染罗裙，头戴红黄彩线为饰（已婚女盘黑色发髻，裙子下另接一道青布）。男女皆穿白色外衣，上缀两块由各色图案镶嵌而成的披肩（俗称"花背"），化纹精细繁复，有挑花、蜡染、编织等不同工艺加工而成。服装图案较为古老，组合样式多种多样，具有一定的规范性和稳定性。

芦笙舞：属典型的黔西北"矮桩功"类型，以脚上功夫著称。芦笙舞分单人舞、双人舞、多人集体舞等形式，以不同的蹲、转、踢、弹等动作组合成"车圆车""伴草链""点种""鱼晒蛋"等招式，并有"滚山珠""走锅口""点水碗""踩麻杆"等套路。舞蹈中常伴以倒立、翻滚、旋

海发村的女子芦笙队在排练　原载《六盘水市志·文化志》

转等动作,具有轻快奇巧,快速多变的特点。自1956年张文友被选出国参加莫斯科第六届青年联欢节后,全村的10多名芦笙手也被邀请到全国各地参加相关文艺汇演、调演等。现村内小学办有芦笙班,村中成立有芦笙队。

此外,村内尚有芦笙、唢呐、筒筒(二胡)、四眼箫、口弦、木叶等民族乐器演奏;有酒令、坐歌、喊歌、游方歌、古歌等民间歌谣演唱;有传说、寓言、谚语、俗语等民间文学流传。还有一幅民间绘画被国家收藏并在有关报刊发表,9幅少儿民间绘画作品参加过中国贵州国际少儿艺术节展出并获奖。

婚姻:婚姻实行同族不同宗制度,除本姓本家外,姑舅表亲、姨表亲之间可互相开亲。婚姻中大多通过自由恋爱结亲,一般都是青年人通过"串月游方""赶月跳花"和走亲访友、赶场串寨等场合相互认识后,若二人相互倾心,则会请人上门说亲。村中每个寨子边都有数量不等的"姑娘棚"(俗称花房),为未婚的青年男女们提供交往场所(本村寨男青年及已婚男女不得进入)。海发村的婚俗中,男女结婚时不同房,需回门后才同居。

节日:有春节、献山节、跳花节、七月半祭祖、过苗年等传统节日。其中尤以农历正月初一的大年、三月初三的献山节、五月初五的跳花节和十月初一的苗年最为隆重。海发村与纳雍县交界处的神仙坡是黔西北"小花苗"支系著名的大型花场之一,每年农历二月初五都有万余人到此汇聚"跳花",主要内容为亲戚相会、青年男女谈情说爱等。主要活动有吹笙跳舞、对歌、弹口弦、吹口琴、斗雀、斗牛、赛马、赛羊等。

其他尚有正月、八月及冬月之分的"串月游方",不分季节的"赶月亮",正月初一至初十的"坐花坡"等传统的男女社交活动。此外还有忌女人爬楼,老人去世后需穿最好的花背和草鞋入葬,安葬需请"子摩"(巫师),忌铁器入坟和"打嘎"(祭祀)吊大鼓、占卜

"看鸡卦"等习俗。

海发村保留并传承了"小花苗"支系众多的民族民间传统文化,该村的民族文化具有古老、丰富、全面的特点。20 世纪 90 年代以来,先后有美国、日本、德国、英国、挪威等国家以及港、澳、台等地区的人员前往海发村进行考察,在国内外均有一定知名度。

十一、水城县海坪村

海坪村系彝族聚居村寨,隶属六盘水市水城县玉舍乡。距六盘水市人民政府驻地 30 千米,水(城)盘(州)公路至玉舍森林公园的公路均从村边通过,交通便利。

海坪村地处山高石多的高寒山区。平均海拔 1920 余米,年平均气温 13℃,无霜期约 180 天。全村总面积约 5 平方千米。有茶叶地 247 亩,森林覆盖率达 73%,和国家级绿色环保公园玉舍森林公园毗邻,自然植被及人工造林相互结合,植被保护良好。

历史:海坪村所辖 3 个村民组有 171 户 704 人。该村以彝族为主,有部分苗族杂居。彝族均袭用汉姓,有石、许、曹、龙、罗、陆等姓氏,据来得最早的石姓老人讲,其祖上先是从云南迁到宣威岩脚寨(彝语称"娄发启")然后才迁来水城海坪村。过去曾是陆姓土司辖地,1953 年建海坪乡,乡人民政府设在村境内,1991 年撤销。

服饰:男装为立领对襟窄袖平摆左右开短斜衩,饰结扣,长覆胯,着黑或蓝色深裆大裤,头盘青帕。海坪村不论男女皆喜着前短后长的白色"燕尾服"于外。女装为立领直裾右衽窄袖紧身长袍,袍长过膝,饰布扣,大胁衩,大弧摆,束腰带,领、裾、边角及环肩均饰以宽幅彩布贴花。女子着深裆长裤,裤脚边沿有花边作饰,并以黑布或青丝帕缠头,佩戴耳环和手镯。

婚姻:实行一夫一妻制,同宗不通婚,有与外族通婚者。传统习俗为姑舅表亲之间可开亲,姨表亲之间不开亲。过去的婚姻多为父母包办,有严格的等级制度和门户观念,今已废除。现多为自由恋爱和自由婚配,但须经父母认可。

节日:海坪村部分节日与汉族相同,民族传统节日主要有三月三祭山节和六月二十四火把节。其中尤以火把节最为隆重。村境内划有供火把节专用的场地,从1994年开始形成六盘水市境内较为固定的大型民族传统节日之一。主要活动有歌舞、斗牛、斗鸡、赛马、打磨秋、对歌、篝火晚会等。届时观者云集,多达数万人,吸引众多国内外游客前来观赏。

音乐舞蹈:婚丧祭祀或逢年过节都要演唱传统的酒令歌、盘歌、叙事古歌,内容遍及历史、生产、生活、习俗等方方面面。除此之外还有各种内容和曲调不同的山歌、儿歌、伴舞歌等。20世纪60年代,村内高洪中、石友明演唱的"变声山歌"和张洪全、龙银亮等演唱的《乐呵

海坪村彝族火把节　厚载《六盘水市志·文化志》

呵》曾先后登上了贵阳和北京的舞台。20世纪70年代后,海坪村的《盘歌》以其独特的演唱形式曾多次被搬上各级舞台并获奖。海坪村寨以舞蹈著名,舞蹈主要有婚嫁场合的酒礼舞、酒令舞以及丧葬祭祀场合的跳脚舞等,各种舞蹈均古朴粗犷,极具特色,亦多次参加省内的文艺演出。

十二、水城县新光村

新光村系布依族聚居村寨,旧名小湾子(布依语称"卜纳卜底")。新光村隶属六盘水市水城县法耳乡,212省道水(城)盘

(州)公路从村中穿过,距六盘水市中心区 15 千米,交通便利。

该村位于北盘江北岸坡地,东北高,西南低,平均海拔 1120 米,年平均气温 16.4℃,年平均降水量 1225 毫米,终年无霜雪。盛产水稻、甘蔗、生姜、黄果等农作物,养蜂较多。村内生长有成片的古榕树,村头寨边树林密布。

历史:全村辖新光、新坪、发启 3 个村民组,有小湾子、老高寨、芭蕉塘、大黑箐、赵家寨等多个自然寨子,共 518 户 2047 人,布依族占 95% 以上。据最先搬来的岑姓老人讲,其祖先系明代随军从江西吉安府一带迁来,清雍正年间(1723~1735)先到盘州市羊场,随后再从羊场顺河迁入新光居住,至今已有近三百年历史。

服饰:男装和汉装相近,着青布帕,立领对襟多排长布扣短衫,老人着长衫、拴黑腰带。女包青色头帕,着低交领窄袖右衽过膝长衣,腰系后垂挑花吊带腰带。外套为对开襟背背心,束方形围腰,穿深裆宽脚大裤,袖口、肩托、襟边皆饰刺绣图案。女鞋为绣花翘头皮底船形鞋。盛装所穿的背心花边装饰宽大瑰丽,绣花长裙及扇状后裙别致美观。女子常佩戴耳环、项圈、手镯、戒指等银铜玉骨饰物。

婚姻:实行一夫一妻制,过去多为父母包办婚姻,现多为自由恋爱。同宗同姓严禁开亲,与姑舅表亲、姨表亲不可通婚。结婚后妻不落夫家,待有孩子后方长住夫家,过去有兄死弟娶嫂的习俗。婚前礼仪繁多,有请媒说亲、定亲、吃坐媒酒、押礼讨八字等。结婚时由 5 个歌郎前往女方家对歌迎亲,新郎无须一同前去。所唱歌典有认亲、盘诘、礼仪、酒歌、外游、交接、拦路、开帐等内容,有"歌搭桥,酒引路"之说。

节日:主要的传统节日有过大年(春节)、小年、三月三祭山节、六月六祭山林水口、七月半祭祖、九月九重阳节等。其中以三月三祭山节和六月六节最为隆重。祭山节各寨轮流进行,需杀猪宰鸡、做糯米饭祭山林神树,并且三天内禁止上山割草。六月六节又称布依年,节日期间连续三天需杀鸡祭水口,杀猪祭山林。男女青年则上山"扯火草""拾火石"游玩,内容有吹唢呐、跳刷把舞、对歌、甩帕子、打顺风耳等。

音乐:歌谣有叙事古歌、祭祀歌、酒歌、山歌以及儿歌等。主要乐器有铜鼓、莽锣、唢呐、箫、笛、月琴等。铜鼓由村寨中德高望重的老人保管,一般在过大年和报丧时才用。

手工艺:有乌木烟杆、纺织、刺绣、打花带、织锦等传统手工艺。刺绣有挑花、盘绣、辫绣、打籽绣等,绣工严谨繁复,多用剪纸花样作底,主要花纹图案有盘龙、云勾、稻穗、飞凤、蝴蝶、树叶等。乌木烟杆为村中主要副业产品,以木质花纹美观、铜饰漂亮、工艺精细闻名。

新光村布依族传统文化和原始艺术保留较好,具有一定的研究价值。20世纪80年代至90年代,曾有三位女手工艺人的20多幅绘画作品参加过省内外的展览,两幅作品被国家收藏。

十三、水城县坪箐村

坪箐村系苗族聚居村寨,隶属六盘水市水城县陡箐乡,距贵(阳)昆(明)铁路茨冲站10千米,有乡村公路直通村内。

坪箐村地处高寒山区,总面积32平方千米,平均海拔1900米,年平均气温18℃。全村有耕地650亩,荒山坡地1.6万余亩,灌木林7300余亩。自然生长的刺竹和人工栽培的金竹与各色杜鹃花连绵近千亩,形成数十里的花竹长廊。山林间盛产野党参、天麻、龙胆草、黄姜、一朵云等药材,山中还有山鸡、野兔等动物。山中有自然水塘、山泉,水源充足,森林覆盖率达30%以上。

全村辖6个村民组,共146户521人,其中苗族130户457人。全村有王、张、祝、罗、陶等姓氏。据最早迁来的王姓老人讲,其祖上系清朝中期从威宁迁来,至今已有近350年的历史。该村历史上人口时聚时迁,变动较大,中华人民共和国成立后始趋稳定。坪箐村系市境内"大花苗"支系最为集中的村寨,语言为川滇黔之滇东北方言第一土语。

婚姻:实行一妻一夫制,过去多为老人包办婚姻,不与外族通婚。今多为自由恋爱,亦有与外族通婚者。

服饰:男女均披用彩色毛线编织而成的大花背披肩,后配方形挑花背牌。背牌边沿吊十多条长过腰的彩

村人练习射弩　王述慷　摄

珠作饰。腰系彩色挑花腰带,套白毡袜,下系细挑花彩带。女着蜡染罗裙,裙腰至臀部无褶皱,裙脚为齿轮大花。未婚女子用黑色细毛线与头发缠成包头,已婚女绾圆锥髻盘于头顶。

艺术及手工艺:主要乐器有芦笙、直箫、口弦、口琴等。芦笙与"小花苗"支系的芦笙相近,最长的吹管上端套有一圆形葫芦,起一定的装饰作用。芦笙舞有单人舞、双人舞等。民歌有山歌和古歌两大类。山歌一般较短,以情歌为主;古歌多为叙事歌,叙唱的是苗家迁徙、繁衍、生存的历史及相关传说、故事等。刺绣多为挑花,有平挑、十字挑等针法。其机织毛线图案以红黑色为主,麻纱白底,粗犷醒目,对比强烈。村中男子多善射弩,其制作的弩造型美、弹力强、射程远而准。

节日:主要节日有农历五月初五的跳花节。节日内容有吹笙跳舞、对歌、跳高、游玩、追山射弩等。

坪箐村民族风情浓郁,植被生态保护较好,自然环境优美,是民俗考察和消夏避暑的好地方。近年来不断有人前往该村考察和旅游。

十四、钟山区马坝村

马坝村系苗族聚居村寨,隶属六盘水市钟山区月照乡,地处市区城郊,距市中心区 3 千米,是乡人民政府所在地。水(城)南(开)公路穿境而过,交通便捷。

马坝村属高原平坝地貌,沟壑较小。山坡呈缓坡状分布,西高东低,平地相对集中,森林植被保护较好,林场有 200 多公顷。全村总面积 3.6 平方千米,耕地面积约 327 亩,林地面积 2600 余亩。年

马坝村苗族妇女装束　汪龙舞　摄

平均气温在 12.6℃~15.4℃,无霜期 260 天,年平均降水量 1200 毫

米,冬无严寒,夏无酷暑,气候宜人。

历史:马坝村原称世乐坝子,后称放马坝,简称马坝。据该村杨姓祖上流传的说法推算,其先祖系唐末宋初从川南迁入该地定居,至今已近千年,是市境内最早迁入此地的苗族支系之一。清乾隆至嘉庆年间,该村曾先后出过一个举人、三个文秀才和五个武秀才,当时在黔西北民族村寨中十分罕见。该村分三个村民组,共 337 户 1360 人。现家家通电,户户通水,组组通公路,生活条件较好,基本无贫困人口。

服饰:男装面料多用自制靛染深色麻布,故有"黑苗"之称。妇女用毛发搓成三尺(1 米)细绳用作假发与头发相掺做右垂髻,于右耳上方歪插彩梳,故又有"歪梳苗"之称。女上装为右开襟,花栏杆大斜领,上截单色,下截和袖筒配有精美蜡染、挑花和刺绣纹样,下装着百褶裙,配绣花围腰,打白绑腿,穿云头鞋。

节日:主要节日有农历二月十五跳花节(亦称赶花场)、五月初五端午节、春节。

婚俗:实行一夫一妻制,多为自由恋爱,同姓同宗不通婚,近亲不结亲。从谈恋爱到结婚有请媒人说亲、吃猪酒(订婚)等过程,并有别有风趣的"洗脚礼"等。

音乐舞蹈:有男女相互交往所唱的山歌,在祭祀、节日、婚丧场合演唱的古歌、酒歌(亦称唱酒令)等,内容丰富,曲调多样。主要乐器有芦笙、唢呐、箫筒、口弦等。不同场合演奏不同的芦笙曲和唢呐谱。芦笙舞一般在赶花场或老人去世后的"打嘎"(祭祀)活动中表演,赶花场所跳的芦笙舞一般较欢快。"打嘎"场合所跳的芦笙舞需配木鼓击打相伴,并有徒手伴舞等形式。马坝村芦笙舞主要以腰臂功夫见长,动作舒缓大方。近年来,村中组织的芦笙表演队,曾到市区内及外地的节日庆典中表演。

手工艺:主要有蜡染、挑花、刺绣、纸扎等传统手工艺。蜡染用自制的蓝靛浸染,讲究平整清晰,不皱不裂,多为衣袖和上衣的主花。挑花数纱挑刺,主要为花边图案。刺绣多为平绣,主要用于围腰、童帽、背扇等。这些手工艺品所用图案主要有蝴蝶花、蝙蝠花、凤凰花、小鸟花、轿子花、银松花、扇子花、蚂蚱脚、杉树尖、锯子齿、瓢儿花等。

马坝村历史悠久,先后有越南、日本等国和台湾、香港、澳门等地区的学者、游客前往考察和参观。

天门村，一个古老而神秘的地方

胡小柳

凉都撷彩（三）——六盘水市民族民间文化资料选辑

天门村吊脚楼　胡小柳　摄

在古老的北盘江岸，有一个自然景观秀丽、民族风情多彩、文化遗产丰富，被人们称为"与世隔绝"的古老村落——天门村，这里有从未间断的布依文明，延续着布依族的血脉。天门村有充满美丽传说的吴王山,有古老的吊脚楼,有层层叠叠的壮美梯田,以及郁郁葱葱的古树群落,与老寨、小寨、新寨、坪寨、鸭场、滚塘6个自然村落毗邻而居。在此繁衍生息的1100余口布依族人,一直保持着质朴淳厚的生活热情,传承着古老的民风民俗,保留了特有的民族文化,创造了生活的经典,谱写着幸福的乐章。在外人看来,这里就如同世外桃源。

吴王山,位于天门村北大门,世代守护着天门村。吴三桂西征时曾戍守此地,因而得名吴王山。东南脚下为鸭场寨,杨应选老人每天都要带上锄具出门,走过一段岩石林立的羊肠小路,来到半山腰的一座古老墓地。或锄锄杂草,或修修树枝,或是来这里看看坐坐。

照看和守护古墓几乎成了老人生活的一部分。这座古墓里,安葬的是最早到天门村生活的布依族的祖先,埋藏的是天门村布依族的根与魂。不忘根本,铭记过往,感恩祖先,敬畏天地,敬畏生命,遵从自然,是生活在这里的布依族人永久遵循的朴素的生活准则。

天门村的布依族是古代百越人的后裔。唐代称之为"西南蛮",宋元以后的汉族史籍中称其为"蕃""仲家蛮",明清称"仲蛮"。中华人民共和国建立前,布依族被称为"仲家""水户"等。

峰峦叠嶂,群山环绕,山与水形成两道天然屏障,阻隔着外界的纷乱繁杂。一直以来,这里的人们比任何人都懂得土地的可贵,在四面环山一面临江的天门村,人们将每一寸肥沃的土地都用来耕种,而把自己的木屋建筑在依山靠岭的山林上。

吊脚楼是布依族人智慧的结晶。天门村至今还保留着比较完整的吊脚楼村落特征。世代居住着的277户村民中有225户仍居住在吊脚楼里,年代最久的房屋已经有上百年的历史。吊脚楼是一种古老的建筑,全部用木材建造。正屋建在实地上,厢房除一边靠在实地与正房相连外,其余三边皆靠柱子支撑。吊脚楼高悬于地面,既通风透气,又能防毒蛇、野兽,楼下还可放杂物、圈养家畜和家禽。吊脚楼住起来方便,第一层喂养牲畜,第二层供人居住。石灰岩堆砌的石梯,连接着楼上楼下。吊脚楼居住起来很是舒适,冬暖夏凉。

竹林掩映,曲径通幽处,木材与青瓦窃窃私语,诉说着吊脚楼的质朴与清新,平静而又悠远。屋檐迎风翘立,勾勒出远离尘世的蓝天白云,与大自然很好地融为一体。错落有致的吊脚楼铺陈出天门村诗意幽静的民族画卷。

王朝华就住在天门村小寨组的一栋老吊脚楼里。天刚麻麻亮,王朝华就忙碌起来了。常年在外工作的儿子即将回来,他要到山里寻找一种神奇的木材——靛子树,这是制作布依族唢呐的上等材料。这里雨量充沛,气候湿热,是靛子树理想的生长环境。几经选择,他选中一颗质地较好、大小适中的靛子树,于是他果断下斧砍伐,并削净枝叶。这段木材经过王朝华的加工,即将成为唢呐的主体部分——唢呐杆。

唢呐的杆子做好,儿子也到家了。老人迫不及待地把儿子叫到一旁,开始教他制作唢呐。每一个步骤老人都做得格外用心,因为这样的时刻并不多。

王华朝是天门村布依族唢呐制作的第三代传承人。从十几岁开始,他就跟随父亲学习唢呐制作。唢呐是布依族重要的乐器,也是布依族人生活中不可缺少的一部分。布依人通过吹奏唢呐来表达悲、欢、离、合的感情寄托,是布依族热爱生活、凝聚人心的重要载体。

王朝华制作出来的每一支唢呐,都是有生命、有温度的。天门布依族唢呐制作,用的全是当地山里种的木材。尊重自然、尊重传承、尊重创造,一直以来是天门村布依族唢呐制作奉行的原则,也是布依人的生活态度。

老人最大的心愿是通过自己的言传身教，让儿子在耳濡目染中能渐渐喜欢上唢呐，学习并传承它，让这门祖传的技艺一脉相承，代代相传，奔涌不息。

布依族是一个信仰自然崇拜、图腾崇拜的民族，在他们的生活中至今依然延续着祖先有灵和万物有灵的多神信仰。这里拥有丰富多彩的神话、传说、故事、童话、寓言、谚语、歌谣、曲调等布依文化；这里传述着古老的民族历史，歌颂着人民的勤劳勇敢，传唱着生活的美好未来，处处彰显了生活的幸福和美满。

在以农耕为主的天门村，农业是他们生活的主色调，只有不断耕种，方能保障布依族人生生不息的延续。阴雨天，妇女们丰富的想象力从浓烈的泥土上转移到细腻的针线上来，一项久负盛名的民族技艺——布依族刺绣由此诞生。

勤劳成为一种习惯，一旦手上无事，总要做点什么方能心安，刺绣填补了妇女农闲时的空缺。小燕发挥着她的想象力，跟在母亲身边学刺绣，她们个个都是技术超群的"针客"，一挑一点，一针一线运用自如，拿捏恰到好处。布依族刺绣主要有平绣和盘绣两种，而天门村的刺绣则以盘绣为主。刺绣时，布依族妇女们先在纸上剪好图案，然后将剪纸粘贴在自纺自织的麻布上进行刺绣。双针双线，边挽线边盘订，行云流水，信手拈来。绣娘们绣出的各种飞禽走兽，花草鱼虫，栩栩如生，夸张有趣，风格独特，形成了他们独特的风格。刺绣艺术不仅装饰了布依族人的衣着，还不断丰富布依族人的生活。

布依族素有"水稻民族"之称，善于开垦梯田的布依族主要从事水稻种植。天门梯田是人文生态的奇迹，一大片梯田从坡脚到坡顶拾级而上，把整个天门村寨团团围在中间。打田栽秧的时节，一片片梯田倒映着青山、村寨，空明似镜，舒缓惬意。当太阳升起的时候，层层阳光铺洒在稻田上，映照着蓝蓝的天空、白白的云朵、绿绿的青山,静静绽放的五颜六色的野花,把整个天门村点缀得分外妖娆。天门梯田以绚丽的方式,炫耀着它无尽的美貌与风光。

辛勤的劳作获得了丰厚的报偿。天门村布依人家的主食是晶莹洁白的稻米,而稻米与鸡肉相遇,便成为天门村布依族人创造出的一种独特美食。

中国大多数民族都会在大年三十这一天用最丰盛的晚餐犒劳过去一年的辛劳,天门村布依族人也不例外。王世令一家正忙着准备隆重的年夜饭。

自家粮食喂养的鸡,是年夜盛宴的主菜。杀鸡前先敬祖,这个仪式由家里的长者主持。父亲取来香纸,点燃,鞠躬,之后将香插入神龛。布依族的家神供奉在正房,与汉族供奉在堂屋不同。倒上三碗酒,念一段话请祖,方可将鸡宰杀。砂仁和野生石斛是天门村布依族鸡稀饭最主要的材料。母亲燃火,父亲掌勺,父母亲自上阵,这是对重大节日的格外重视,更是延续年味的古老传承。大火烧旺,猪油煎滚,放入鸡肉爆炒,直到水分炒干。加入事先烧好的开水,待鸡肉煮熟,加入大料,熬制一段时间。煮熟后将鸡肉捞出,将天门梯田产出的古老品种红米放入鸡汤里熬制,一锅无与伦比的美味便大功告成。

鸡稀饭、鸡肉和米酒,构成天门村布依族人大年三十的最佳盛宴,简约而又不简单,是用心熬制出来的最佳菜肴。鸡稀饭一年只做一次,一年只吃一次。天门村布依族人大年三十都是一个大家族相聚一堂,共享天伦之乐。丰盛的饭菜,鸡头与鸡腿被视为盛宴中的上品,专门留给长者享用,这也传递了人们敬老、爱老的优良传统。

时间在这里交替,天门村的风土人情、风俗习惯也在一代又一代人的传承中继承了下来。天门村布依族人正是以这样的方式,世世代代,生生不息,久久延续。

民间文艺篇

彝族十月太阳历的传说

六枝特区文化馆

彝族十月太阳历,彝语叫"词哄尼及"。彝族叙事古歌《十月大阳历的传说》唱的就是关于十月是一年,每月是如何而来的故事。

彝族叙事歌叫"母额米额",是细数由来的意思。唱时一般是分成两队,一队问,一队答,通常情况下是从万物起源于"一"开始。十月大阳历也就是一到十的问答,大致内容如下:

一问天地由来,也叫"一月数天地"。

问:"以前没有天,以前没有地,天从何来? 地从何生?"

答:"天外运来天,地外运来地,天地是一体,母亲是天地母。"讲述的是没有天地前,天外运来了天,地外运来了地,天地撞在一起,就形成了天地母。

二问山川河水由来,也叫"二月数山川河水"。

问:"以前没有山,以前没有水,山从哪里来? 水从哪里来?"

答:"天地劈两半,哭声响成雷,母泪化成雨,母身化成山。"大致讲述的是天地母一个人待在黑暗的世界里太孤独,于是就哭了起来。谁知她一哭,哭声就震开了天地,把天地分成了两半。她的眼泪化成了青山绿水,她的身躯化成了巍峨的高山。

三问女人由来,也叫"三月数女人生"。

问:"以前没有父,以前没有母,女人是咋来的?"

答:"天母分天地,天心化精灵,精灵化女形,女形捏自己,自己做成人。"大体意思为天地母分成了天地,她的泪水化成了山川,还有一颗心化成了精灵。她来到了天地间,游离于山川河水间。她在河水间看到了自己,欣喜若狂,找来泥土照着自己的样子捏出了和她长得一样的女人。

四问男人由来,也叫"四月数男人生"。

问:"以前只有母,母亲没有夫,夫从哪里来?"

答:"母亲没有夫,母亲在山里,山里是女人,天外飞来鹰,看见那母亲,迷上那母亲。男人哪里来? 男人那里来,那是鹰王来。"传说以前母亲和姐妹们都在深山里生活,有一天,天外飞来一只鹰,经过母亲的上空,迷恋上了母亲,于是从遥远的天外衔来一束花送给母亲。母亲的侍女担忧鹰来侵犯,一箭射穿了鹰的眼,鹰王掉下血泪,血泪滴到母亲的眉心。鹰王倒下,母亲怀孕,于是生下一人,非人非怪,母亲感到十分害怕,便把他抛弃在荒野。母亲又舍不得他死去,就把奶挤在马桑树上。马桑树结出了果子,被抛弃的孩子就靠吃马桑果子长大。可是他长着人的身体,鹰的嘴巴。他想和母亲回去,母亲让他把鹰嘴去掉,于是他天天啄自己的嘴巴。直到有一天,他啄不动了,以为自己要死了,就问母亲,为什么满山的果子都那么红? 母亲说那是因为自己用了鲜奶来浇灌。儿子很是好奇,想在死之前看下母亲的奶,母亲答应了。儿子摸了母亲的奶,结果神奇的事情发生了,儿子不但没有死,反而变成了和母亲一样的人。母亲欣喜若狂,把儿子带回了族里。儿子变成了人形,但身材特征还是跟大家有区别,这就是男人形成的故事。

五问夫妻由来,也叫"五月数夫妻"。

问:"以前只有女,以前没有男,夫妻哪里来?"

答:"族里没有男,族里只有兄,夫妻哪里来? 兄妹合体来。"母亲把儿子带回了族里,族里只有一个男人,这个男人和其他人都是兄妹。族里是不能容纳外来物种的,容纳了外来物种,天地就会变色。母亲把鹰的儿子带回族里后,所有人一夜之间死去。眼看洪水即将暴发,族里只剩下自己带回来的儿子和最后一个捏的女儿,母亲把所有的仙气吹给了最后一个女儿,然后把鹰儿子和小女儿放在梧桐树的窟窿眼里,而自己在洪水暴发时死去。洪水过后,天地一片荒芜,兄妹俩躲过了一劫,他们学着母亲捏人,可是他们捏的人没有仙气,没有一个能活的。母亲临死前曾告诉他们,只有从女人身体里生出来的带有血的肉体才会有灵气,人才能成活,于是就有了兄妹相配成婚的故事。

六问姓氏由来,也叫"六月数姓氏"。

问:"谁是谁的儿,生来有源头,源头哪里来?"

答:"谁生都有名,名字父母定,姓氏兄妹来。"此问接上面故事,大体为兄妹成婚后,生下了一个肉球。兄长拿刀劈开了肉球,血溅四方,每滴血化为一对人形。兄妹俩于是根据血所溅到的物体和方向,给化成人形的他们取名并赐姓,如溅到石头上就取石姓,姓氏传说由此而来。

七问粮食、牲畜由来,也叫"七月数粮食、牲畜由来"。

问:"以前没有吃,以前没有喝,牲畜(吃喝)哪里来?"

答:"牲畜山中来,喝的水中取,牲畜圈起来,吃喝不愁来。"大致意思是人与五谷杂粮、牲畜之间的故事,以前的牲畜都是山里来的。五谷杂粮大部分也是从山里引来的,喝的水是河里来的,把牲畜圈养起来,把河水堵起来后,吃喝就不再愁了(此段唱五谷杂粮来历的内容非常多)。

八问日月星辰由来,也叫"八月数日月星辰"。

问:"天山有太阳星宿,太阳星宿哪里来?"

答:"太阳送火来,月亮送明来,星宿送福来。"叙述太阳是火,月亮是水,太阳和月亮阴阳结合有了日月星辰的故事。

九问布摩由来,也叫"九月数布摩"。

问:"数天数地数书来,谁把书送来?书从何而来?谁来把书说?"

答:"数天数地数书来,龙龟托书来,书从天上来,布摩教书来。"这里讲的是传说中龙龟与布摩之间的故事,为了教人学习知识,龙龟从天上托来龙书,传给了布摩,由布摩向世人传授知识。

十问节日由来,也叫"十月数节庆"(包括彝族年、火把节等)。

问:"数来数去数节庆,节庆有哪些,哪月过哪节?彝年为十月,翻片过几春?"

答:"数来数去数节庆,一四祭山,五六火把,七八丰收,九十新年,来年再复来。"这里叙述了彝族一月到十月里所有的节日,最后一个月就是新年,新年之后又重新迎来一月的故事。

六枝特区彝族出嫁歌舞

六枝特区文化馆

　　六枝特区彝族原生态出嫁歌舞俗称"婚嫁跳脚"，也叫"阿默客"，是嫁女儿的意思。唱词以"三生石畔三相送"为主要内容，广泛流传于六枝特区箐口、过瓦、中寨、郎岱、大小卜王等地，其中以关寨镇过瓦彝寨保留最为完整。

　　彝族少女临出嫁前，要一一拜别娘家人，所以也叫"感恩歌舞"，以歌舞哭诉的形式表达对娘家所有亲朋好友的谢意。一般要拜别的是母亲的兄弟姊妹，这在婚期即将到来的前一个月做好准备，每个亲戚家要去唱跳一晚上。女方除待嫁新娘外，还要挑出 12个~36 个未出嫁的女孩及一位领头的歌师（阿姆母）一起去女方的亲戚家一一拜别。一家唱跳一个晚上，亲戚多的要连续唱跳二十多个夜晚，一般选 12 家最亲的亲戚便可，歌曲十二天十二夜不重复，舞蹈可反复跳。

　　"婚嫁跳脚"通常情况下是夜里七点开始唱跳至第二天早上七点结束，中间歌舞不重复。第一章节唱的是"书措"，内容为"天地生万物，母亲育我身，我今成年后，要别母而去，特此数根源，来到母亲戚家，一一数过往"。第一章节以唱为主，队形分为两队，迎面而立，每边分别有两个主唱，其余为伴舞。开唱时两边礼貌性行回礼，

民　间　文　艺　篇

一边起数天地万物根源,一边起数"母亲来自万物,万物给我身"。第二章节叫"那骂罗,藕扶与",意为"谢谢家人,女儿要嫁了",一边跳一边唱"母亲有亲人,我今要出嫁,代母来答谢"。第三章节叫"克敢与",意为去对歌。这时已经唱到半夜,歌词唱到"我为女儿身,父母给我命,婚姻父主张,嫁女母作主,我身不由我,嫁谁天来

彝族的"婚嫁跳脚"舞　原载《六盘水市志·文化志》

定"时,如果女儿是父母之命,媒妁之言的话,一般都非自愿,出嫁前父母及亲戚同意女儿一诉衷苦,嫁人后就得忘掉过往,好好做人。如果女儿有自己喜欢的对象,或者有人喜欢女儿的话,也会选择在这个时候以对歌的形式来表达他的爱意,作为特别的感情和无奈的礼仪送别姑娘。如果来的人不是女儿喜欢的对象,她会一边跳一边唱"女方已有良缘,缘分莫强求"之类的歌来委婉拒绝。双方会交替唱跳,男方也会请来六个唱跳的人,就是想挽留姑娘不要急于出

嫁。如果来的是姑娘的相好,那么双方就会唱跳"此生虽然相爱,但却无缘相随"之类的歌舞,其中以"三生石畔三相送"唱跳段最为经典,唱跳内容为"我寻你三世,请给我一世来陪伴你左右"等。第四章节叫"此女莫醋勾",也叫十二嫁女歌,意思是十二岁就要嫁人的故事。唱跳的内容是"我哭扑娘怀,娘哭拉我手,嫁也得嫁,不嫁也得嫁"等。第五章节叫"姆达旗觉",意为"骑上白马,我就要远嫁"的伤感离别故事。此段已经唱跳到最后一个晚上,女儿几乎是哭着唱跳到最后,娘家人一般都不忍心观看。

六枝特区彝族原生态出嫁歌舞先要通过母亲传唱,是每个女儿出嫁前必须学会的一门功课。除母亲外,出嫁前彝族少女还会跟特别会唱歌的"阿姆母"(女歌师)学歌,除了教女孩哪个阶段该唱哪部分歌之外,歌师还可以结合当下实际情况进行适当的添加改编,歌词多为一组四句,每组都要押韵方便歌唱。

整个彝族出嫁歌舞一般由选定的"阿姆铺"(男歌师)和"阿姆母"代代相传。"阿姆铺"教唱的对象主要为男青年。"阿姆母"教唱的对象主要为女青年。

花德村布依族铜鼓演奏

王启武

一、布依族铜鼓的来历

铜鼓是布依族文化中不可或缺的一部分,据史书记载,布依族先民在2000多年前就开始铸造铜鼓了。传说铜鼓是布依族先祖百越"骆越"一支所造,因此被布依族人视为传家宝和氏族、宗教团结的象征,敬若神灵,年年施祭,岁岁礼拜。

铜鼓的来历在当地民间说法不一,其中战鼓一说流传较广。相传在明朝洪武年间"调北征南"时,铜鼓被视作战鼓而制。南征胜利后布依族人认为胜利是因为有了这战鼓,故把这鼓叫作"安您"(布依语,意为"胜鼓")。另一种说法是:相传,古时候布依族老人死后无法得到超度,逢年过节也无法邀请祖先下凡一起欢度节日。有一个叫布杰的布依族人,凭借着自己的勇敢、机智和一片孝心,终于感动了玉帝,并得到了一面铜鼓。有了铜鼓,老人过世后人只要敲着铜鼓超度,神仙就会把老人接到天上,逢年过节祭祀祖先时击铜鼓,祖先就会下凡一起欢度节日,并保佑子孙平安,六畜兴旺,五谷丰登。

铜鼓对于布依族人来说是神圣的。到过年的时候把它拿出来摆放一个月,从大年三十开始敲,一敲就要把正月全部敲完。期间每天都要把鼓挂起来,今年挂在这家,明年就轮到那家,一家一家轮流的挂。正月二十八那天就把鼓请回去封存起来,要到明年春节或特别热闹的场合才能再请出来。

布依族视铜鼓为灵性之物,在其两耳上系红绸以示镇压邪恶,平时他们不让铜鼓"见光",会放进谷堆中存放或是用一丈二(4米)的红布遮盖。请用铜鼓时,要举行庄严而神秘的祭鼓仪式。寨中的长者率领寨中所有已成家立业的男人一起进行庄严的祭鼓仪式。长者带头喊出祭鼓词,晚辈们附和着长者把碗中敬神的米酒泼出去。铜鼓是布依族的神鼓,所以每年大家都会自觉地来祭鼓,把贡品都准备好,再由寨中的老人击打鼓面三下。第一锤敬天神,第二锤敬地神,第三锤敬神鼓,这样神鼓就会保佑寨子风调雨顺。

在贵州南部、中部、西部的布依族地区,每个大寨或大姓至少有一面铜鼓。布依族铜鼓一般是用铜制造,直径大都不超过50厘米,重量为10千克~15千克不等。鼓身分胸、足两段,其中有突棱一道,偏条耳有孔,鼓面有

花德村陈氏祖传铜鼓

太阳图案。晕分宽和狭,主晕饰"游旗纹",其余最常见的纹饰有山形纹、芒间心形纹、足部复线角形纹等。击铜鼓是有调的,一般是十二调。布依族铜鼓十二调由"喜鹊调""散花调""祭鼓调""祭祖调""三六九调""祭祀调""喜庆调"等组成,是在庆典、祭祀等仪式中表达布依族特性的民族音乐。例如"祭乐"就有一套传统曲牌,分为十二段:祭神调、助战调、灭火调、送葬调、迎客调、丰收调、狂欢调等。演奏这些古老的调子,一般由铜鼓担任主要演奏乐器,皮鼓、

锣、手镲等做辅助乐器来进行演奏,曲调雄浑厚重、亲切感人。有铜鼓的村寨和大姓,都有人懂得鼓调并会敲击。

二、陈氏铜鼓十二则

六枝特区陇脚布依族乡花德村花德寨的陈氏家族,全族有80多户400余人。陈氏家族原有两面铜鼓,有一面已遗失,现仅存一面。启用铜鼓的时候,要举行浓重的祭拜铜鼓仪式,一般要从腊月三十夜挂到正月三十才将铜鼓收藏起来。老人们都说,除了春节之外,其他时间都不能请出铜鼓。陈氏家族中还有这样的规矩,若保管铜鼓的这家有老人去世,三年内不能挂铜鼓,可将铜鼓封转送到另一户人家保存起来。每年大年三十夜晚吃过年夜饭后,珍藏铜鼓的这户主人要做上七碟八盘的菜,主要食材有鸡、鸭、鱼、腊肉等(切记不能用狗肉来祭祀铜鼓和祖先)。当菜做好之后,用一丈二的红布包着铜鼓将之从木柜中抱出,面朝上放于堂屋右侧。之后将菜摆在鼓面上,斟上三杯酒,点上三炷香,烧了纸钱,请寨子里的代表或者阴阳先生念祭词。念完之后要奠酒谢三方(天、地、铜鼓),礼毕,众人吃菜喝酒。酒菜吃完,立刻撤去祭祀物品,用红布将铜鼓悬挂于堂屋右侧,请寨老先敲响三下,等铜鼓停止摆动,看其面朝向何方,那就说明来年那个方向大吉大利。这些程序完成后,寨中人才争先恐后地敲起铜鼓,打起皮鼓,吹起唢呐,迎接新的一年。正月结束之后,仍然要先祭祀一番才能将铜鼓珍藏起来。总之,需要演奏铜鼓时,无论是在家中,还是到寨中,甚至是运往外地,都必须要祭祀过后才能"请"出铜鼓。"请"出铜鼓要用一丈二尺的红布包裹着抱出来,敲击演奏时用红布条将其悬挂起来,不能用绳索之类的其他物品拴挂。

陈氏家族演奏铜鼓已有三百多年的历史,据家族老人推算,至今已承袭了十二代。铜鼓演奏有十二则鼓调,鼓谱历来是一代代人通过口耳相传传承下来的,没有任何的文字记载。直到 20 世纪中期,陈氏家族才有了用汉字谐音代替布依语记录的鼓谱。

陈氏家族铜鼓鼓谱总体上以十二则为主体,具有以下六个特点。

1. 第三则与第十二则的鼓谱,节奏和击鼓部位完全一致。同时,第三则本身就是十二则中固有的一则。

2.十二则鼓调中,每隔两则就有一次的间奏曲,第三则鼓调作为过渡,再紧接着下一则。

3.第三则在整个铜鼓十二则演奏中,共使用 5 次,分别是在第三则、第五则、第七则、第九则、和第十二则时演奏,这是布依族铜鼓鼓调中很少见的一种形式。

4.记录鼓调使用的汉字及其字音与其他家族记谱的汉字有较大的区别。

5.记录十二则鼓调共用了 12 个汉字,每一则正好对应一年的十二个月份,而且 12 个字分别表示敲击铜鼓的不同部位。

6.陈氏鼓谱的演奏可单敲也可双敲,可坐敲也可站敲。

陈氏家族铜鼓谱的演奏要注重节奏、姿态、气势,不能乱敲。鼓谱的十二则分别演奏每年的十二个月,每一则的含义不同。演奏时配以皮鼓,敲击时节奏有快有慢,以表示敲击者和节气的气氛。鼓谱十二则由召、成、挂、立、卦、刀、瓜、左、借、正、吉、车十二个字反复重叠和交叉组合而成,对敲击的部位也有严格要求。

鼓谱一:节奏欢快,中速。

召成召成召成召,挂成召立召成召,召立卦卦召立卦卦召,成挂刀,成挂刀,挂卦卦,卦成瓜,挂成左立召立召。

挂成刀,左立刀,成成召立成成召,挂成召立召成召。

鼓谱寓意为:新年到,全族团聚,在一起喜迎新年,跳的跳,唱的唱,斟满酒,共同祝愿吉祥如意。

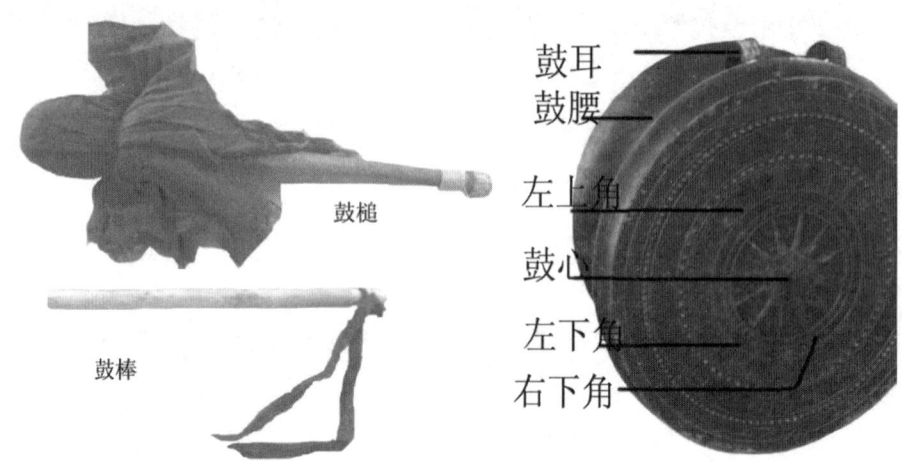

鼓槌

鼓棒

鼓耳
鼓腰
左上角
鼓心
左下角
右下角

　　"召"鼓槌击铜鼓中心,鼓棒击皮鼓中心。"成"鼓棒击铜鼓腰,鼓槌击皮鼓中心。"挂"鼓棒击铜鼓腰,鼓槌击铜鼓边缘。"卦卦"鼓棒双击铜鼓边,鼓槌双击皮鼓边。"刀"鼓槌击铜鼓中心左上角,鼓棒击皮鼓边。"左"鼓槌击铜鼓中心左下角,鼓棒击皮鼓中心。

　　鼓谱二:节奏重而沉,快速。

　　召立挂挂召立挂挂召、成挂刀、成挂刀、挂挂瓜、挂成瓜、挂成左立召立召、挂成左、成成左立召立召。

　　挂成刀、左立刀、成成召立成成召、挂成召立召成召。

　　鼓谱寓意:春天到,小麦已长高,大地待锄草。大家一起忙碌,春耕开始了。

　　"召"击铜鼓中心。"成"击皮鼓中心。"挂"击铜鼓边缘。"卦卦"击铜鼓边,击皮鼓边。"刀"击铜鼓中心左上角。"左"击铜鼓中心右下角(参照鼓谱一打法)。

　　鼓谱三:节奏先慢后快,再慢。

　　瓜、挂成瓜、挂成左立召立召、挂成刀、左立刀、瓜、挂成瓜、挂成左立召立召、挂挂瓜、挂挂左立召、挂挂召立左、成成左立召、成成召立左、挂挂左立召、挂挂召立召。

　　挂成刀、左立刀、成成召立成成召、挂成召立召成召。

鼓谱寓意:看,田野里,农民穿梭忙春耕,山地上,大伙辛勤播种玉米。你家两个人,我家三个人,忙忙碌碌,好不热闹。

"瓜"敲铜鼓左上角,击皮鼓边(其他字音对应打法与鼓谱二同)。

鼓谱四:

一挂挂瓜、左立召、挂挂召立召、挂挂召立召。

挂成刀、左立刀、成成召立成成召、挂成召立召成召(字音对应打法与鼓谱二、鼓谱三则同。)

鼓谱五:

挂挂瓜、左立召、挂挂召立召、召立挂挂左立召、挂挂召立召、挂成召立左立召、成成左立召借、召立召、借借车、借成左立召立召、借成召立左立召、成成左立召借、召立召、借借车、借成左立召立召、挂成刀。

左立刀、成成召立成成召、挂成召立召成召。

瓜、挂成瓜、挂成左立召立召、挂成刀、左立刀、瓜、挂成瓜、挂成左立召立召、挂挂瓜、挂挂左立召、挂挂召立左、成成左立召、成成召立左、挂挂左立召、挂挂召立召。

挂成刀、左立刀、成成召立成成召、挂成召立召成召。

"借"鼓棒击铜鼓腰,鼓槌击皮鼓边。"车"鼓棒击皮鼓边,鼓槌击铜鼓右下角(其他字音对应打法与第二则、第三则同)。

鼓谱六:

挂挂瓜、左立召、正吉正吉召立左、挂成刀、左立刀、瓜、挂成瓜、挂成左立召立召、挂成刀、左立刀、挂挂召立刀、挂成刀立召立刀,挂成刀立召立左。

挂成刀,左立刀、成成召立成成召、挂成召立召成召。

"正"击铜鼓中心,敲皮鼓中心。"吉"敲铜鼓边,击皮鼓中心。

六枝特区郎岱文琴戏

毛国柱口述　卢正明整理

　　郎岱文琴戏原称"打扬琴"，来源于川剧，因以坐堂清唱形式表演，以扬琴伴奏而得名。文琴戏在贵州扬琴的基础上，采用扬琴戏（即贵州扬琴）调子与方言土语配以扬琴、三弦、胡琴等乐器伴奏，并用板、鼓、碰铃等伴和击节演出，是一种音乐与舞台艺术相结合的戏剧演出形式。茶余饭后，郎岱文琴戏爱好者们便聚集在一起演唱，每逢结亲嫁女等喜事，主人家也会邀请文琴戏团到家里表演。文琴戏分生、旦、净、末、丑五个行当。生角分小生、须生、老生；旦角分花旦、摇旦、青衣；净角分文净、武净，统称大花脸；丑角分文丑、武丑，统称小花脸或小丑；末角不分色。

一、文琴戏的形成和发展

　　在川剧的影响下，郎岱镇民间优美动听的小调越来越多，大街小巷到处都可以听到爱好者们聚集在一起演唱。民国年间，郎岱厅调来一个姓夏的主任（也是一个戏曲爱好者）。他对郎岱的民间小调十分欣赏，便把这些爱好者们召集起来，让他们去收集各种小调，初步形成了各种板调供打扬琴用。他的这一行为得到许多人的支持，经大家协商决定，把整理好的板调统称为"打扬琴"。

打扬琴就是配其他乐器伴奏坐唱。有钱人家每逢婚丧嫁娶、过生日祝寿等都会请人去演奏，演奏者须身穿长衫、外罩、马褂，主人家以上宾接待。而参加打扬琴的都是些有头有脸的人物，一般的百姓是不可能参加的，这个规矩让老百姓十分反感，就给他们取了一个名字叫"马褂戏"。

老百姓的不满，提醒了当时的地方绅士和有头有脸的人物，经过商议，决定只要是爱好者都可以参加。这一决定使得打扬琴进一步得到扩大和发展。这样一来打扬琴就在民间中流传开来。

当时打扬琴的主要人物有孙昆山（撑鼓板指挥）、杨文志（打扬琴）、王建斋（弹三弦）、邹楠屏（拉二胡）、张畴伍（作词）、唐可立等。爱好川戏的舒泽民、范晋欧、毛国雄、康德仁也参加到打扬琴里，并成为打扬琴的接班人，于是打扬琴就一代一代的传承了下来。

中华人民共和国成立后，在"百花齐放、百家争鸣、推陈出新"的文艺方针指导下，郎岱镇的传统文化得到进一步发展。20世纪50年代，打扬琴更名为"文琴戏"，邹楠屏、张畴伍、毛国雄、范晋欧、唐可立等成为负责人，成立了郎岱文琴剧团，并在郎岱各地抽选戏剧爱好者加入文琴戏团中来。从学校选拔出来的学生有毛国柱、彭七妹、倪裔琴、朱定明、杨照合、聂成凡、倪会琴、王长会等。毛国熊、范晋欧负责培训，同时也登台演出，乐器伴奏由舒泽民负责。文琴戏上演的戏目有《花田错》《望江亭》《杏元会番》《王娇鸾》等大幕剧，团队常到六枝、岩脚、云盘等各乡镇及周边地区巡回演出，用古戏的演唱形式宣传党和政府的方针政策，很受当地群众欢迎。

二、文琴戏唱腔

文琴戏所用唱腔也称曲牌，所唱的板眼各不相同。名扬调分快、慢两种，快扬调唱一板一眼（即 2/4 拍子）；慢扬调唱一板三眼（即 4/4 拍子），其曲调比较欢快。名苦品唱一板三眼（即 4/4 拍子),曲调忧伤凄凉。名二板分快、中、慢三种,唱一板一眼(即 2/4 拍子),曲调优雅动听。名三板唱有板无眼(即 1/4 拍子),曲调激昂。名扣扣唱有板无眼(即 1/4 拍子),曲调激昂。名清板唱一板三眼(即 4/4 拍子),曲调抑扬刚劲。名散板唱自由速度、自由节拍,曲调亦自由抒发,多用于各牌曲尾,故又称"落板"。名八谱用于开场、过场和收尾。

三、文琴戏乐器及定调定弦

文琴戏所需表演乐器约为以下几种:扬琴(又名蝴蝶琴),系主要乐器,过去掌握扬琴的人就是乐队的指挥,如今乐队的指挥则由掌握鼓、板的鼓师代替。板胡(又名瓢琴、葫芦琴、碗琴),中音的拉旋乐器,音色柔和而不燥,由葫芦瓢或椰子壳制成(用竹子制筒亦可),直径约 8.3 厘米,外弦用二弦,内弦用老弦。小三弦,又名南三弦、曲弦。月琴,一般乐琴是圆月形,文琴戏所用的一般是半月形、银锭形。小京胡,其形状大小与京剧中所用的京胡一样,演奏小京胡时要求音量小一些,音色柔和一些,这样就避免小京胡的声音把扬琴的声音压住。板,即一般戏曲中的板。怀鼓,又名点鼓,圆形(直径约 18.3 厘米),厚木边,中间高,四边渐低;鼓槌用红木或竹子制成,敲击起来不会很尖锐。此外还有琵琶、二胡(或南胡)、笛子等。文琴戏搬上舞台以后,因舞台演出需要,乐器有所丰富和扩大,譬如锣、鼓等打击乐也逐渐加入戏曲

目前最年长的郎岱镇文琴戏表演者——毛国柱

中来。

文琴戏的定调、定弦是根据唱腔而定的,可分为两个系统:一是二板系统,包括二板、二板清板、三板等。二是扬调系统,包括扬调、扬调清板、苦禀、二流、二黄等。这两个系统定调是上五度或下四度的关系,至于绝对高音,那就要看演员音域的高低和宽窄了。另外,还有一点必须说明,文琴戏拉弦乐器不宜完全定弦,这样才能有更好的声音效果。

受"文化大革命"的影响,文琴戏逐渐没落。如今郎岱文琴戏团已解散,文琴戏仅依靠民间爱好者传承。

阿啷地羊皮鼓舞

方华　余荣生

　　羊皮鼓舞流行于六盘水市盘州市鸡场坪镇坝上村阿啷地,距今已有600多年的历史,这样的动态文化能流传至今,可见阿啷地人是多么的喜爱羊皮鼓舞。

　　羊皮鼓舞是阿啷地人在雷坛(亦称"神坛")祭祀中跳的一种舞,其产生年代久远。据五十八岁的领头人钱正康介绍,钱姓祖辈于明朝洪武年间"调北征南"时进驻普安州(今盘州)戍边屯田。钱正康继承祖业,为第八代跳羊皮鼓舞的继承人。如此推算,阿啷地的羊皮鼓舞已有数百年历史。那么阿啷地羊皮鼓舞是如何形成的呢?据说明朝大军占据盘州,军中傩舞(军傩)随明军来到此地,军傩舞转到屯田所在地之后,和地方巫文化相结合,形成了具有地方特色的巫傩舞蹈——羊皮鼓舞。此观点如果成立,那么早在600多年前,傩舞就已经传入这一地区,后发展形成了羊皮鼓舞。

　　傩舞起初是为了"驱鬼除邪""除邪纳祥"。跳傩舞时舞者头戴面具,专供偶像为傩公、傩婆,称为原始舞蹈;而在傩舞中舞者不带面具,傩公、傩婆可被人偶取代的,称为傩仪舞。傩仪舞主要为信者"冲傩还愿",人们所说的"跳神"就是傩仪舞的表现形式。傩仪舞带不带面具,要看祭祀内容而定。

中华人民共和国成立前，傩仪舞（跳神）活动在盘州城乡较为流行，信者为了"驱邪纳祥"，请舞者（坛班）到家设"坛跳神"，踩坛设在堂屋神龛前，跑坛设在屋外院坝，舞者手持扇形羊皮鼓围坛而跳。在有的信者家，这种傩仪舞可跳三天三夜。

原始的傩舞，以"罡步""手诀"贯穿始终。"罡步""手诀"是傩舞的基本动作，不可缺少，也不能简化，不然就不能称其为傩舞。近些年来，随着社会的发展，阿喇地羊皮鼓舞既继承了傩舞的传统，又有"罡步"与"手诀"上的创新，使之成为盘州市民族民间舞蹈的一枝奇葩。

一次偶然的机会，笔者来到鸡场坪镇，观看过阿喇地的羊皮鼓舞。那是他们即将赴省参加艺术节前的彩排汇报，表演者有 20 人，其中 4 人分别执大锣、小锣、大鼓、牛角伴舞。当领头人发出指令，这些庄稼汉子在牛角声声、锣鼓阵阵的烘托下，敲起手中的羊皮鼓，迈出粗犷豪放的舞步。鼓点不断变化，舞姿循环反复，时而跃身高跳，时而矮体搓步，时而围圆转圈，时而两排穿花。有转体，有交叉，有前进，有后退。整个舞蹈队形多变，节奏明快，跌宕起伏，奔放洒脱，加之融汇了现在的一些表演技巧与舞者的激情，傩舞固有的"喜鹊登枝""北斗南调""金鸡独立""犀牛望月""黄莺晒翅""黄龙摆尾""仙人搭桥""上刀山"等 72 个舞步组合表现得更富有艺术性和感染力。

20 世纪 80 年代前，阿喇地羊皮鼓舞曾被视为封建迷信活动受到封杀，在公开场合已看不到它的舞姿，听不到它的鼓点。1989 年历史的机遇走进阿喇地，上级文化部门指定鸡场坪乡组织文艺队赴省城参加贵州首届民族民间艺术节。任务落在阿喇地人的头上，这些庄稼汉不负重托，他们带去的羊皮鼓舞在贵州省艺术节上获得了二等奖，随后又在贵州省第二届艺术节上获得表演特等奖。两届艺术节分别获得殊荣，在一定意义上是对羊皮鼓舞的认可，是阿喇地羊皮鼓舞走出鸡场坪镇,走出盘州市,走出六盘水市的开端。羊皮鼓舞也跻身于民族民间舞蹈的百花园中。

阿啷地坐落在大山深处,长期以来,羊皮鼓舞那撼人魂魄的号角声,那震耳欲聋的锣鼓点,不知和这里的村民度过了多少个日日夜夜。从过去为"除邪纳祥"而跳,到现在逢喜事、节日而舞,羊皮鼓舞早已融入阿啷地人的生活中。

阿啷地的羊皮鼓舞表演　汪龙舞　摄

任何事物,继承意味着发展,尤其是古人留下来的传统文化。羊皮鼓舞现在的领头人钱正康在这方面可以说功不可没。他成为羊皮鼓舞第八代传承人,并把羊皮鼓舞传授给其儿子、孙子(第九代及第十代)。他还保存了祖辈珍贵的傩舞面具和一只雕龙牛角,并制作出四块傩面具,撰写出十万余字的《羊皮鼓舞文集》。

岁月流逝,社会发展,未来之事难以预测,值得欣慰的是,有了一代又一代的传承,有了这样一本《羊皮鼓舞文集》,大山深处那时断时续的号角声,那高亢激昂的锣鼓点,必将年复一年地回荡在山野之间,永不会灭。

马坝村苗族芦笙大鼓舞

汪龙舞

　　钟山区马坝村位于六盘水市区东北部三千米处,与大型工矿企业水钢集团相邻, 2010 年被列入钟山区水月产业园区规划地。马坝村总面积3.6平方千米,辖3个村民组,共509户1829人,其中苗族占全村总人口的98%。马坝村苗族俗称"歪梳苗",据说为唐宋时期迁入,是六盘水市境内最早迁入的苗族群体。

　　马坝村苗族的芦笙大鼓舞自古传承至今,俗称"跳大鼓"或"打大鼓",是当地苗族"歪梳苗"支系丧葬仪式("打戛")中必不可少的重要内容。芦笙是苗族的标志,大鼓为苗族的圣物,芦笙与大鼓相配,则可穿越古今,是延续子孙后代与先祖情感的纽带。马坝村苗族的芦笙

马坝村苗族丧葬祭祀大鼓　汪龙舞　摄

大鼓舞主要在该村杨氏家族中传承,至今已传承了十余代。现今传承人为65岁的杨文义和61岁的杨文跃,他们从小就在爷爷和父亲

的传授下研习芦笙大鼓舞和制作大鼓，他们所用的大鼓鼓龄已有百年。

"跳大鼓"一般有两人，一人吹笙一人打鼓，芦笙手和鼓师须笙、鼓、舞皆精通，通晓苗家历史、习俗和丧葬祭祀礼仪，具有较高的技艺和威望。当地苗族每逢为去世老人举办祭祀仪式，都要到保管大鼓的那户人家把专用的祭祀大鼓"请"来，并聘请专门的鼓师和芦笙师来"跳大鼓"。祭祀主家礼请背鼓时要用受祭老人的衣物蒙鼓接送，不得见光，并要献酒纳肉挂红示吉。运送过程中大鼓不得落地碰响，击打前先要祷告祭鼓。使用中鼓面若出现破损，则需用祭祀主家的牛皮来换。

大鼓背到祭祀主家，须横腰依壁吊挂或在空架处安放。根据主家祭祀地点的不同，马坝苗族芦笙大鼓舞可分别在室内（丧堂）或室外（灵棚）进行。主要有"接魂""哭灵""进祭""转戛""放魂"五个程序，每个程序皆有不同的吹打动作及舞蹈跳法。如"接魂"时的"肃立吹打"，在"哭灵"及"进祭"中反复应用的伴哭"九步转"；随着执枪背弩的队伍"转戛"时与牛角法号同进击打的"攻战鼓"，较为舒缓的"请魂吃饭"；庄严肃穆的"放魂上路""送魂归宗"，以及空闲时娱神添喜，解闷消愁的"乌龙绞柱""客蚂晒肚""倒挂金钩""跨腰立肚""甩牛脑壳"等不同的舞蹈动作。

表演中，大鼓两边的鼓面、鼓边及鼓腰皆可击打。鼓师击鼓时双手各持一根鼓棒，打法有"轮空扭摆""单棍单击""单棍连击""双棍同击""双棍轮击"，以及"慢到快""快到慢""匀速跟"等。与大鼓相配的芦笙舞为在特定的丧葬祭祀场合所用，表演套路丰富，动作步法多样，具体有"回转跳""绞腿跳""左右摆胯""左右跷脚""左右划弧""芦笙小摆跳""芦笙大摆跳""芦笙转底跳""芦笙转高跳""勾脚转""中空转""蹲步转""高扭腰""矮扭腰""交叉跨步""交叉转身""转身旋步""左右旋步""三步转""七步转""就地翻滚"等不同跳法。整个舞蹈皆要芦笙起引,鼓随笙走,舞步与笙鼓同步,吹笙者与击鼓者联袂相伴,依不同的芦笙曲子和鼓谱吹打共舞。舞蹈时须笙不停,鼓不歇,舞不止,直到所属段落终结。

马坝村苗族的芦笙大鼓舞每道程序的击打动作、曲调、舞步都严格按照特定的内容和招式表演。舞蹈整体动作舒展大方、平稳和谐,腰胯臂甩,摆动幅度较大,并有部分高难度动作穿插其中。舞蹈节奏以舒缓为主,氛围较为庄严肃穆。其所用芦笙为大芦笙,主要功夫表现在腰和胯上,俗称"高庄功",是黔西北苗族芦笙舞的典型代表之一。

由于学习芦笙大鼓舞费时费力,难学难记,青年一代大多不愿意再承传。加之受现代殡葬文化的影响,老人逝去逐渐实施火化,传统的苗族丧葬仪式逐渐被取代,部分苗族青年接受外来文化,不再按苗族传统习俗举行相关丧葬礼仪,马坝苗族芦笙大鼓舞已面临消失,抢救和保护工作已迫在眉睫。

马坝村苗族蜡画

汪龙舞

马坝苗族("歪梳苗"支系)是六盘水市境内最早迁入的苗族群体之一,其蜡染工艺传承久远,为村中苗族妇女代代相传,主要用于衣裙、围腰、背扇、带、包、帕等作装饰。马坝村苗族蜡染主要以弧线花纹为主,精细缜密,明快流畅,是黔西北苗族蜡染中的佼佼者。马坝村苗族蜡画系蜡染工艺中衍生发展起来的一种民间绘画形式。蜡画根据蜡染中的画蜡发展而来,画蜡为蜡染过程中的一道基本工序,所绘的蜡片常受到各地蜡画收藏者的喜欢。改革开放后,随着旅游商品市场的发展,人们逐渐看重独具特色的画蜡蜡片,几经改革和实践,马坝村画蜡逐渐发展为具有独特艺术欣赏价值的蜡画品种,走出了一条使传统工艺发展壮大的新生之路。马坝苗族蜡画系从当地苗族蜡染服装装饰中衍生而来,它将传统蜡染中某一阶段的画蜡工艺加工提炼,并加以改革衍变升格为蜡画,使依附于蜡染工艺的一道工序独立自成,进而发展成为一个具有自身工艺特色和审美价值的艺术门类。

自 2000 年以来,在各级政府有关部门的倡导与扶持下,马坝苗族蜡画继续发展壮大,出现了以李群、熊兴美、周艳等一大批较有名气的作者群体及蜡画专业户,并影响到临近的水城县陡箐镇猴儿关等苗族村寨。

马坝村苗族蜡画创作者以女性为主，多为村中蜡染服饰制作中的画蜡能手，全村能从事蜡画创作者 30 余人，其中画得最好的有 10 多人，每人每年都有数十件作品售出，单幅售价在 200 元~2000 元人民币之间。马坝村的蜡画作品不断在全国各类比赛中获奖，数十件作品在相关书报刊上发表，上百件蜡画作品在村中长期设室陈列。

马坝村苗族蜡画　汪龙舞　摄

马坝村苗族蜡画的工艺技法全面继承了当地苗族传统蜡染中的画蜡，原材料仍袭用传统的白色布料（以自织白麻布为佳）和黄蜂蜡、白石蜡（使用时视需要按不同的比例配制加热溶汁）；绘制工具仍用各种大小不同的传统"V"形铜片咬合蜡刀，以及提供热能的火炉、熔化蜡汁的锅瓢杯盘。绘制时需用蜡刀蘸蜡汁直接在白布上描画所需图案，具体有顺刀、逆刀、平刮、翘尖、转角等不同刀法，并讲究点、勾、圈、块、线的灵活运用，采用走、浸、积、铺、刮等不同上蜡法，使画出的蜡片厚薄均匀，细腻耐看，纹路清晰，不裂不断，平整如一。绘制内容上仍使用传统的蝴蝶花、凤凰花、小鸟花、太阳花、牡丹花、扇子花、瓢儿花、杉树尖、锯子齿、梯子口等图案。

蜡画内容和形式在传统的基础上翻新出彩，使原材料变废为宝，将使用过的深赭黑色混合蜡（俗称"老蜡"）与新蜡按不同的比例调和，形成深浅不一的颜色，绘制出不同色阶的同色调蜡画作品；

可将红、黄、蓝等色彩缤纷的料调加入蜡汁中,配制出新"彩蜡",按特定的需要和要求,绘制出各种不同色调的彩色蜡画作品。绘制内容分四类:一是按传统规矩绘制的各类原生态衣饰蜡片画;二是将传统图案重新组合,绘制出具有传统元素的翻新老蜡画;三是重新构思创作,绘制出充满生活气息的全新蜡画艺术品;四是将传统图案和新构思相结合,绘制出具有个性的出新蜡画。

马坝村蜡画保持了当地苗族"歪梳苗"支系蜡染精细缜密的特点,作品以蜡溶色,丰富多彩,呈现出深浅不一的质感,具有特殊的审美效果。在内容上充分利用传统的花纹图案,并将其改编组合或重新构思创作,融入作者的生活体验与情趣,体现出作者特定的审美观念和丰富的情感世界。作品以蜡溶色,遇冷凝固,具有浓郁的工艺特点和地方民族特色。

马坝村苗族蜡画在传统的基础上出新,作品丰富多彩,具有较高的艺术观赏性。不足之处是蜡质遇热变软甚至融化,影响蜡画作品的保存和质量,成为市场销售的瓶颈和短板。

传统习俗篇

水城县布依族"吃新"习俗

杨　锦

　　水城县猴场、红岩打把河一带的布依族在每年农历五、六月份栽种完水稻、苞谷之后,都要"吃新",这种习俗有的称为"吃新节"。每年"吃新"要吃三次,第一次是在稻谷、苞谷的叶子返青后;第二次是在稻谷出穗、苞谷出天花后;第三次是在稻谷、苞谷成熟后即将收割时。这三次吃新都要选在"属狗"的那一天,每次吃新时,布依族的各家各户都要带上粽子、香纸到田间地头祭祀。每次祭祀完后分别带回稻谷叶、苞谷叶(第一次吃新时);稻谷嫩线、苞谷天花(第二次吃新时);成熟的稻谷、苞谷(第三次吃新时)。将每次带回来的东西和糯米一起簸熟,然后再祭祀供祖。祭祀供祖之后人们才开始吃饭,饭前要将用于祭祀供祖的饭先给狗吃,人不能先吃。这是为了祭祀古时候为人类寻找谷种的"呢耶"(布依语,人名)和他家的老黄狗。

稻谷穗

传说在远古的时候，人世间没有五谷，人们吃的是兽肉、野果、树皮。那时人们都知道在很远很远的西边，天脚下有两个神洞，洞中藏着许多粮种，但必须要有一个聪明勇敢的人克服千难万险才能得到。布依族青年呢耶（属狗）自告奋勇承担了这个艰难的任务。乡亲们帮助呢耶做了各种准备，并为他祝福。呢耶带着他家的老黄狗告别乡亲们，踏上了行程。

呢耶走了九十九个日夜，翻过九十九座大坡，爬过九十九座峻岭，跨过九十九条江河，战胜了九十九次毒蛇猛兽等艰难险阻。所带的食物吃完了，马匹也累了，呢耶便带着黄狗摘野果充饥，喝山泉解渴，之后继续前行。不知走了多少日夜，走了多少路程，终于在一个茂密的森林里，得到一个白胡子老人（神仙）的指点。呢耶带着老黄狗又艰苦地跋涉了许多天，渡过了恶浪滔滔的江河，越过了烈焰冲天的火焰山，终于找到了藏粮种的神洞。在洞内，呢耶又与神鹰、神虎、妖魔、洞神等激烈搏斗之后，最终取得了胜利，拿到了粮种。由于路途的艰难和长途跋涉的劳累以及与神魔们过度的拼杀，呢耶已力不从心，气息奄奄，生命垂危。临终前，他将粮种交给老黄狗，让老黄狗带回布依山寨。老黄狗将粮种藏在毛底下，翻山越岭，跨江越海，最终带回了谷种。从此，人们开始了播种耕耘的农耕生活，世间有了五谷杂粮。

后来，人们为纪念寻找到粮种的呢耶和带回粮种的老黄狗，才在每年五谷栽种完后三次属狗的那一天"吃新"，在庆祝粮食的生长、成熟、丰收和祭祖之际，同时也怀念为布依族生产生活作出奉献的无私贡献者。"吃新"那天人们吃饭前要等狗先吃，就是为了表示对带回粮种的那条老黄狗的尊重。

布依族寅申节

杨　锦

　　寅申节是水城县猴场乡打把、补那和六枝特区中寨乡一带布依族的传统节日，一般是在当地栽完秧苗后的一个寅日或申日，大约是农历的五月中旬左右。六枝特区捞河一带布依族过的是"寅日"，而猴场打把、补那及六枝特区中寨乡的长寨一带布依族过的是"申日"，实际上相当于其他布依族地区的六月六节。

　　为什么猴场打把、补那等一带布依族过的是寅申节而不叫六月六节呢？这源于不同地区的不同传说。一种传说是古时布依族祖先盘古善种水稻，并把种植水稻的经验和技术传授给当地百姓，使得当地老百姓稻谷满仓，生活无忧。后盘古与海龙王女儿结为夫妻，生下一子取名兴恒，盘古便把种植水稻的经验和技术传授给了他，并要求儿子将种植水稻的经验和技术传授给更多的人，让大家都过上好日子。因盘古生于农历五月的寅日，死于农历五月的申日，人们为了感谢盘古传授水稻种植技术，于每年农历五月寅日（盘古生日）或申日（盘古忌日）举行祭祀供奉活动，后人称之为五月寅申节。另一种传说是盘古于农历六月六去世，同时，农历六月正值秋收前的农闲季节，一些地区便利用农闲时节的盘古忌日举行祭祀供奉活动，后人称为六月六节。还有一种传说是古时有一年的五月寅日、申日这两天，掌管农业生产的"山神王"出生了，随之各种蚊蝇、蝗虫、蚂蚱等害虫被放了出来，当年庄稼受灾，人畜患病。后来，每到五月寅日或申日这天，布依族村寨都要举行"祭山"活动，才保证了人畜平安、五谷丰登。年复一年，便形成了布依族传统的节日——寅申节。

寅申节要过两天。头天要"旺党"（布依语，祭田、祭水口之意）、"旺侬"（布依语，意为祭山），次日要"拜铺亭"（布依语，意思是搭建坡上凉亭，在凉亭下吹、拉、弹、唱、舞）、"夯旁货"（布依语，意为盖白布）、"拵炜"（布依语，意为亮火把）等。

"旺党"即祭田（祭水口），目的是祈求风调雨顺、蝗虫灭尽、五谷丰登。祭田即祭田神，布依语叫"卡介旺党"。相传田神是布依族的老祖先。布依族供奉历代祖先的杯盏、碗筷、供品份额是不变的，老祖先在家神中被一代代后人取替，只好退居到自家的田边地角给子孙守护田业，年复一年地护佑子孙丰衣足食、六畜兴旺、风调雨顺、五谷丰登，祭田神就是布依族表达对祖先的感谢。

"旺党"当天早上，要从山上割来芭茅秆，夹住剪好的纸马以备用。据说芭茅秆叶子锋利，如同一把利剑，插在田中，能更好地杀害虫斩妖魔。祭田前，男主人要换上新衣，在提篮里放三个盛满染色糯米饭的碗、三串三角粽粑、三双筷子、三个酒杯、三炷香、一打纸钱、一壶酒、一盘煮熟的刀头肉（肉块）、冥纸等，准备就绪后便一手提竹篮，一手拎雄鸡，带着小孩去祭田神。在自家田的进（出）水口处，用镰刀割平野草，摆上篮中祭品，将夹有纸马的芭茅秆插于水口处或摆放供品处，然后操刀杀鸡，把鸡血滴在纸马和芭茅秆上并将其插于田中央，意为"雄鸡在此，蝗虫回避"。口中念着"田神保佑，谷好物丰，人强马壮，天地人和"等念词。参加祭祀的人一边陪田神吃三角粽粑和染色糯米饭，一边给小孩讲述种田的辛苦以及敬神祭祀的相关故事和道理。吃罢讲完，"旺党"结束，大人领着小孩回家,准备参加祭山活动。

"旺侬"即祭山,由"卜光"(寨主)牵头,本寨布摩协助,轮值村民(每年由4户人家组成轮值组)组织。寅申节当天午时,祭山即将开始,寨主家点三响地炮昭告寨中人。听到炮响,每户人家均派出一名男性,在寨老或布摩的带领下参加祭祀。祭祀地点在本寨特定的祭山林。祭祀仪式由寨主主持,全程要敲锣打鼓,燃放鞭炮。献祭的猪、牛、鸡要在祭祀仪式现场宰杀,宰杀后即在山上烹煮,以头、脚、内脏祭祀山神,其余的肉给寨中众人"打平伙"(聚餐)。

祭山仪式分"领生"和"回熟"两个阶段。"领生"即请山神来领取即将祭祀宰杀的牲口。牲口宰杀前,先由寨主用竹木搭建三层高神坛,布摩和寨中长老将青纸挂在神坛两旁。然后由寨主领头,布摩和寨老协助点香烧纸、上酒、敬食、作揖、磕头,口中念道:"寅日申日到了,各家各户都准备了礼物,让我们带来烧香进贡,请各位山神来认领,认领后保一方风调雨顺,佑四季老幼平安。"念诵完毕,鸡由布摩亲手宰杀,然后由几个年轻力壮、手脚麻利的布依汉子杀猪、宰牛。宰杀的鸡必须是未开叫的红公鸡或未下蛋的雌鸡,猪必须是没有杂毛的纯色猪,牛也必须是无杂毛的纯色牛。祭祀牲口宰杀完毕,"领生"仪式结束。随后,众人立即烫鸡、烫猪、烧牛,将宰杀的牲口打理干净。整只鸡煮熟抬到供桌上,然后"回熟"仪式开始。主祭寨主再次点香上酒、带头烧纸作揖,磕头请山神前来继续享用已经煮熟的祭供牲口,祈求保佑来年风调雨顺、五谷丰登、六畜兴旺,无病无灾,全寨老幼四季平安。"回熟"仪式结束后,将所有切割好的鸡肉、猪肉、牛肉包括肠、肝、肚、肺分成相同的若干份,通知大家来领回去各自在家祭祖。祭品分发完毕,忙碌了一天的祭祀人员围坐成一圈喝酒吃菜,吃完后收拾东西回家,整个祭山仪式结束。寅申节第一天的活动也结束了。

寅申节的第二天,一大早便由轮值村民组织寨中年轻力壮的小伙子带上弯刀斧头，来到老辈人规定的山坡上，砍来树木、树枝，开始搭建临时帐篷。帐篷搭好后，顶上要盖上白布，当地布依族人将这个临时搭建的帐篷称作"铺亭"（意为坡上凉亭）。"铺亭"是为了众人节日期间吃喝玩乐、吹拉弹唱及跳舞所用。盖上白布，一是为了遮风挡雨，二是为了降低亭内热度，三是白色象征洁净、长久，布依族人视其为避凶驱邪、吉祥福瑞的代表。

午时开始，寨主燃放三颗地炮，告知寨中老幼可以拜"铺亭"了。随即轮值村民便准备好头天预备好的牛肉、猪肉、粽粑、米酒、酒杯、碗筷等，邀请唢呐手、鼓手、锣手等敲锣打鼓在寨口等候，寨中年轻人盛装出席，一起向"铺亭"行进。到了"铺亭"，各自根据自己的爱好与特长，相约形成三个一群，四个一伙，五个一堆的人群，或敲锣打鼓，或吹拉弹唱，或拉顺风耳，或吃喝玩乐，或谈天说地，或谈情说爱……"铺亭"内外一片欢乐，等到太阳落山，大家便各自散去。

天黑后，寨主再次燃放三颗地炮，告知寨中老幼可以去"拣炜"（亮火把）了。随后寨中各家各户的年轻人每人点一把亮稿，出门到路口集中，然后一个紧跟着一个汇集成一条火龙，向"铺亭"行进。到了"铺亭"所在地，所有人一字排开，一起面向东方将火把甩三下，又面向西方甩三下，再面向北方甩三下，继而面向南方甩三下，最后将火把堆放在一起燃起篝火。围着篝火，人们吹弹歌舞，挑逗说唱，尽情欢乐，直到月明星稀，夜静更深。

为什么审申节要亮火把呢？传说古时候有一个布依族的庄稼汉，发现每年插秧之后，晚上都有许许多多的飞蛾聚集在秧田上空飞来飞去，为避免幼苗遭受虫害，他用了许多方法。在一个漆黑的夜晚，他点亮火把去放田水，发现飞蛾见到火，有的被火烧死，有的被烟熏走；火把一熄灭，飞蛾又很快聚集。于是，他每天晚上都要点燃火把到田间地头走来走去，或将火把甩来甩去，飞蛾不敢再来。

这个办法不但保住了自家的秧苗,也保住了大家的秧苗,当年获得了丰收。这个消息很快传到附近的布依族人家,此后这一带的布依族为了保护农作物,于每年农历五月寅申节那天晚上,全寨男男女女成群结队地点燃火把,聚集到附近最高且能放眼四方的山坡上以甩火把的方式祭祀"天神",祈求天神保佑风调雨顺,五谷丰登。五月寅申节亮火把的习俗就这样世世代代传承至今。

陇脚寨布依族"仰报"习俗

韦权峰

陇脚大寨"老报"神山 王述慷 供稿

六枝特区月亮河畔的布依山寨星罗棋布，陇脚寨位于大小龙山交汇处，即"二龙抢宝"所在地，是月亮河畔的中心山寨。寨子前沿朝向龙宝山处有一块特别凸出的小山丘,象征着陇脚大寨整个龙形山的龙头,是当地布依族敬畏和守护的神圣之地,上面不仅有世世代代护佑人们的神树,还有先祖带来埋藏在这里的一包故乡的土。龙头山是陇脚十二寨布依族的先祖最先在月亮河畔落脚的地方,被人们尊称为"老报"(即老祖先),是人们祭祀先祖的神坛。每年春节都要举行隆重的祭祀活动,主要有正月三十的"仰报"(仰即祭祀、敬重的意思;报即长老、长者、先辈的意思)和正月十三、七月十五的"起龙"仪式。

一、"仰报"仪式

每年腊月三十年夜饭后,寨子里的青年们要挨家挨户去收集一瓶酒,然后与全体村民一起到寨主家集中享用(过去专门留有一块田给寨主家做待客田,酒、饭等由寨主家提供)。寨主要先做好一桌菜,备好一只雄鸡,并请来"摩公"(祭祀先生)。

人员到齐,先由寨老给大家讲解先祖来历、家族历史、家规家训等;再由寨主总结一年来的大小事情,解决一年来的各类纠纷和矛盾,商讨并筹备下一年全寨需要开展的工作等,随后"仰报"仪式开始。首先,由摩公用布依语念祭祀祝词(大意是祈求祖先在新的一年赶走一切灾难,保佑全寨族人平平安安、顺顺利利、万事大吉)。语毕放鞭炮,摩公杀鸡并把鸡抛向院坝,看雄鸡躺下的方向预测吉凶。如果雄鸡的头顺着河流,则今年顺利;如果雄鸡的头逆着河流,则今年可能会有不顺,摩公要提醒大家注意提前防备,避免或减少灾难。摩公解说完后仪式结束,所有人回到寨主家,开始喝酒划拳。青年们开始根据自己爱好,分别向寨老们学习唢呐、月琴等乐器,学"温"(布依歌曲)等各种传统文化。

夜半子时,寨老到"老报"山头请人们来"拗麽"(即领取福符。拗即手拿、领取之意;麽即一种表示带有福气的吉祥绳结草符,用特定草叶编织而成,除夕夜之前就已经准备好放在寨主家)。人们几户为一组依次排队取"麽"。领取过程中寨老和摩公要一起唱祝福歌(内容大致为:牛马满圈哦——报,鸡鸭满地哦——报,米粮满仓哦——报,钱银满柜哦——报……)。用取来的"麽"做成绳结,把牵牛回到各自家里拴在牛圈门口,然后回家做好新年的第一桌饭菜,预示着新的一年里将会顺顺利利。至此,整个"仰报"过程结束。

二、"起龙"仪式

陇脚寨的舞龙有着悠久的历史,经历代不间断地传承沿袭至今。陇脚寨布依族每年正月春节和七月吃新祭祖期间都要以舞龙来祈盼村寨人丁兴旺,五谷丰登。陇脚寨舞龙活动中的龙是不能轻易出现的,必须选择吉日吉时"起龙"。"起龙"仪式必先祭祀祖先,一般为农历正月十三或七月十五举行。

举行"起龙"仪式那天一大早,陇脚寨全体寨民在唢呐声及铛锣、皮鼓的召唤声中,来到象征龙头的陇脚大寨"老报山",由寨老组织隆重的祭拜仪式之后,宣布"起龙"。"起龙"开始后要"顺龙脉"(布依语称"徕龙"),即沿着陇脚寨龙山的"龙脉"行走一遍,然后回到"老报山"前的祭祀场进行舞龙表演,意在驱赶恶邪、扫除一切凶神恶煞,祈祷来年风调雨顺、五谷丰登,护佑子孙后代能人辈出,家家户户万事大吉。舞龙表演有完整的程序,过程非常隆重,观看者除本地族人外,还有从四面八方赶来的众多宾客。舞龙活动三天后"收龙"(亦称"闭龙)",整个舞龙活动结束。

布依族丢糠包习俗

孙乾卫

每逢节日,布依族青年男女总爱聚在一起丢糠包。游戏时,男女青年隔开一定距离各站成一排,互相向对方投掷糠包,要求丢得快,丢得准。如果对方投掷过来的糠包没有接稳掉到地上,就要送给对方一件礼物。有些心眼多的小伙,故意不接姑娘丢来的糠包,以此获得一次向姑娘献殷勤的机会。假如姑娘对小伙有意,她会在把糠包丢给心爱的人时,故意让他接不稳,好让对方将爱情的信物送给自己。小小的糠包成了男女爱情的使者。这种以丢糠包的方式来选择对象的习俗,源于一个美丽的传说。

很久很久以前,在一个山清水秀的布依寨子里,有个叫糠妹的女子,她出身贫寒,生活清苦,但人穷志不穷,很有骨气。时光飞逝,糠妹在一天天长大,她不但心地善良,聪明懂事,手脚灵巧,而且长得像鲜花一样美丽。漂亮的糠妹,让四邻八寨的小伙子们吃不好饭睡不着觉,他们像一只只蜜蜂一样不断登门求见。一天,她家来了7个向她求娶的年轻小伙。这7个小伙7个样,一个好吃、一个好玩、一个好穿、一个狡猾、一个懒惰、一个富有、一个勤劳但贫寒。这回糠妹要怎样回复他们呢?聪明的糠妹想了想,立即有了主意。她对7个小伙说:"后天吃过早饭,你们到寨子边的草坝子上等我,我来以后丢7个布包给你们。你们一人只准拣一个,谁捡到我最心爱的那个布包,我就和谁成亲。"7个小伙走后,糠妹飞针走线,赶忙缝制了7个布包。布包有红、黄、青、白、灰、绿、蓝7种颜色,红布包装的是糯米、黄布包装的是粳米、青布包装的是籼米、白布包装的是小米、灰布包装的是小麦、绿布包装的是高粱、蓝布包装的是谷糠。

第三天早饭后,7个小伙只有6人按约定时间来到寨子边的草坝子上。糠妹在姐妹们的陪伴下,把7个布包朝6个小伙丢过去。这6个小伙谁也不愿拣装谷糠的蓝布包,只将另外那几个布包拣走。这时,第7个名叫韦牛的小伙才喘着大气匆忙赶

布依族丢糠包活动　原载《六盘水市志·文化志》

来。迟到的韦牛看见地上只剩下一个谁也不要的布包,便满怀期望将它拣起。糠妹见韦牛拣起了自己心爱的糠布包,心头不禁暗喜,嘴里却责怪韦牛为什么不按时赴约。老实的韦牛如实向姑娘说出了误时的原因,原来韦牛清晨早早起床,帮年迈的阿妈推完磨,又上山砍了一挑柴,正要出门赶路赴约,看到隔壁孤寡黄阿婆缸中无水,又帮她挑了3担水,这才来晚了。听完韦牛的叙述,糠妹越发喜爱勤劳耿直的韦牛,她羞怯地从韦牛手中拿过糠包,帮他挂到脖颈上,向自己选中的人献上了纯洁甜蜜的爱情。从此,布依族青年男女便用丢糠包来挑选意中人。

落别乡布依族婚俗

六枝特区文化馆

六枝特区落别乡一带布依族同姓或同宗禁止通婚,布依族的婚礼由认亲、定亲、结亲、坐家、戴"假壳"五个部分组成。婚姻的缔结,分为两种:一是男女对歌联姻的自由式恋爱(布依族男称"浪哨",女称"浪貌");二是依"父母之命,媒妁之言"的包办式婚姻。

一、认亲

布依族认亲,布依语称"卡介"。经恋爱建立感情,并征得女方同意后,即由男方请两位女性长者带双鸡(雌雄各一只)、双酒(四斤酒)、双喜糖(两包糖),择吉日去女方家问亲。女方家杀母鸡待客,留公鸡喂养。认亲及下文所述定亲的公鸡鸡毛非常讲究,禁买杂毛、倒毛和白毛鸡,就连公鸡耳边的毛与鸡身的毛色不一样也不能要。倘若到市上购买双鸡时,不准同卖主讨价还价,先讲明是送礼用的鸡后,就如数付钱。当然,若认为价钱过高,还可另选。

此次认亲,也可交代定亲日期。布依人常说:"世间只有定期(日期)喝酒,无定期嫁姑娘。"定亲日期由男方决定,女家不会过问,但事前要先通知女方家,如有特殊情况,也可商议改期。

二、定亲

布依族定亲(布依语称"得钱")俗称交彩礼、发八字,由男方选派二老二少的男性,带彩礼去女方家交聘礼。男方选派的四人,每人都要挑一担聘礼。第一担为一桌三角肉(九大碗为一担),一支猪腿约40斤和一吊猪肉12斤(也有30斤和8斤的);第二担为爆竹;第三担是两罐酒、四支鸡(雌雄各二只);第四担是喜糖若干包,以及鸾书、喜烛和聘金。四人四担彩礼,取四季发财之吉兆。定亲酒会上,女方家请家门和至亲长者陪客,首席坐的是双方的父母,客席坐男方家族中的长者,两边为陪坐的人,挑担的四个客人分坐两桌的首席和客席每桌坐十人,取十全十美之意。点烛焚香、鸣炮祭祖,席间边饮边斟,时常"全满斗"(也就是"桌不收、酒不干",但不能喝醉),以示吉庆有余。席间,男方长者把聘金及女方舅家彩礼交给女方长者,并说:"承蒙亲家分金锭银锭啰!"言下之意为"多谢亲家割爱啊"。女方长者接住红包彩礼答:"攉耗子厶亲家粮仓啰!"言下之意为"姑娘找到了不愁吃穿的婆家"。于是全桌频频举杯饮酒。主人杀的公鸡要煮熟切好分成头、内脏、肉几部分,按身份将不同部位分给众人。双方亲家平分鸡肝和鸡旺子,主客两边长者各得一只鸡上腿,吃肉留骨为卦,留鸡头给先生。所谓先生,即由主人在家族中选择一位有知识的"才子"续鸾书写对联。女方生辰八字,尊之为首,先生要写女方的八字,故留鸡头给他。未分这盘"机件"之前,主人为使客人多饮酒,不时转动盘子,鸡嘴朝谁,谁就喝酒。有些机灵的客人,趁厨师不备,悄悄偷走鸡头,以免席间被罚酒而出丑。没有鸡头主人只好向先生道歉,先生只能另择它法。

值得一提的是"鸾书"。鸾书用红纸折叠成蝴蝶形状,缝合处作"鸾凤和鸣""天作之合"等喜词,内有男方(乾造)生辰八字和上联;留下女方(坤造)生辰八字和下联让先生来补充。续下联往往

凉都撷彩(三)——六盘水市民族民间文化资料选辑

考究一个寨子的文采,也是一种文学的交流形式,其内容以"喜结良缘"为中心,可自由发挥。《滇黔志略》卷二十九《贵州·苗蛮》说:"仲家(布依)好楼居,衣尚青,以帕白束首……岁时以铜鼓为欢,悍俗还淳,多有读书识字者。"布依族人以读书为荣,崇文重师。故鸾书中由男方出对,女方续对。鸾书中的对联,多以雅、巧、精为妙。有古风的"易曰乾坤定矣,诗云钟鼓乐之";有颂婚的"架鹊渡河,双双飞跃双双乐,跨凤腾天,对对歌舞对对欢";有拆字的"双士双口双古,一女一氏一日婚","男耕女织,此木为柴山山出,夫唱妇随,因火生烟夕夕多";有巧叠联、回字联等,真是琳琅满目,情才均寓于联中了。有时先生灵感未发,或因文采稍逊,全寨的"才子"就会不遗余力帮忙出对联,搔首折腾半天而延误宴机。先生续好对联,可以得到一元二角的代笔费(指一年十二个月,表示月月平安,岁岁吉利),之后由男方取走鸾书和鸡卦。主客长者在分享完鸡上腿后,吃肉留骨,认真看卦眼。"双星渡河""四季发财""三才卦""五子卦",均为卦眼吉利。最后由主人用红丝线拴好放在鸾书里搁在神龛上。在谦虚而又有礼的宴席上,客人酒足菜饱、酒碗盈溢之后,男方一青年面对神堂三拜九叩首,取走鸾书,准备回家。这时主家一方不能挽留歇宿,也不能说出有关挽留的话,继续饮酒。此时,大门口已摆好饯行酒,九个大碗里放少许的棉、粮、盐、茶、钱,不许让男方空碗而归。主人劝酒:"明不盼后盼。"客人饮后回答:"明不来后来。"以表示相互盼望走亲。

三、结亲

布依族结婚,布依语称"热把",也称"很兜"。接亲过门,男方在定亲时所得生辰八字,须找先生选择良辰吉日结亲过门。布依族结婚时新娘娘不坐家,只不过是上门拜祖宗而已,并不同宿。

新娘上门的头一天,男方请家门中的两个同辈(堂兄弟)当"报古"(即"迎亲郎"),还请一个年龄比新娘小的妹妹当"娅古"(即"迎亲娘")去接新娘。女方也要请二男二女为"送亲姑"和"送亲郎"。女方有陪嫁家具,则请人抬送。女方要打一对喜粑让迎亲郎挑回来,迎亲的姑娘帮助新娘带几件衣裙来到新郎的寨子上,暂住在外姓人家等待上门对辰。

迎新郎去抢挑喜粑时,要被女方同宗同寨的小孩用细泥和粘直籽嬉打,即称"打亲",布依语叫"得报古",以示热闹。喜粑挑到新郎家后,切成细块,用油煎炸,待新娘上门时分给大家吃。

新娘上门时,新郎方要在家门口撑红伞,还要放马鞍、摆桌子、安斗,斗内装满稻谷,表示新娘日后当家收五谷。新娘上门的那段时辰,公婆不准待在家里,待上门鞭炮响毕,仪式结束,新娘已进新房后公婆才能回家,表示长辈要让晚辈来当家。结亲头一天晚上,新郎家亲朋摆歌场唱酒歌,彻夜高歌,歌意均为布依族开天辟地、爱情忠贞的叙事歌,如《洪水滔天》《天上十二个太阳》《射日》《葫芦兄妹制人烟》《梁祝歌》《八龙虎与李世梅》等。新娘过门三天三夜才送亲,有的须择吉日,也有两天一夜回娘家的。

新娘过门的三天三夜,新娘的堂姐妹作为"伴嫁娘",食同桌、寐同榻,吃完三天排心酒,再由男方打好糍粑和新娘的织锦衣、蜡染百褶裙等一同送回娘家。

送亲礼较简单,只需十斤猪肉,挑着粑粑,一斤叶烟或一条香烟,由原先的两个迎亲郎、迎亲娘送新娘回娘家。

四、坐家

迎亲过门后,姑娘因还舍不得马上离开娘家,要在娘家住三至五年。在此期间,凡农忙季节,如插秧、割谷、点播、薅地、割秧青,男方家要择定吉日,请堂姐妹或妯娌带一壶酒到女方家,这种习俗称"带亲"。男方家遇白事也会请女方过去,此期间,女方晚上都要回到家中。

五、戴"假壳"

带亲多次,互有感情,此时男女才准同宿。多次来男方家劳动的新媳妇,到一定时间后,再由男方家委托两位妇女长者去女方家给新媳妇戴"假壳"(布依语称"更考"),被戴"假壳"的妇女要进行反抗,挣扎和隐避。戴"假壳"一般在每年的八九月举行。被戴上"假壳"的媳妇,表示要离开父母,到丈夫家去了,自己梳头换装,痛心之极,必先痛哭一番,即称"哭嫁"。

戴"假壳"是布依族婚俗的最后一个程序。男家带亲多次后,就悄悄将箬叶布壳制成一顶帽,形状如撮箕,前圆后矩,翘于脑后三寸左右,搭青布和锦帕。吉日那天天蒙蒙亮时,男方家派二至三个妇女,携带两只鸡,两包糖和两壶酒悄悄躲在女方家的门口,等门一开,趁新娘不备时,这些人突然跃出,以迅雷不及掩耳之势,把事先准备好的"更考"强带在新娘头上,仪式就完了。这表示新娘失去了"玩表"(谈情说爱)的自由,告别父母,长期住在丈夫家了,因此新娘就唱起了哭嫁歌。

哭嫁歌歌词内容大多哭诉父母养育恩深难报,哭诉自己与兄弟姐妹手足情意难分,哭诉与自己的亲朋好友难舍难离。然而,这种婚俗揭示了封建社会父母包办婚姻制度。哭嫁歌约产生于明末清初。明代以前,布依族青年男女的婚姻是比较自由的,到明末清初,特别是封建统治者在布依族地区实行了"改土归流"后,布依族婚姻形态发生了变化。青年男女的婚姻大事必须听从"父母之命,媒妁之言"。包办婚姻越来越多,青年男女即使在"浪哨"中相识,要结婚必须经过媒人说亲,父母认可,这当然给布依族青年男子带来极大的痛苦,哭嫁歌就是在这样的社会背景下产生的。歌词中总有控诉封建婚姻的内容,本来是哭诉父母养育之恩,可是免不了要哭出儿女的苦衷："白菜露地雪花寒,变成姑娘难上难。今日'更考'头上戴,别父母去无情房。"特别是哭媒人,姑娘把满腔恨意尽情地发泄在媒人身上:"媒人的心都是黑,花言巧语来游说。怪我'颇乜'(父母)瞎了眼,活活拿我受折磨。"这是布依族姑娘们对封建包办婚姻的憎恨和无可奈何。现在虽实行了《新婚姻法》,但封建婚姻的残余仍存在并折磨着布依族青年男女。因此,有些控诉封建婚姻内容的歌词,仍被布依族姑娘传唱。

水城县布依族婚俗

赵　庆

水城县发耳镇、鸡场镇、都格镇一带山高河深,水流湍急,道路崎岖难行,是一个以山地峡谷为主的"大山王国"。由于交通不便,历史上的各地布依族寨子之间缺乏交流,人员往来受到极大限制,致使各地风俗习惯存在着较大差异。

一、包办婚姻

过去发耳镇布依族生了儿子的人家,稍微长大一点父母就考虑给他说个媳妇。于是父母到处打听,了解哪家生有同龄或年龄相差不大的女孩,有了目标之后首先考虑女孩家历史清不清白? 能不能与他家开亲? 认为没有问题就请一个德高望重、能讲会说的寨老前去说媒。媒人一般经验比较丰富,第一次假装走亲访友的样子找个理由去女方家做客,然后在闲谈中稍稍透露点风声给女方父母听,仔细观察女方父母的反应。若女方父母脸色不变,则表示会继续听下去,这时媒人才向他们说明来意。如果女方父母说:"家有所出,家有所入。哪家有个儿子都要娶媳妇,哪家有个姑娘也要嫁人,不过此事我还要征求一下孩子的叔叔伯伯、爷爷奶奶的意见,我征求过大家的意见之后才能给你回话。"则表示这门亲事还有待考虑。

如果女方家不同意这门亲事,她的父母就会说:"孩子还小,还不懂事,我不能过早为她私订终身,等她长大后再说吧,下次来玩不要再提此事了。"做媒是个苦差事,一般情况下,女方的父母碍于面子,即使同意这门亲事也要媒人至少跑上三趟才会完全答应,第一、第二趟是绝对不会答应的。媒人去做媒第一趟一般不带礼品,第二趟一般带两斤白酒、一些香烟,女方家还没答应亲事之前不会喝媒人带来的酒,即使要喝酒也只能喝自己家的酒。布依族说媒奉行事不过三的规矩,第三趟是最后一趟,如果女方父母同意这门亲事,媒人就与他们约定一个黄道吉日喝男方家提来的定亲酒。这个时候女方家把家族中人和左邻右舍叫来喝定亲酒,趁机把这门亲事告诉亲朋好友,证明两家从此开亲了,他们家女儿已经有了去处,其他人再也不能来提亲了。

喝定亲酒的规矩很多。首先,女方家人要问媒人这是什么酒?媒人回答:"是心情酒。"女方家人再问:"这酒是用什么酿制而成的?"媒人要么回答说:"是用苞谷酿制的。"要么说:"是用大米酿制的。"绝对不能说是用麦子酿制而成的,因"麦"谐音"霉",不吉利。一直问明了酒的来路,问明了酒的用途之后大家才会喝酒。只要喝了定亲酒,从此两家就是亲家了。

喝了定亲酒后,男方家要选个好日子,邀约一帮亲朋好友提着礼品去女方家认亲,当地人叫"踩门"。意思是两家开亲了,双方亲戚要来认识一下,以后有红白喜事才好通知对方。男方家来过女方家后,女方家同样要带一帮人去男方家认亲,当地人叫"踩倒门"。

一般男孩子小的两三岁就有了未婚妻,大的也在十一二岁就有未婚妻了,十五六岁还没未婚妻则会被人说闲话。

认亲之后,接下来过春节姑爷就要去老丈人家拜年,年龄较大的自己带一个能讲会说的弟兄一起背着酒肉去老丈人家拜年;姑爷年龄小的其父亲约一个人和他代替儿子去拜年。拜年要吃"转转酒",岳父家家族有多少户,姑爷家就得拿着酒一家一家地去拜年,最亲的亲戚家每家还要另加一条腊肉或一只火腿。拜年就是从一家吃喝到另一家,认个门户,往往一家招待的酒肉还没吃完另一家就来邀请了。这时双方要讲酒规,只要有一方能讲,另一方就要多喝点酒。玩乐几天,把岳父家族中所有亲戚家都走到之后方能打道回府。

吃了"转转酒"之后接下来就是娶亲了。有的男孩才八九岁父母就给他娶媳妇,有的是在十五六岁的年纪娶亲,很少超过十八岁还没娶媳妇的。

男方家看好结婚日子,在举行婚礼之前先请媒人去女方家提亲(也叫讨八字)。得到女方父母同意之后,媒人事先通知男方哪天去女方家吃娶亲酒。然后男方会带上"订婚钱",提着几斤白酒去女方家吃娶亲酒。喝了娶亲酒后,男方家带一众妇女去女方家缝制蚊帐。

到了大婚的日子,男方家请"大客""二客""三客""四客""五客""六客"和一个娶亲婆一行七人来女方家娶亲,新郎不与他们一

女方管事向男方"大客""二客"敬酒　聂康　摄

同前去,只能待在家中等新娘子进门。

娶亲队伍来到女方家的寨子边,女方家请来的"大客""二客"和管事早就等在那里将他们拦住。女方"大客"唱歌盘问:

远方的客人,

你们从哪方来? 来此做什么?

此处只欢迎朋友,此地只欢迎亲戚,

不是朋友请走开,不是亲戚请回头。

男方"大客"唱着回答:

尊敬的主家人,

我们从天边来,看到你家有只美丽的孔雀,

想来把她带去与我家雄鹰做伴;

我们是亲戚,我们是朋友,

月老叫我们来做客,玉帝安排我们来娶亲。

我们要去你家坐,因为我们是亲戚。

他们一边主问,一边主答,唱答盘问的内容可多可少,但必须经主人家满意后才给娶亲队伍每人斟上一碗"拦路酒"表示欢迎进寨。

喝完拦路酒后娶亲队伍来到女方家大门外,主人家的"大客""二客"又将众人拦住,边递酒给客人边唱"迎客歌":

自从盘古分天地,世上就有布依人。

布依爱种田和地,种出大米待客人。

种出苞谷待亲友,亲朋满座才闹热。

我家住在大山下,我家住在大河边。

没有美酒待朋友,没有好菜等亲戚。

淡酒一杯敬朋友,清茶一杯待亲戚。

水酒虽淡情义重,饭菜虽淡感情深。

希望亲朋常来坐,敬盼亲友常来玩。

> 　　亲朋满座才热闹，亲友常来感情深。

男方"大客"双手接过酒杯，回唱道：

> 　　自从盘古分天地，世上就有布依人。
>
> 　　布依人最重情义，布依汉最讲仁德。
>
> 　　主家情义比酒浓，主家仁德比山重。
>
> 　　喝了这杯情义酒，亲戚情义比海深。
>
> 　　喝了这怀仁德酒，两家世代是亲戚。
>
> 　　感谢主人的热情，感谢主人家厚待。

　　娶亲人喝了迎客酒之后来到女方家堂屋，先给女方家神龛烧香纸、点蜡烛、奠酒过后方能就座。女方家"大客"又向娶亲队伍敬"歇脚酒"，唱道：

> 　　我家住在大山脚，门口有条归集河。
>
> 　　崎岖山路难得走，喝口小酒歇歇脚。

男方家"大客"双手接过酒杯，唱道：

> 　　你家住在大山脚，门口有条归集河。
>
> 　　山清水秀实在美，土地肥沃鲜花多。

喝完歇脚酒又喝祝福酒，女方家"大客"唱：

> 　　清早起来喜鹊叫，今天贵客就来到。
>
> 　　我敬贵客一杯酒，情义才德样样有。

男方家"大客"唱：

> 　　清早喜鹊叫喳喳，有幸来到亲戚家。
>
> 　　主家大富又大贵，福禄寿喜到主家。

　　男方"大客"唱完并喝了祝福酒之后大家随便拉家常，主人家摆好酒菜才喊娶亲队伍上桌吃饭。

　　布依族婚礼对吃的非常讲究，酒席饭菜荤素搭配，色香味俱佳。布依族的酒席规矩与其他民族大同小异。摆菜上桌十分讲究：水菜摆上席，主菜摆中间，炒菜两边摆，干菜摆下席。一般都是年纪大的长辈坐上席,水菜摆在他们前面方便他们夹食。斟酒从坐上席的长者那里开始斟起,然后从右到左斟第一圈,再从左到右斟第二圈;左一圈,右一圈,依次类推。这一天由女方家"大客"和男方家"大客"同坐上席。男方家"大客"坐左,女方家"大客"坐右,意为男左女右。

酒席上喝酒吃菜都要讲祝词,女方"大客"首先举起酒碗说:"喝口主家心情酒,福禄寿喜样样有。"

男方"大客"回应:"喝了主家心情酒,主家人人活过九十九。"说完后大家才举杯共饮。

喝了第一口酒,大家才开始夹菜吃。夹菜也有规矩,女方"大客"喊夹哪个菜,其他人就跟着夹哪个菜,仍按从右到左的顺序依次夹食。夹菜时夹着哪一块就是哪一块,不许用筷子在菜盘里翻来翻去,挑肥拣瘦。

女方"大客"先夹一块牛肉在手,口中说祝词:"主家儿孙坐朝堂,我们吃的是牛羊。"男方"大客"回应:"主家儿孙坐朝堂,亲朋好友喜洋洋。"说完后其他人才依次夹牛肉吃。

吃了牛肉女方"大客"接着说第二句祝酒词:"喝口主家情义酒,主家儿孙代代有。"男方"大客"说:"主家情义深似海,漂亮奇花代代开。"

第二次夹菜老者说:"主家儿孙点翰林,吃块猪肉做人情。"男方"大客"回应:"主家儿孙坐朝堂,说话办事响当当。"

第三口酒女方"大客"说:"喝口主家发财酒,主家金银财宝样样有。"男方大客回应:"喝了主家发财酒,主家儿孙代代有。"

夹第三口菜时女方"大客"说:"主家发富千万代,我们吃口大白菜。"男方"大客"回应:"圆菜青菜大白菜,主家人才强万代。"

总之,每道菜都有说法,就看男女双方的"大客""二客"怎么临场发挥,一般都是说一些吉利话逗大家开心。

酒过三巡，其乐融融。每次喝酒都要女方"大客"或男方"大客"先作邀请，大家才能一起喝，他们不邀请一般是不能先喝的，哪个先喝了别人就会觉得此人好酒贪杯，有失礼仪；吃菜也是女方"大客"或男方"大客"喊吃哪一个菜，大家就按先后顺序夹哪个菜吃，不能夹错，夹错别人就会觉得此人贪吃，不懂规矩。他们在酒席上喝酒时可以边喝酒边说话，但吃饭时只许男女双方的"大客"发话喊大家夹菜，其他人在吃饭时是不许说话的。席上礼节较多，酒也喝得不少，一巡酒席一般要一两个时辰才能吃好。

　　吃完饭后主人家在堂屋中间摆一张八仙桌，男女双方请来的"大客"就在堂屋中间对唱酒令。他们唱到天黑后另找一个地方继续对唱，把这张桌子让给双方的"二客"来对唱酒令，"二客"一直唱至天亮才能休息。男方家请的是男"二客"，女方家请的是女"二客"。"二客"一般都是能说会唱的年轻人，他们晚上各自邀约几个帮手前来助阵，大家一起唱酒令，场面十分热闹。

　　第二天早晨，娶亲队伍背着女方家的嫁妆在前开路，女方家几十人轮流背着新娘子在后面跟着，一行人向男方家的方向出发。送亲队伍来到半路，负责招待送亲队伍的人赶紧提出一个大酒壶斟满酒递给女方家送亲的人喝。其他人对背新娘子的人说："亲戚背累了，换我来背一段路程，你歇歇脚喝杯小酒。"说完接过新娘子背着就走。女方家的人喝了一阵酒之后假装问男方家在此接待的人："喂，我们的人呢？去哪里了？"男方家的人笑着回答："请放心，我们接去想，接去爱了，她以后会过得更加幸福，更加快乐。"女方家的人听后假装懊悔地说："唉！都怪我们好酒贪杯，新娘子被人家接走了都不知道。"说完就转身回家了。

　　新娘子要进男方的家门时，男方家的人一般都不在家中，都到别处避开新娘子，意思是敬重新娘子，让新娘子来当家。新娘子来到男方家堂屋跪拜祖宗之后就送进新房，未婚的男女青年们紧跟新郎新娘身后进入新房来闹洞房。布依族闹洞房必须要说上四句祝词。

开头那个说:

> 夫妻携手入洞房,满面红光喜洋洋;
> 今宵鱼儿来得水,如漆似胶尽欢畅。

另一个说:

> 罗帐之中诉衷肠,相亲相爱情义长;
> 郎是胶龙来入水,女是丹凤来朝阳。

下一个说:

> 新郎本是状元郎,新娘本是美娇娘;
> 今宵夫妻来配定,情同恩爱美鸳鸯。

再一个接上说:

> 新郎新娘齐欢畅,龙凤相会情义长;
> 一夜夫妻百载恩,百年偕老在一堂。

闹过洞房,管事安排到堂房吃饭,叫来四个未婚姑娘陪新娘,又叫来四个未婚小伙子陪新郎,十人坐一桌,这叫"十全十美"。陪新郎的小伙子必须人人讲四句赞词。

第一个说:

> 今宵我来陪新郎,他年必将上朝堂;
> 能文能武人称美,金榜得中状元郎。

第二个说:

> 我来贵府陪新郎,新郎算来样样强;
> 文武双全是好汉,才郎恰配美娇娘。

第三个说:

> 我今来把新郎陪,新郎今天是上客;
> 从今以后家发富,吃穿不愁挺闹热。

第四个说:

凉都撷彩(三)——六盘水市民族民间文化资料选辑

亲朋请我陪新郎,新郎欢畅喜洋洋;

今宵把郎来陪过,子子孙孙进朝堂。

陪新郎坐一桌吃饭的四个小伙子每个人都说完四句赞词之后,新郎新娘起身给在座的各位斟酒,当斟到哪位面前,哪位就说四句赞词来祝福新郎新娘喜吉良缘。

斟给第一个时第一个说:

新郎新娘提酒瓶,此酒仙桃来酿成;

王母来把美酒赐,亲朋都来饮杯巡。

斟到第二个时第二个说:

喝杯美酒贺新娘,新郎新娘喜洋洋;

今晚双双来会定,仙山美景两下尝。

斟到第三个时第三个说:

今天新人把酒巡,酒是琼浆与玉液;

喝了琼浆玉液酒,观音送子进家门。

斟到第四个时第四个说:

饮下美酒贺新郎,恭贺新郎与新娘;

今晚蓬莱相会定,明年得个读书郎。

新郎新娘依次敬酒,敬到哪个哪个就要说四句赞词来祝贺新郎新娘,一直要把四张桌子的客人敬完大家才能开始吃饭。有亲戚拿布匹来挂红,布匹集满十匹之后,要请两个德高望重、儿孙满堂的老者来说祝词。

第一个说:

这匹红儿六尺长,出在苏州锦绣房;

织锦姑娘本姓赵,名叫巧巧美娇娘;

织的红儿新又亮,巧巧娇娘喜洋洋;

天上寿星来降世,变个小伙配娇娘;

寿星忙把红儿挂,神仙今宵当新郎;

夫妻双双洞房进,恩恩爱爱情义长;

今宵情义深又重,明年添个读书郎。

另一个说:

亲朋请我把红上,新郎新娘喜洋洋;

一挂夫妻长相守,二挂夫妻福寿长;

三挂夫妻家道盛,四挂夫妻乐安康;

五挂早生龙与虎,六挂贵子坐朝堂;

七挂代代出官宦,八挂源远又流长;

九挂买田又买地,十挂代代状元郎。

布依族风俗多姿多彩,娶亲嫁女内容特别繁复,其中有说床四句、戴帽四句、穿衣四句、穿裤四句、穿鞋四句、闹新房四句、陪新郎四句、喝喜酒四句、上红四句、下红四句、饮交杯酒四句,还有夫妻夜间取闹四句等等,一天到晚都要说四句,还要唱酒令、喝喜酒,大家尽情玩乐,场面热闹非凡。

发耳镇一带布依族人热情好客,对酒特别爱好,真正是无酒不成席。唱歌跳舞要酒、说四句要酒,做什么事都离不开酒。不论哪家办喜事都要邀请十里八乡的亲朋好友前来祝贺。客人来到之后主人家先敬客人一杯米酒,算是迎客酒,对远方来的客人表示感谢。客人喝完迎客酒之后主人家来帮忙的弟兄就与客人或唱酒令喝酒,或猜拳行令喝酒,或下棋喝酒。客人一般要玩到尽兴,酒足饭饱后才跟跟跄跄地走回家。

结婚当晚新郎新娘不同房,随后的几天也由新郎的堂姊妹陪新娘睡觉。新娘在新郎家住了几天后,新郎家

男方家背去娶亲的喜酒　聂康　摄

要请人捿几十个糯米粑粑送她回娘家,往后的日子新媳妇主要住在爹娘家。每年要到正月三十过小年或栽秧割谷之时男方才请堂姊妹提两斤白酒去岳父岳母家把新媳妇带来家中过节或帮干农活,这个时候他们才在一起同宿。过完节日或干完农活新媳妇就要回到娘家,过大年都是在娘家过。直到生儿育女之后,新郎请堂姊妹提着烟、酒去岳父岳母家接新娘来新郎家过年,从此新娘才正式在新郎家居住,成为该户的家庭成员。

二、婚姻自由

布依族男女青年利用赶场、过节日、聚集玩乐和走亲访友的机会相互认识,然后约定一个时间在一起唱歌玩乐。他们三五成群地相约结伴,只为相到各自的意中人。

第一次约会一般是男方带女方来自己的寨子边找个地方进行"坐唱"。半夜时分还要做一顿饭菜来招待女方,天亮之前还要送女方回去,一直到天亮才与女方依依惜别。

第二次约会一般轮到女方带男方去她们寨子边"坐唱"。这样你来我往地唱歌玩乐几次之后,他们当中会有一些人相互产生爱慕之情,感情发展到一定的程度就会私订终身。

男女双方说好要携手一生之后,他们会选择一个黄道吉日成婚,这种婚姻不用媒人去女方家做媒。这天晚上,男方邀约几个铁哥们与他同去女方家把人接回家"过门",这种方式在当地叫作"带媳妇"。此时女方也邀约几个好姊妹做伴同去男方家"过门"。他们来到男方家,跪拜供有祖宗家神的神龛。男方要杀鸡发誓终身相伴,不离不弃,然后用鸡肉和大米一起煮鸡稀饭吃。吃过晚饭之后,男方青年组成一队,女方青年组成一队,在堂屋中间快快乐乐地对唱起酒令来:

男唱:

阿表妹——

隔河看见花叶青,听见妹的好名声；

听见妹的名声好,隔山隔水哥来跟。

跟妹跟到人偕老,跟到地下共一坑；

跟到地下共一穴,来世变成鸳鸯飞。

女答：——

阿表哥

隔河看见花叶红,听见哥的好名隆；

听见哥的好名望,隔山隔水妹来逢。

隔山隔水妹来会,哥妹相会在花蓬；

哥妹相会花树下,芙蓉牡丹共一丛。

男唱：

阿表妹——

十七十八正唱歌,二十四五事情多；

三十四五当家了,哪有闲心唱山歌？

青春年少把歌唱,死到阴间也快乐；

青春年少莫耽误,老朽不唱后悔歌。

女答：

阿表哥——

十七十八不唱歌,二十七八儿女多；

背一个来抱一个,哪有时间唱山歌？

青春年少不玩耍,死到阴间受挫磨；

青春年少耽误了,老朽难唱后悔歌。

男唱：

阿表妹——

哥想妹来想得真,好比梁山想祝英；

就像梁山祝英样,蝴蝶恋花水恋鱼。

蝴蝶恋花鱼恋水,阿哥只恋妹一人;

阿哥只恋妹一个,好比鸳鸯一对情。

女答:

阿表哥——

妹想哥来想得真,好比鸳鸯一对情;

就像鸳鸯情一对,过水共舟住同林。

水里成双林成对,一生一世做家人;

哪天阿哥离开我,叫妹怎么活得成?

男唱:

阿表妹——

生不离来死不离,生死我俩共堆泥;

活在阳间同甘苦,死去阴朝共冥文。

生要成双死成对,阎王定下共座坟;

阎王定下坟一座,死了也要做夫妻。

女答:

阿表哥——

生不离来死不离,生死我俩共堆泥;

生死我俩共堆土,阎王定下共座坟。

阎王定下坟一座,千秋万代做家人;

活在阳间成一对,死去阴朝不分离。

"带媳妇"当晚新郎与新娘也不同房,他们要陪大家一起唱歌玩乐直到天明。第二天早上吃了早饭之后,陪新媳妇来的好姊妹们回去时,新郎还要赠送礼品给她们,感谢姊妹们从中撮合才使他们结成了美好姻缘。

男女双方通过自由恋爱、自主结婚在一起的,等到生儿育女或过一段时间之后男方家才带一帮人,拉着一头大肥猪,提几只鸡,背着大米和一桶白酒去岳父岳母家认亲。这时他们的婚姻"生米已经煮成熟饭",岳父岳母就算不喜这门亲事也只好认可。

三、抢婚

抢婚是一种强迫婚姻。往往是男方因为家庭贫穷或有某些方面的缺陷,不能通过正常渠道获得婚姻。于是他们就到处寻找目标,看中哪个女人就邀约几个身强力壮的弟兄寻找机会把女方强抢到家中。然后杀鸡发毒誓,强迫女方喝血酒并与男方同床共枕。旧社会的女子认为她们一旦喝了血酒,与男方同床过后,即使十分不愿也只能忍气吞声地跟男方过日子了。除非男女家双方差距太大,女方才不顾一切地寻找机会逃回娘家,另嫁他人。

抢婚形成的婚姻往往很少离异。和男方家相比,被抢婚的女方家一般都较为弱势,不少女人害怕违背誓言会遭天谴,往往会顺从这门亲事。由于是抢婚,男人自知对不起女方,大多对女方怀有歉意,因而对女人会更加体贴。一旦生儿育女后,男人会对女人言听计从,渐渐赢得女人的好感。

抢婚是旧社会期间形成的一种恶俗陋习,中华人民共和国成立后,这样的习俗已不复存在。

水城县苗族"小花苗"支系传统婚俗

陶　松

水城县苗族"小花苗"支系传统婚俗中,同祖同宗的家族不能通婚,本寨青年男女一般不能通婚,同支系与其他支系、其他民族也不通婚。"小花苗"支系婚姻后来多是通过自由恋爱、相亲、父母包办三种方式相缔结。

自由恋爱是通过坐花坡、赶花场、踩月亮等社交场合认识,男女双方互生爱慕后再征得父母支持和同意而缔结婚姻。

选择相亲的一般是未婚男女青年之间住地较远,素不相识,经媒人或亲戚介绍,双方约定时间(如赶场等)选择一个场地或到女方家的寨子相亲。相亲一般是先由男生走三趟,到女方家由女方亲属观察;再由女生走三趟,到男方家由男方亲属寓目。如果男女青年双方一见钟情,便表态"请父母作主",就可订婚。

父母包办婚姻,大都是男女还处在不懂事理阶段由双方父母做主而定的"娃娃亲"。"娃娃亲"大多因双方父母是亲戚或是好友,大人们为达到亲上加亲或友情长久的目的,便以儿女联姻来实现。

婚姻缔结一般要经过说亲、定亲、结婚三个主要程序。

说亲时男女双方须合"八字"。八字相合后由男方请人上女家说亲,往返三次,若女方不同意,退回礼酒。若同意,则收下礼酒应亲,并择定日期"吃猪酒"。

定亲时由媒人带领男方家长辈到女方家议定结婚日期和结婚时所送的彩礼。彩礼有"一桩三股绳"(一牛三羊)、"一桩五股绳"(一牛五羊)、"两桩七股绳(两牛七羊)"或折成现金等多种方式。定亲要吃"吃猪酒",由女方家杀猪办酒,第一天寨上的老人、亲友要请到;第二天留客议定相关事项;第三天男方家人返回家中为结婚做准备。若女方家经济困难,"吃猪酒"可改为较为简单的"吃鸡酒"。

结婚有许多礼仪讲究,由于有"打雷不到老"的忌讳,故日期多选择在雷雨较少的秋冬举行。结婚时一般由男方家请五到七人到女方家接亲。接亲彩礼一般在"吃猪酒"时已经商定好了,并要按传统规矩带六瓶酒,一坛甜酒,一床羊毛毡,一架铁三角,一只铧口,一把长砍刀,六只鸡,一把伞,两双鞋。帮忙带礼者只能送到女方寨子边,不能进寨。

接亲队伍当天到达女方家,女方家会假装不理睬。接亲人将礼物按传统规矩放好,请女方父母就座,行单腿跨步的"一跪三拜礼",以得到女方老人的谅解和接纳。女方家族中青、老年男子,聚集在族内一家堂屋等候。

接亲过程中,女方家要选一德高望重的男性老人或知晓送亲礼仪的能人为礼仪主持人,两个精明善谈的中年人为交谈代表。男方接亲主持者问清女方家礼仪主持人是谁后,并带领新郎举一碗酒单膝跪下奉敬,行单腿前后跨步的"三退三进跪拜礼"向众人敬酒。女方家人则故意"刁难"取乐。并用种种富有风趣幽默的话语盘问迎亲者。如:带牛来还是带羊来? 磨是两扇转还是一扇转,或是两扇都不转? 你们是从天上来,水上来,还是大路来? 抱手来还是甩手来? 男方是否勤劳? 男方父母是否同意? 男方是否向别人提过亲或离过婚? 新娘用伞是否带来? 新娘所穿鞋是否送上? 牛羊彩礼是否齐备等等隐晦的问题,迎亲人亦须用相应隐语作巧妙答复。应答若有疏漏或礼数不周,主婚人等一般会从中和解,对男方家迎亲者进行象征性罚酒,然后按原先双方议定的数量点交彩礼。彩礼以送牲畜为主,有"一牛三羊""一牛五羊"以及"二牛七羊"等多种方式,一般根据女方家亲人多少等情况具体设定。牛是送给女方父母的,女方的亲舅舅必须有一只羊,亲姑妈也必须有一只羊,如果没有亲舅舅和姑妈的,也得给家族中关系较亲的舅舅和姑妈送去,否则不吉利。若爷爷奶奶在世,就多送一只羊。女方小时候有干爹干妈又要多送一只羊,有几个干爹干妈就送几只羊。女方有哥哥弟弟的也各准备一份礼,与女方一同长大的小姐妹也都有礼物可收。

彩礼点交结束,时间已到下午,女方家便可招待来客入席。席间边饮边吃,还要唱各种酒歌、婚礼歌等,热闹一直持续到深夜甚至天明。

晚上的酒席结束后(一般为下半夜至天亮前)还要举行"吃羊毛鸡"仪式,以感谢女方父母及父母辈的所有亲戚和朋友。男方拿去的羊毛鸡为一公一母(还要有一壶酒)。羊毛鸡只限于女方父母及父母辈的亲人可以吃,以表示对父母养育女儿的答谢。爷爷奶奶辈不能吃,女方同辈也不能吃,父母辈的亲戚中,女客有带吃奶小孩的也不能吃,不该吃的人吃了会不吉利。"吃羊毛鸡"一般要在女方家的正堂屋,吃时男女宾客分开,首先请女方的舅舅,姑父和最重要的客人上坐,其他的依次分列两边。羊毛鸡只能用锅或盆装好,摆放在地上,不能放在桌子上。吃时先从舅舅和姑父开始,喝完酒后盛上一碗鸡肉,直到这碗鸡肉吃完才能轮到下一位,否则要被惩罚。吃完羊毛鸡后的第二天,女方家要拿一只公鸡带到男方家作为答谢。

次日凌晨,女方家要把新娘送出门外,烧一笼火,由母亲和众姐妹为新娘和伴娘着装打扮,所穿衣裙越多越好,有的裙子多达数十条，花背多达数十件（还可借来衣裙以充门面），新娘要由弟弟背到男方家（或用马驮）。其他人将新娘准备带走的花背和裙子以及其他陪嫁物品打包装好抬到外面，交给男方家来帮忙的人员，所有物品必须由男方彩礼先生和女方父母点交，到达男方家后再由彩礼先生点交给新郎父母。女方家送亲一般由25人~30人组成，其中有正主婚人、副主婚人、族中亲人代表、姐夫、打财礼人、女伴娘等各一人，每人提一壶

新娘向来宾展示陪嫁衣裙　汪龙舞　摄

酒，还要送男方家迎亲人半边猪肉（男方家收后杀一头猪送回女家）。

　　新娘梳妆结束后开始吃饭，吃饭结束，女方家送亲仪式主持人安排送亲人按先后顺序在堂屋中坐好，主持人按规矩递上一碗酒，叫"送亲酒"。女方族人领着新娘和伴娘走出来，伴娘在前新娘在后进入堂屋，并从右到左绕过火堂走到外面等待男方的迎亲人。新娘和伴娘出门后，男方家彩礼先生将酒碗递给陪同的人，然后会说"吃也吃了，喝也喝了，我们要走了"，并感谢女方家亲戚和寨上邻人等。伴郎和新郎则将酒碗递给女方家帮忙的人，开始行"三进三退跪拜礼"，此时女方家堂屋外站满了所有来吃酒的人，他们有的是专门来看新郎的，想给新郎在行"三进三退跪拜礼"时出难题看笑话。一番笑闹过后礼仪完成，新郎和伴郎出门，女方家礼仪主持

人带头起身相送,并说上专门的祝福语,大意为:嫁一人,成一家,有一家,成一寨,愿姑娘到男方家后儿孙满堂,幸福平安,白头偕老等。念完大家相互敬酒。出来以后新娘可将自己的衣裙交给新郎负责背,如果物品过多,伴郎也帮忙背一些,其余用品由其他接亲人负责。新娘家女客可将新娘送出很远的地方,新娘的姐妹们送到半路,开始对新郎"发难",要求新郎发"喜钱",不然不准走,此时多由男方家接彩礼的先生来负责处理,将准备好的钱分发给众姐妹,要求放过新郎。众姐妹得到钱后,所有送亲人员返回寨子,新郎得以脱身,整过送亲仪式结束。

新娘快要到达男方家时,由男方家妹妹和寨子中的女孩负责迎亲,迎亲人在附近烧一堆火,看到新娘时向前去打招呼,说"大嫂辛苦了,先烤火",新娘会回答"不冷,你们烤"。如果新娘和伴娘未带伞,男方家妹妹还得先将准备好的伞递过去给新娘和伴娘打好。并将准备好的简单便饭(一般为肉、豆腐、白米煮成的一汤一饭)用来招呼接亲人和新娘伴娘一起"吃晌午"。男方家中则准备好烟、酒等,用来招待贵客。

接亲队伍到达新郎家,新娘先不入屋,由小姑撑伞接新娘到门外的火塘旁就座。新娘先穿两件新衣裙,与送亲人同到新娘刚认的娘家送礼(由男方父母邀请寨中一户命运好,子女多,比较富裕且与男方家关系好的人家作为新娘的迎亲父母,迎亲时请的该户人家男方必须在场且坐在主要位置)并吃一餐饭。新认娘家要回送一袋炒面和一只羊腿。之后返回男方家门外火塘边,新娘再次当众装扮,将衣裙全穿上。所穿衣裙越多越好,多到两手难以下垂,走动不便,好似"孔雀开屏"。男方家即在火边摆席,由小姑和两个家族媳妇陪新娘和伴娘共进餐。新认娘家人亦将新娘带来的熟猪肉送给围观的姑娘享用,称吃"和气饭"。

吃过"和气饭",接亲人入屋陪参加迎亲仪式的亲戚朋友按规矩在堂屋就座。此时新娘将发髻打散，由一未婚青年执火把引路，由伴娘打伞与小姑（或其他未婚姑娘）陪新娘进入堂屋（小姑在前，伴娘在中，新娘在后），由左至右绕火塘一圈后出门，随后新娘便被带进新房，脱下穿得过多的衣裙。伴娘和新娘绕火堆结束后，便可自由活动，由男方家妹妹及同龄女孩带去游玩，待到晚上再带回来吃饭（在男方家接亲的整个过程再到返回娘家期间，新娘都不能走在伴娘前面）。

新娘、伴娘出门后，负责迎亲仪式的人重新给在场的众宾客敬酒，并致以祝福的言语，大意是：大家喝酒，难得主人家选的好日子，主人家接一人，成一家，有一家，成一寨，愿主人家大富大贵，儿孙满堂，以及今年喝辣酒，明年喝甜酒，早生贵子等。礼毕，有人会在门口放鞭炮，众宾客将碗中的酒喝完，迎亲仪式结束。

晚上吃饭，男方家必须先准备3只鸡（也可以是5只鸡，只能是单数）宰杀好作为晚餐用。杀鸡时将每只鸡的鸡头和鸡大腿用绳子串起来绑好再煮，避免拿出来吃时弄错。吃饭时，新郎的母亲、妹妹及其他女孩须与新娘一桌。鸡肉必须由指定的知晓婚礼习俗的人分发。鸡头分给在座年纪最大及德高望重的老人或贵客。第一对鸡大腿分给新娘和伴娘，新娘得左，伴娘得右；第二对鸡大腿分给负责迎亲的新郎母亲、妹妹或其他负责帮助迎亲的姑娘。第三对分给财礼先生和提亲的媒人（新郎有没有鸡腿不重要），鸡其他的部位则可随意分派。新娘和伴娘分得鸡大腿不会吃掉（吃了就是不懂礼节，要被人笑话），其他的人则要把分得的鸡大腿吃完。

迎亲宴在热闹声中结束。下半夜，男方家还要将从女方家带来的羊毛鸡（连同其他的鸡）宰杀掉，请男方家父母及父母辈的亲朋举行"吃羊毛鸡"仪式，吃法和规矩和女方家所举行的"吃羊毛鸡"仪式相同。

新婚当天晚上，新郎新娘不能同宿，由伴娘和小姑在新房陪新娘过夜,新郎则自己另找地方睡觉。

第二天或第三天后,男方家就要安排送伴娘回家,俗称"谢伴娘"。送伴娘回去时要将一对有三个月左右大的小鸡相送,意思是希望伴娘早日找到如意郎君,成双成对,吉祥如意。同时还要送伴娘一双鞋子,表示伴娘一路辛苦了。最后还要包红包送给伴娘作正式谢礼。

"谢伴娘"时除了带上上述礼物送给伴娘外,新郎和新娘回家时还会带上一些酒或其他礼物到新娘的后家(娘家)看望父母。新郎和新娘到达新娘后家后可以当天就返回。若路途远或父母舍不得,新郎和新娘也会在后家住上一两天后再回新郎家。

南开乡汉族传统婚俗

符 号

钟山区南开乡一带的汉族婚姻大都遵循着汉族传统的习俗,此外还有一些不成文的规定。汉族一般是同姓不能开亲,异族不能开亲。姨表亲和姑舅亲可以结亲,就是当地所说的"侄女赶姑妈",是指舅子家的姑娘可以嫁给姑妈家的儿子,但姑妈家的姑娘不能嫁给舅舅家的儿子。南开民间还流传着一首民谣:"大娘舅,二娘舅,借你锅儿炒盐豆,你一颗,我一颗,拿你姑娘嫁给我……"充分体现了当地的"侄女赶姑妈"婚俗的普遍性。

一、开亲方式

南开乡汉族传统婚姻开亲方式有三种:一是"割衣襟",即所谓的"指腹为婚";二是订娃娃亲;三是请媒说亲。所谓"割衣襟",就是指要好的两家议定,若两家的娃娃生下来性别相异则两家就可结为儿女亲家。"订娃娃亲"则是指男女双方都还是在幼年时期,门当户对的两家会通过开亲结为亲家。娃娃亲一般是男方家的父母向女方家的父母半认真半开玩笑地提出:"你家姑娘来服侍我,做我家的儿媳妇,同意不?"女方家的父母若愿意,就会回答:"只要你家不嫌弃,可以啊!"于是,两家就这样订下娃娃亲。所谓"请媒说亲",就是指男女成亲必须请托媒人从中牵线搭桥,依从"父母之命,媒妁之言",恪守封建礼教的传统婚俗,双方不得私订终身。三种联姻方式中,"请媒说亲"是最为常见、最为普遍的缔结良缘的方式。

二、请媒说亲

男女双方两家若称得上"门当户对",或是男方父母看上某家姑娘后,由男方家请媒人到女方家去探口气,称之为"说亲"。常言道"竹笆门配竹笆门,板壁门配板壁门","买牛要买张角牯,说妻要看老丈母","宁等男大十,不让女大一",说亲的条件是要门当户对,且年龄差在五岁以内最为合适。

媒人到女方家提亲,得到许可后,男方家再次请媒人到女方家,进一步了女方家姑娘的年龄和属相。若男女双方年龄一样,属相自然相同,八字自然相合,否则要根据男女双方的属相、纳音五行等来合八字。男方父母合得八字,便请媒人去女方家说亲。说亲较为耗时,民间有"大户人家说亲三年,小户人家说亲三月",故有"三媒九转"之说。媒人第一次到女方家,女方父母不打狗;媒人第二次到女方家,女方父母不装烟;媒人第三次去女方家,女方父母既打狗又装烟,说明有点儿口气了;媒人第四次到女方家,女方父母已经对男方家的情况调查清楚,考虑好了就会极为热情地接待媒人,并同意把姑娘嫁到男方家,这一过程称"三转四回"。

说成亲事后,未婚妻不能去老婆婆家(男方家),哪怕是男方舅舅家、姨妈家也不能去;未婚妻不能被未来的老公公、大伯子(未婚夫的兄长)和未婚夫看见。一旦男方家来人,女方女儿都要赶快躲开,不能让其看到一点身影,否则旁人说那家姑娘没有教养,严重的会被退亲。

三、"允话"定亲

亲事定下来半年之内的农历二月间或八月间的一个双日,确定好时间后通知女方家,男方家父亲叫上家族中同辈分的男性,一行三四人(不能是五人,因为有"三朋四友五冤家"的说法)带上一两丈(3.3米~6.6)米布匹,十来斤猪肉,两瓶白酒及香蜡纸烛等物品前往女方家定亲。这个程序当地称之为"允话",即定亲。定亲之后,每年的新春佳节,男方都要到女方家拜年。

四、"插香"送期程

女方长到十七八岁后,男方父母便向女方父母要求迎娶女方。征得女方父母同意,男方父亲便请先生看期程去接儿媳妇。期程择定一般选在半年之内的一个双月双日,男方父母通知女方父母,准备要到女方家送期程"插香"。男方去女方家"插香"的人员与"允话"时去的相同,不同的是"允话"时送去的礼品称为定亲物品,"插香"时送去的礼品称为送彩礼。"插香"送去的礼品要比"允话"多,布匹至少是六丈二尺(20.67米),当然是越多越好;猪肉一方一肘,一方指的是一块七斤重的猪肉,一肘指的是一只八斤重的猪后腿;再加上两斤猪油,两瓶白酒,香蜡纸烛及用大红纸写的"预报佳期"的字样一并送到女方家。女方父母邀请亲戚朋友前来吃宴席,这也称之为吃"插香酒"或"烧香酒"。

"插香酒"女方家不收礼,前来吃酒宴的亲戚朋友也不送礼。吃"插香酒"就是让大家知道姑娘出阁的日子。当天晚上,女方父母向男方父亲提出一些接亲时的要求,比如说姑娘要坐轿子,两位送亲婆要骑马,姑娘要一套青灯草呢衣服等。若女方父母提出的要求过高，男方父亲迟迟不能答应女方父母的要求。于是两亲家各有各的想法，各抒己见，互不相让，唇枪舌剑，争论不休。这时就会有客人站出来打圆场说："不开亲是两家人，开亲后是一家人，啥事情都要心平气和地好好商量，才能解决问题，不要激动。"在客人的规劝下，两亲家才平静下来慢慢商量，直到双方达成共识后，便按照双方协商好的条件去准备，并在迎娶期程之前落实备齐。

五、嫁女办姑娘酒

到了迎娶的前一天，女方家要办嫁姑娘酒，男方家要准备筹办接儿媳妇的酒。这天，男女双方两家都各自请有管事全程打理接亲嫁女的一切事务。男方家派两人背上十五斤猪肉、两斤猪油送到女方家。常言道："养女不折本，烧起锅儿等。"女方家马上就将男方家送来的猪肉做成酒席菜。

第二天，男方家在轿子两侧贴上事先用大红纸写好的轿联。轿联的上联为："黄龙棒轿迎淑女"，下联为："紫燕衔书遇奇男"，横批："天作之合"。在轿子的后面贴上用50厘米见方的大红纸绘就的"太极图"，在亲戚中找来一个十来岁的男孩，称为"押轿娃"，押轿娃背上宝瓶壶和铜镜坐在轿子里。在两匹马背上备好骑鞍，并请来十多个弟兄帮忙搬运妆奁。在押礼先生的组织下，四位轿夫抬着轿子，两位马夫牵着两匹高头大马，两位唢呐匠背着唢呐，押礼先生带着新娘的服装、首饰和香蜡纸烛，一二十人的接亲队伍浩浩荡荡地向女方家行进。

到了女方家，女方管事吩咐人把轿子管理好，把两匹马喂好，把接亲的弟兄接待好。酒席完后便是过礼，两位押礼先生把包裹放在堂屋中央的大四方桌上，打开包裹，把新娘的丝帕、衣服、裤子、鞋子、袜子、首饰等物品，一件一件地点交给收礼的两位送亲婆。

交接礼品完毕接下来就是敬菩萨,男方家请人从装着香烛、鞭炮和"封封"(红包)的盘子里,拿起蜡烛和香,然后点燃三炷香、两支大蜡烛。三炷香插在神龛的香炉中,两支大蜡烛分别插在神龛两端的蜡台上。再点燃四只小蜡烛分别插在土地菩萨两侧和大门两边的蜡台上,然后在堂屋中间燃放两挂鞭炮,"封封"归燃蜡人,敬菩萨结束后各自休息。

离发亲前的半个小时点发妆奁,放置于堂屋中的妆奁,女方的父母一件一件地点交给两位押礼先生,依次发柜子、箱子、盆子、铺笼帐盖等。押礼先生把妆奁又一件一件地安排给每一位来接亲的兄弟手中,并叮嘱在路上千万要小心,不得损坏和丢失。

六、出嫁发亲

到了发亲时辰,四位轿夫把轿子抬升到大门槛上,新娘的哥哥头上顶着红罗帕,背上背着镇压邪气、逢凶化吉的宝瓶壶和铜镜,手里拿着一把筷子,带着哭泣的妹妹从闺房里走出来。妹妹哭着念道:"一个宝瓶二面绿,乌龟背进我背出。乌龟背进要封封,冤家背出帮长工。踏进人家三道门,服侍人家三代人。老的说是茶太烫,小的说是水冷冰。"

来到堂屋,新娘又道:"一把筷子朝后丢,筷子落地有爹捡,冤家出门无人留,谁人留得冤家转,河中淌水会倒流。"新娘边哭边把筷子朝后丢在父亲反手牵着的后衣襟中。来到轿门边,哥哥放下妹妹,两位送亲婆扶着新娘上轿坐好,并且嘱咐新娘,若感觉轿子要转弯时,双手要扒紧轿子;感觉轿子上坡或下坡时,要仰靠着轿子。随后拉下红色的轿子门帘,四位轿夫调转轿头,摆正方向,妆奁朝前,轿子居中,两位送亲婆骑着马,此时鞭炮声响起,两位唢呐匠紧接着吹起唢呐,送亲人员紧跟轿子出发,两位押礼先生站在轿子左右两边陪着轿子行进。整个发亲仪式结束。

七、接亲迎亲

接亲途中,唢呐匠在无人居住的路段,一二十分钟才吹一次唢呐,行进到有人居住的寨子就会一直吹唢呐。当抬轿子的轿夫行进到转弯路段,前面的两位轿夫就要喊唱"吆儿拐",后面的两位轿夫就附和着喊唱"两边甩",轿子就巧妙地跨过弯道。当轿子行进到有水塘的路段时,前面的两位轿夫就要喊唱"水花路",后面的两位轿夫就附和着喊唱"踩干处",轿子自然绕过水塘。当轿子行进到上坡或下坡路段时,前面的两位轿夫就要喊唱"前面有个坡",后面的两位轿夫就附和着喊唱"慢慢梭",轿子缓缓前行。当轿子行进到石阶路段时,前面的两位轿夫就要喊唱"石阶路",后面的两位轿夫就附和着喊唱"慢脚步",轿子徐徐前行。

接亲队伍未抵达前,在男方家中帮忙的兄弟各行其是,各负其责。帮忙做厨的厨师在厨房里忙于炒菜,帮忙做饭的忙于蒸饭,先生指挥张贴婚联。香火上的神对上联为:牛郎举手参天地,下联为:织女扣头拜祖宗。婚联的内容大多是祝福语,如大门上贴着上联:想他年结成鸾凤作佳偶,下联:看今朝配合鸳鸯为良室,横批:天作之合;洞房门上贴着上联:婚礼堂中接鸾凤,下联:花烛房内配鸳鸯,横批:好合百年。还有的对联是感谢家族邻里帮忙的,欢迎亲戚朋友光临的,主人家自谦的,还有抒发情感的。如门脚贴着的一副对联,上联:吉日筹办喜事家门族内关照件件如意,下联:良辰举行婚事亲戚朋友光临个个知心,横批:推心置腹;另一副的上联:竹篱茅舍迎亲友高堂满座,下联:粗茶淡酒宴嘉宾多饮两杯,横批:情真意切。再如两个窗户上贴着的一联的上联:鱼恋水水阔凭鱼跃,下联:鸟爱天天高任鸟飞,横批:比翼齐飞;另一联的上联:窗前童子耍,下联:室内老人安,横批:心旷神怡。男方家在忙得不亦乐乎的氛围中,还要计算着时间,时刻关注,若听到隐隐约约的唢呐声,接亲的队伍就快到了,就得赶快布置"回车马"仪式。

八、"回车马"仪式

"回车马"又称"回喜神"。接亲的队伍来临,男方家会在院子的正前方放一条板凳,板凳左边放一张四方桌。桌子中央放一张装有苞谷的斗,斗中放有一盏点亮的煤油灯,苞谷中插上点燃的三炷香,再在桌子上放上酒药,一沓烧纸,一瓶白酒。新郎身穿大长衫子,头戴绉绸丝帕,脚穿白底毛边的青芯绒鞋,站在板凳上等轿子,"回车马"先生站在四方桌的左侧,轿子来到门口,停放在正对着新郎的空地上。

"回车马"先生抓起一把苞谷粒撒向轿子上空,口中念道:"伏以,一把马料撒虚空,来时有影去无踪,来时有影诸纱在,去时无影主人宗。队伍排成车马形,车马头上插红旗,火炮三声人尽知,人人都说神仙过。却是本府婆亲回,车来车将去,马来御金鞍,今日来到此,正得是时间。开天辟地论纲常,唯有婚姻最久长,良辰吉祗,迎接车马到教场。日吉时良,天地开张,新人在此,车马回乡。一张桌子四个方,张郎设起鲁班装,四方刻起云牙板,中间焚起一炉香。道香得香,车马还乡,香通三界,遍满十方。钱纸灰飞白如银,蔡伦造纸到如今,当初蔡伦会造纸,巧手邓通会造钱。去时打个半边月,转来十五月团圆,又来中间抽心打,打个中华国字在中间。此钱造来因何用,拿来回送车马神,司主手拿一把瓶,不是金来不是银。本是邓州铁一块,南京匠人打成瓶,上面打起菠萝盖,下面打的凤凰身,左边打的鹦哥嘴,右边打起燕尾形。里面装的是何物,装的琼瑶酒一瓶,此酒拿来因何用?用来回敬车马神。一敬车前童子,二敬车

凉都撷彩(二)——六盘水市民族民间文化资料选辑

后郎君,三敬五方诸帝,四敬八面诸神。酒酌一巡,二巡,三巡,三巡已毕,礼不重斟。男神回上马,女神回上车,天煞归天界,地煞入幽冥。娘家香火请回去,婆家香火出来迎,在娘家是千年富贵,在婆家是万代兴隆。天无忌,地无忌,年无忌,月无忌,日无忌,时无忌。姜太公在此,诸神回避,回过车马以后,百事顺遂,大吉大利。"

当"回车马"先生念到"蔡伦造纸到如今,当初蔡伦会造纸,巧手邓通会造钱"时,就要焚烧纸钱;当"回车马"先生念到"装的琼瑶酒一瓶"时,就要奠酒三次。

"铺喜床"和"回车马"同步进行,铺床人由男方的父母请认识的一户人家中儿子比较多的夫妻为新婚铺喜床人。铺喜床的这对夫妻拿着一床床单边铺边念念有词:"一床被单宽又长,主家用来铺喜床。自从今日铺过后,儿子儿孙笑满堂。""一床被单长又宽,床中铺到床两边。自从今日铺过后,代代儿孙做高官。"如此喜床就铺好了。

九、拜天地入洞房

"回车马"完毕,四位轿夫把轿子抬升到大门槛上,两位送亲婆拉开轿门帘,从轿子中扶着新娘走到堂屋中的香炉前与新郎肩并肩地站着,先生会念道:"一拜天长地久,新郎新娘下跪三叩头起身;二拜地久天长,新郎新娘下跪三叩头起身;三拜荣华富贵,新郎新娘下跪三叩头起身;四拜儿孙满堂,新郎新娘下跪三叩头起身。"

拜好天地,先生又说道:"送入洞房。"两位送亲婆拉着新娘和新郎赛跑,谁先跑到洞房坐上喜床,谁占优势。新郎不管是跑在新娘的前面还是后面,在新娘跨入洞房门槛的那一步时,新郎要一把揭下新娘头上顶着的红罗帕,才去坐喜床。

新郎新娘入洞房后,安排两位送亲婆在离洞房最近的房间休息,以便于照顾新娘。参与送亲的男客安排在寨子里休息,到饭点请来就餐后又返回邻里家中休息。入洞房时,年轻人和小孩便会来闹洞房,大家就会说:"脚踏新人房,手扒新人床,喊声新嫂子,拿块粑粑尝。"新娘说:"没有粑粑。"大家又说:"有的有的,快拿来"。边说边把手伸向新娘的面前,新娘说:"粑粑琐在箱子头,我开不到箱子。"大家又说:"你开不到,我们去开。"隔壁的送亲婆怕把箱子弄坏,急忙过来开锁,把粑粑和糖果倒在大盘子里,端起来准备分发。大家迫不及待,几十双手伸向盘子,把送亲婆和新娘挤得东倒西歪,盘子也掉落在地上。大人不好意思抢,小娃儿却不管不顾,笑着、跳着、吼闹着抢粑粑和糖果,现场气氛极为热闹。

十、举办新婚宴席

新婚宴席历时四天,第一天为筹备酒席,也称为挂红酒;第二天进亲酒;第三天正酒;第四天散客酒。正酒那日有两餐,上午十点左右开饭,下午四五点钟井席。每桌八人入席,菜数为八大八小,即八大盘下饭菜,八小盘下酒菜。

第一天的挂红酒宾客光临,礼品有棉布一丈,火炮一挂,对子一副。对子有单对和双对两种,单对子的画纸长约 1 米,宽约 0.8 米,在画纸上下两端分别粘上两张 0.5 米长的红纸,对子的上下端分别粘在两片小竹片上,对子上端穿上一个线圈,对子的右上方贴一张红纸条,红纸条上书写着恭维、称呼、姓名,为令郎完婚纪念;对子的左下方也贴上一张红纸条,红纸条上书写着愚、姓名。双对子是用两张约 2 米长,0.5 米宽的花纹彩色纸,上下两端各粘上一根小竹片,两张纸重叠且在上端穿一个线圈,书写上"天空愿做比翼鸟,地上成为连理枝"等婚联内容。上联右上方贴上红纸条,红纸条上书写着恭维、称呼、姓名,为令郎完婚纪念;下联右下方也贴上一张红纸条,红纸条上书写着愚、姓名。长辈的对子挂在堂屋左边的墙壁上,平辈和晚辈的对子挂在堂屋右边的墙壁上。"筒筒匠"也叫二胡匠,团队有三人,其中一人拉二胡,一人打小鼓,一人打小铰。

第二天进亲酒,所有宾客都要在这一天全部到来。就餐后路程近的客人各自回家,路程远的客人留下到寨子上住宿。当天晚上,挂红的客人请来的若干个筒筒匠团队要开展拉筒筒比赛,也就是拉二胡比赛。你请来的筒筒匠团队拉一谱,我请来的筒筒匠团队拉一谱,他请来的筒筒匠团队拉一谱,此起彼落,起起伏伏。每个筒筒匠团队均不能拉重复的谱子,你不让我,我不让你,谁都不想打退堂鼓,都想当赢家。真是"筒筒遇行家,死拉赖拉",拉得难解难分。筒筒越拉越激昂,观众越来越多。筒筒在响,挂红的客人在想,若是拉输了,脸面无光彩。因此,你来我往直到通宵达旦。这时候,管事便过来打圆场说:"家家都拉得好,不拉了,不拉了,休息了,休息了!"

第三天正酒,天一亮送亲婆带着新媳妇扫地,中午管事吩咐帮忙的弟兄挨家挨户去把昨天的客人请回来吃正酒。菜上了一巡又一巡,最后一轮上完,也就说明当天的晚宴结束了。这时,管事就要安排帮忙的弟兄到邻里家把送亲客人请过来喝"转转酒"。

所谓喝"转转酒",就是一群人围坐成一圈,用一个大土碗盛满酒,首先端着酒碗喝了第一口酒的人,用手或者胸前的衣服抹一下喝过的碗口后,递给下一个人喝,下一个人再用同样的方式抹干净喝过的碗口后又往下递。就这样一个接着一个地喝下去、递下去,在座的人喝完了一轮就称为"一转"。整个围着坐成一圈的人,不管是会喝酒的,还是不会喝酒的都可以把碗接过来,然后递给下一个。喝酒聊天的人,或谈谈最近发生的事情,或拉拉家常,或说说风土人情等,聊天不拘形式和内容,各抒己见,其乐融融。

第四天散客酒,来的人只有一些远方的客人和送亲的人及族里人。送亲婆和新郎的母亲带着新娘入席,新郎这边的亲人作陪,若人数过多,就会拼成长桌。待散客酒结束,客人陆续告辞。来挂红的客人告辞时,要将新媳妇准备好的鞋子、鞋垫、枕头拿出来,每人打发一双鞋子、一双鞋垫或一个枕头。

十一、回亲

待客人全部告辞后,主人家便要收拾东西准备回亲。所谓回亲,就是指新郎和送亲客一起回新娘的娘家。送亲客临别时要和新媳妇的公婆,也就是新郎的父母交谈几分钟,交代几句话。送亲客说:"姑娘年纪还小,还不太懂事,若不心说错了话,或不小心做错了事,要请二老多多原谅,多多包涵,耐心教导,要像待自己的姑娘一样对待媳妇,二家才有名誉。"新媳妇的公婆会说:"常言道'一代媳妇,万代祖母',对待媳妇我们还要比对自己的姑娘更好,请你们放心,也请你们转告亲家公、亲家母,让他们二老放心。"

送亲客和新媳妇的老公公、老婆婆交代完毕,新郎及陪新郎回亲的伙伴挑着一块猪肉,与送亲客一起前往岳父母家。新郎去到岳父母家,就去堂屋的香火面前一跪三叩头。这时一些同辈的年轻人各自手里拿着一个竹锅圈注视着新郎,新郎一下跪就用竹锅圈套到新郎的头上并将新郎拉倒。那些陪同新郎回亲的人,便会手疾眼快地用双手挡住竹锅圈。新郎若是被竹锅圈套住是很害羞的一件事情。

十二、回门

新娘嫁过去半个月或二十来天就要回门。所谓回门,就是指新郎和新媳妇要回一次新媳妇的娘家。新媳妇的哥哥(或弟弟)到妹夫(或姐夫)家,接妹妹(或姐姐)回娘家,新郎要一同前往。第二天新郎返回家中,过了七八天才到岳父岳母家把新娘接回来。这次回门以后,新媳妇以后随时可以回娘家,暂住的时间也没有限制。

　　随着社会的发展和进步,昔日的婚俗已经渐渐发生改变,曾经那些冗繁的程序和仪式,已经渐渐简化甚至消失,而这些传统习俗带来的欢乐,永远封存在老一辈人的记忆中。

撒飘粮

李廷华

飘粮撒向天空,就像是一簇礼花腾空而起,有着简约和纯朴之美。

何为飘粮?对于绝大多数的年轻人来说,这无疑是一个新鲜而陌生的词语。其实飘粮就是把米煮熟后,用碓把米捣烂后揉成圆形的小丸子,有李子一般大,晾干后染上不同颜色的一种食物。在没有防腐剂的年代,放置时间不易太长。明明是普通的食物,缀上"飘"这个动词,无疑就染上了一层神秘色彩。

在我的印象中,以前建房叫作"竖房子",因为经济条件落后,用钢筋、水泥成本太高,故只能伐树木做柱子、行条、楼檩等材料,一栋房子主体的结构就是木材。写到这里,我对木匠的敬佩之情便油然而生。一个木匠仅凭一把斧头、一把刨子,一个墨斗,一支笔,就能完成一栋木房子的骨架技术。他们的工匠精神令人敬佩。我记得给我家建房的老木匠,年纪大了还有点驼背,戴着一副老花镜,为找准一根柱子的角度,他还得眯着眼睛反复吊线;为凿好一个眼,他用三角尺反复度量,生怕有点误差还得返工;为打磨出一根上好的枋条,他躬着腰直至推出漫天飞舞的刨花。从那时起我就觉得,木匠的敬业精神和技术手艺令人敬佩。

以前村里建房是一件不容易的事情，没有机械设备，全靠人力修建，若遇雨雪天气就得停工，所以从奠基到竣工，少说也要一年左右才能建成。

房子主体建好后，还有一个重要环节就是上梁。上梁是指把梁抬放到一栋房子最高的两根柱子上。上梁后才能安行条、钉椽笔、盖瓦。俗话说"上梁不正下梁歪"，上梁在建房时起着承上启下的关键作用，所以要择良辰吉日，一来祈福平安，寄托幸福；二来建房是人生的一件大事，一个人成家立业后可能就建一次房子，故要办酒席庆贺。

上梁是一件隆重的事情。我们自古信奉"黄历"，就是指诸事皆宜的日子，故上梁要请本村或周边能说会道的木匠说上几句好话，俗称"说吉利"。"说吉利"的木匠拉大嗓门说道："大梁一上步步高，摆在当中不动摇。"大梁上好后，在梁上撒飘粮时说："一撒东方甲乙木，荣华富贵从此出；二撒南方丙丁火，雪里梅花开两朵；三撒西方庚辰金，后代子孙坐朝廷；四撒北方壬癸水，后世功名富且贵；五撒中央戊巳土，福禄寿喜不胜数。"为了表示祝贺，每说一句吉利话，就会有人从房梁上撒一捧飘粮，吉利话说完，飘粮也就撒完了。

撒飘粮虽然没有放礼花那般绚丽多彩，但依然是十分热闹的场景。我记得我家房子上梁那天，七大姨八大姑提着飘粮就来道喜了。在过去的乡村，很难买到糖果，或者糖果的价格太贵买不起，便用飘粮代替糖果。所以撒飘粮是最热闹的时候，大家蜂拥而上，有时为捡得几颗飘粮，几乎是抢得满头大汗，气喘吁吁。这是我人生第一次见到这么热闹的场面，亲戚和乡邻上百人都来凑热闹。当然捡飘粮的大多是小孩子，大人们只是看热闹，捡完后几个小伙伴还要比一比，谁拣得最多。有了飘粮，那几天的零食就无忧了，放在火坑旁烤熟了就能美滋滋地享受一番。

20 世纪 80 年代末 90 年代初,那是我的孩童时代。那时最喜欢的事情,就是某家建房上梁时跟着母亲去吃酒,不仅能吃到海带、豆腐皮之类的稀罕之物,而且还能和小伙伴们一起拣飘粮。那时的童年是纯朴的,没有电视,没有手机,没有游戏,能有一次疯狂玩耍的机会当然不能放过。而现在,木房子已成为一种过去,取而代之的是建平房,城市高楼大厦更是拔地而起。木房子失去了用途,飘粮自然"飘"不起来了,木房子逐渐退出历史的舞台。

撒飘粮作为那个年代记忆的符号,每每想起,我仿佛能看到自己童年的影子。

手工技艺篇

水城县布依族唢呐制作工艺

双凤古城『秦氏面艺』

水城县布依族唢呐制作工艺

汪龙舞

　　唢呐是水城县布依族的传统特色乐器,其制作集传统的铜、木装饰工艺于一体,程序较多,具有较高的技艺含量,成品装饰性强,美观耐用,独具特色。制作者能做会吹,集多重技艺于一身。布依族唢呐制作虽有久远的历史,但缺乏史料记载。现能了解到的水城县布依族唢呐的历史,可追溯到清末民初的花戛天门村布依族艺人王铜匠身上。王铜匠擅长银铜器具饰物工艺,所制作的铜盘唢呐远近闻名,所传徒弟除其儿子王荣成外,尚有当地外姓人赵文成等。王铜匠死后,王荣成成为他的接班人,并把这项技艺传给其儿子王发朝,继而传给其孙子王江湖,使花戛布依族唢呐制作得以代代承传。后有野钟乡发射村王兴忠师从赵成文,并传有徒弟王太凡、王顺强等,从而形成了野钟王氏家族的传承系统。

　　花戛和野钟的唢呐制作同根同源,制作工艺程序及唢呐式样也相同。其制作皆选用优质红铜,以及北盘江沿岸所特有的靛叶树和江水边生长的芦苇为原材料,采用炉火熔铜、锻打、切割、拼装以及木料砍锯、车旋、钻孔、剪刮等技艺,通过铜质唢呐盘、木质唢呐杆、铜质吹嘴小气盘、芦苇哨子等几个部件分层制作,最后经组装、试吹、修订、打磨做出合格成品。

布依族唢呐制作分部镶装,其流程包括以下几个方面:

制作铜质唢呐盘:唢呐盘高16厘米~17厘米,盘口宽10厘米~12厘米。选用优质的红铜原材料,将其放入特制模具中熔化,待冷却成形后敲打成梯形薄铜片,再分大盘口卷边、中套箍、上口、上箍口等工艺程序锻打连接以制成上小下大,具有扩音功能的唢呐盘。

制作木质唢呐杆:选用当地产的靛叶树,树干无疤痕,直径为7厘米左右,车圆锯成27厘米~37厘米,形状为上略细下略粗的唢呐杆。杆钻空成吹管,管上按不同距离钻上8个(前面7个、后面1个)不同高低音调的音孔,到这一步唢呐杆才算完成。

制作铜质托气盘吹嘴:吹嘴长9厘米~12厘米,上细下粗,有三道片盘,中、下两片盘直径较小,仅比吹嘴略宽;上片盘较大,为直径约3厘米左右的托气盘。

哨子:用水边的小芦苇作为原材料,用细木棍从芦苇管中穿过,再用刀将芦苇管刮薄,剪成长约1厘米的小段,再用麻线缠绕拴紧。

装配:将唢呐盘、唢呐杆、吹嘴、哨子从下至上依次进行组装套实。以松紧适当,不弯不翘,垂直无偏差为准。

试吹:看哨子发音顺不顺畅,每一音孔出音准不准确,两只配对唢呐音色是否一致,各镶接之处漏不漏气。唢呐的每一道工序均要仔细分辨找出误差,找出修改之处。

修订:根据试吹所发现的问题,逐一调整不足之处。例如哨子的声音,音孔(内壁)的扁圆,装配的松紧等等。一般都要反复试吹,反复修订,直到准确、满意为止。

打磨装饰:修订完毕,即可进行打磨装饰。可用砂布磨,可用麻布搓,可上蜡上漆,可抹油浸酒,可上下镶铜錾花,可隔孔绑线分段,总之要圆润美观,好看漂亮。

全部工序完成,成品便可妥善保管了。布依族唢呐成品按大小

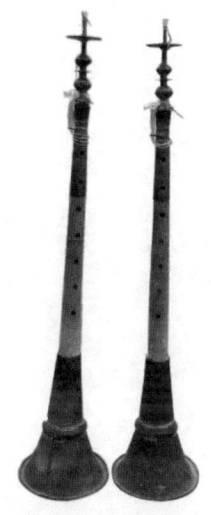

王发朝制作的布依族唢呐　汪龙舞　摄

可分为以下几种:"头排"(亦称"大排",高约 62 厘米,盘口直径 10
厘米),"二排"(亦称"中排",高约 52 厘米,盘口直径 11 厘米),
"三排"(亦称小排,高约 48 厘米,盘口直径 12 厘米)。吹奏者可根
据喜好和需要挑选配对。吹奏时须按谱子同音高、音低变化扣合,
并有皮鼓、铰钹、包锣一同演奏。

　　水城县布依族铜质唢呐管盘系箍带,底口卷边展扩,式样大方
美观,音色圆润洪亮,是北盘江上游布依族唢呐制作的代表。

双凤古城"秦氏面艺"

吕文春

凉都撷彩（三）——六盘水市民族民间文化资料选辑

盘州市双凤古城"秦氏面艺"历史悠久，据传承人秦贵平介绍，经其祖辈流传下来至今已有上百年的历史。双凤古城"秦氏面艺"为传统手工制作，制作步骤就是将主要食材小麦面加水揉搓成团，然后放在蒸笼里用猛火

蒸上 30 分钟，蒸熟后即可捏成各种造型。初步造型出来后，再使用剪刀、梳子、棍子、膜片等工具来完成耳、眼、口、鼻、须、发、鳞甲、羽毛等局部形状的加工制作，以及雕花刻草等细节的修饰，最后进行敷彩上色即完成。成品有各种花、草、鱼、虫、凤及十二生肖等样式。

双凤古城"秦氏面艺"造型精美、色彩鲜艳、形象生动、栩栩如生，可用作祭祀供品、儿童玩具、艺术品等，具有一定的艺术观赏价值。

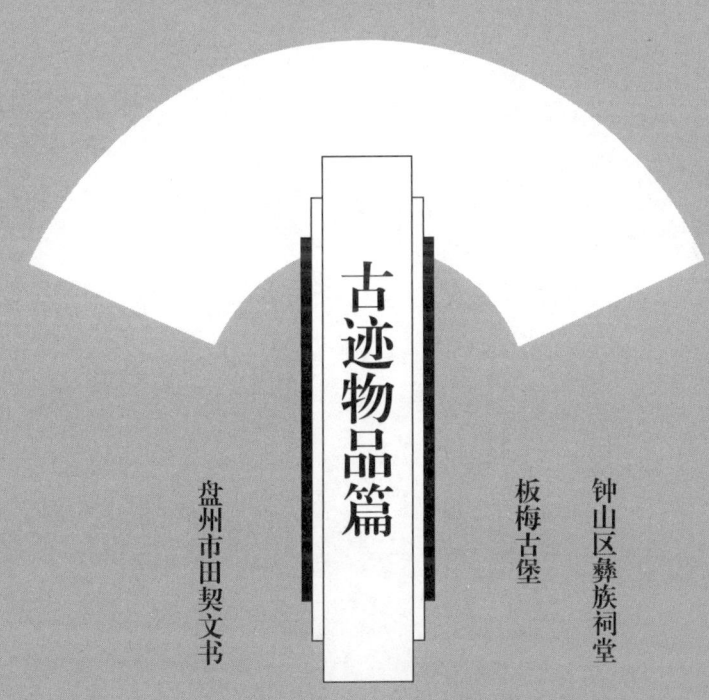

古迹物品篇

盘州市田契文书

板梅古堡

钟山区彝族祠堂

钟山区彝族祠堂

张天祥

祠堂,彝语称"埠恒","埠"汉意为祖先,"恒"汉意为房,"埠恒"即祖先的房子。彝族的祠堂是供奉祖先和举行祭祀活动的场所。

祠堂一般建在村寨后或侧面的山林中,结构为两列三柱、四壁透风的简易木草房,有一层楼房左右高,面积5平方米~10平方米左右。经济富裕的族支多建木瓦结构祠堂。随着时代的变化,亦有改建砖混凝土结构的祠堂,并用琉璃瓦、瓷砖等作装饰的。

祠堂多为一正一厢,正房(堂)供奉做过祭祀活动的祖灵,厢房(堂)供奉未做过祭祀活动的祖灵。祠堂内后壁中部横放一块木板做神龛,两端各插一根松树枝,神龛上依序排列用竹竿串联的一个个小竹箩,里面装着一个个小竹筒。竹筒里面装有白花燃草、彩色线、羊毛等,从里往外依次记录了长房、二房等宗族房系。

一个竹箩代表一代先辈,有几个竹箩就表示供奉着几代先辈。一个竹筒代表一位先辈,有多少个竹筒就表示供奉着多少位先辈。竹筒里的白花燃草表示先辈的灵魂,蓝线表示男性,其他颜色的线表示女性,线的长短及根数表示年龄,一根长线表示10年(岁),一根短线表示1年(岁),只要数线的根数以及看线的长短就知道先辈卒时的年龄。为防止脱色、朽烂，每隔十二年择吉日更换一次竹筒及其里面的彩色线。

彝族祭祖活动一般是每隔一年举行一次，常在冬至(彝族年)后举行。是时，同族支各户带肉、纸等供品陈列在祠堂前，在族长的主持下举行隆重的祭祀活动，庆贺并祈求风调雨顺，五谷丰登，六畜兴旺。

祠堂内供奉的先辈祖灵满二十代后，为减少存量，按规定择吉日举行隆重的祭祀活动后，把竹筒连同部分农具模型装入一个蜂桶状的木质容器内(彝语译音为"外补")，移送到人迹罕至的山洞存放。

族支繁衍到十二代后，一则由于人多不便管理，二则为扩大活动范围，分族支到别的地方开疆拓土，另建家园，繁衍生息。此时要进行分家支(彝语译音"埤呆")活动，分出去的族支又要另建祠堂。

据传数百年前彝族祠堂建筑均为一正两厢，与民居差别不大，正堂供奉祖先，厢房供族人议事，处理族内事务等。祠堂有专门的人管理，彝族的经师(布摩)是管理祠堂的要员，其职责是主持祭祀、礼仪、丧葬等活动。"文化大革命"期间，传统彝族祠堂多被销毁，现遗存下来的传统祠堂较少。

板梅古堡

张　勇

　　古堡作为人类历史长河的一个文化符号,有着和城墙一样的古老与坚固,如今已逐渐沉寂在现代的喧嚣之中。

　　明清时期,落别因其繁荣被当时的人称为"小荆州"和"群艺大集会",来往商贾云集,热闹非凡。板梅是通往落别南部的商贾要塞之地,过去因商贾驻足使得板梅极为繁盛,因此被兵匪虎视眈眈,均想夺得此地,将其占为己有,这也扰乱了百姓的平静生活。当地一个名叫王明才的财主,他虽富裕,但也因常年屡遭兵匪侵扰,心中甚是烦恼,产生了欲救百姓于水火之中的想法。于是他召集众人建一座防御工事,此举得到了大家的拥护。

在他的带领下,经过多方观察地形,发现村头深蚀槽谷中有一座残留荒山,该山高约 150 米,四周皆是悬崖峭壁,是个进可攻,退可守的好地方。经众人商议,终选中此山。于是王明才慷慨出钱,众人出力,经几年的努力终于把山顶削平,成了一块约为 600 平方米的平地,众人将劈开的巨石垒成古堡的围墙。围墙周长约 50 米,宽约 20 米,高 5 米,厚 1.2 米;围墙四周有四道石拱门洞以及枪、垛等设施,还设有炮台和观察口。此外,为防外敌入侵,只留有一条便道攀岩而上,可以俯瞰或阻击从小路攻击主门的匪盗。城堡建成后坚实无比,巍峨壮观。

盘州市田契文书

李建勇　蒋石磊

自从贵州省锦屏县文书收集整理并得到出版发行之后,学者们对该文书的研究也在不断深入。盘州市田契文书似在深闺人未识,从无过多的整理发掘,笔者担忧田契文书会被损毁。为保存其风貌,现将收集到的两张文书图片与大家分享。

我们不能从收集数量上与锦屏文书相比,但是可以在时间上与其相比。锦屏文书最早的立契时间是明代成化二年(1466)八月,而盘州市文书最早的立契时间是洪武三年(1370)二月二十二日,比锦屏文书早96年。此文书保存在一老人手中,但已被损坏,文书上还印有官方大印,实在难得。我们曾经在《盘州市特区志》(1986)上面看到此誊写文书,当我们以为这就是洪武年代的文书而感到自豪时,仔细观察发现在洪武三年旁边有民国二字,顿时心凉,好在网络上发现此原件能找回些安慰。一纸文书保留600余年不易啊!再不进行保归档管,恐永远消失。

我喜欢书法,姑父家分家时他们继承了好多的文书,我惊讶得像发现宝藏一样。因太过喜爱这些文书,于是我拿走了一部分,这些文书在我这里一放就是好几年。之后姑父家的老房子被大火吞噬,家传木雕印花粑粑板和古书被毁。后来姑父重建家园,我将姑父的文书物归原主,让姑父好生保管剩余部分的文书。这些文书中有三件我很珍惜,一件是祖父民国三十六年写的田契文书,家中从未保留有祖父写的字,这件文书填补了我的遗憾。另一件是唐一清写的文书,草字体飘逸灵活,我非常喜欢。还有一件是清代乾隆年间的文书,此文书上有县令的朱批,内容涉及一段土地纠纷。

盘州市大量文书保存在民间,我想利用闲暇时间多外出走走,多拍几张文书的图片回来研究,为家乡文书的保护和收藏尽一份绵薄之力。

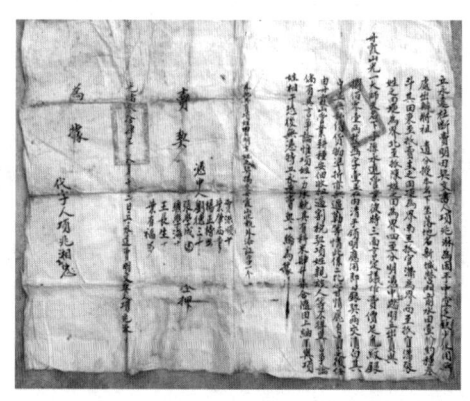

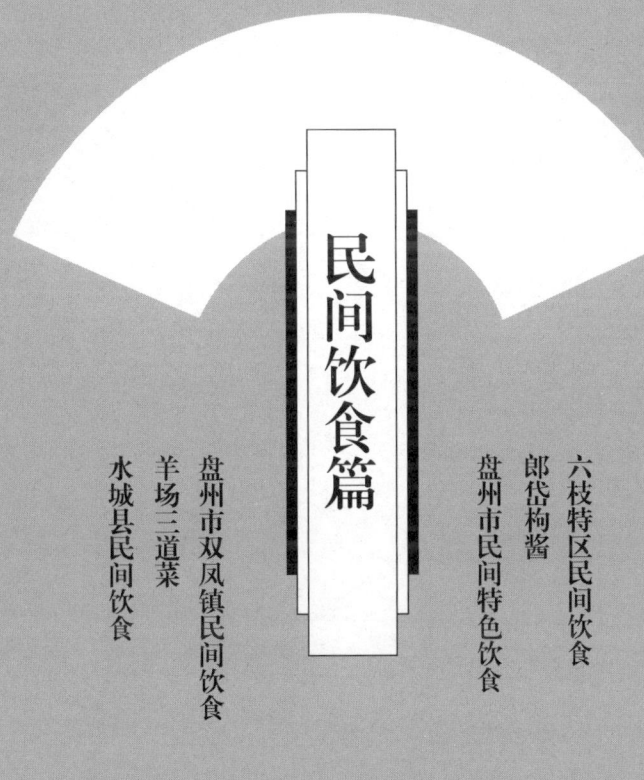

民间饮食篇

六枝特区民间饮食

李 恒

一、郎岱镇撤席菜品

1. 鸳鸯酥（又叫"比翼双飞"）

鸳鸯酥为郎岱民间特色面点，常用作传统筵席中的下酒干盘菜点。

主要食材：小麦面；辅助食材：猪油和白砂糖。

制作方法：将猪油放入炒锅加热，用手工把发好的小麦面筋捏成鸳鸯形状，放入油锅里炸脆，捞出摆盘，撒上芝麻方可食用。炸好的鸳鸯酥香脆可口，色泽诱人。

2. 扣肉（又叫"步步登高"）

据传清代郎岱县城有一个叫姓的书生，他十年寒窗苦读考取功名后去外地做官。由于家里贫寒，临行前母亲找屠户赊了一坨肉做成扣肉给儿子吃，母亲把肉切片摆好，寓意步步登高。从那以后，"步步登高"就成了当地传统筵席中的一道名菜。

主要食材：新鲜五花肉、霉干菜；辅助食材：食糖、老抽。

制作方法：将五花肉上色煮五成熟，切成薄片摆在碗里，将炒好的霉干菜放在肉上加入食糖、老抽上锅蒸熟即可。

蒸好的扣肉入口即化，溢出的油又被霉干菜充分吸收，浓郁多汁,口感柔嫩。

3. 油炸豆腐(又叫"福寿双全")

郎岱镇南门有块像人形的石头,当地人称这块石头为"石婆婆"。附近的老百姓每逢初一、十五都要到"石婆婆"面前许愿祈福,所用供品少不了一盘用五花肉和豆腐做成的"福寿双全"。后来这道叫"福寿双全"的菜逐渐成了当地筵席中的一道常用菜。

主要食材:五花肉、豆腐;辅助食材:菜籽油、八角、糖、盐、生姜、大葱。

制作方法:把五花肉切成四方形的小块状,用糖搅拌好,放入油锅中炸熟;把白豆腐切成三角形的块状,放入锅中炸熟,再把炸熟的五花肉和炸熟的豆腐煮熟方可食用。

4. 凉拌茭白(又叫"鸿运当头")

郎岱过去有户米姓人家,米氏为当地的书香世家,族中有一人考取功名后,母亲在田里掰了一些茭白,洗净切成丝,将酱和辣椒拌好浇到茭白上,取名"鸿运当头",让儿子品尝。母亲用这道菜告诫儿子,做官要清清白白,才能鸿运当头。后来这道菜便成了当地一道特色凉拌菜。

主要食材:茭白;辅助食材:酸辣椒、盐等。

制作方法:将茭白切丝,洗干净用盐搅拌均匀,直至渗出水分后再将水沥干,加入辅料拌匀摆盘即可。成菜色泽鲜艳,酸辣可口。

5. 炸洋芋(又叫"金玉满堂")

相传郎岱有一位穷书生在岱山书院苦读,一日他梦见自己应考中举,有个玉面美人送给他一盘黄得像金元宝般闪闪发光的美食。书生一口咬去,却是炸洋芋的味道。醒来后他似有所悟,于是发奋苦读,终于考上了功名,后娶妻生子,大富大贵。后来油炸洋芋有了个吉祥的名字——金玉满堂。

主要食材:洋芋;辅助食材:菜籽油、青花椒、盐。

制作方法:先把洋芋削皮洗净切成块状,然后放入油锅中炸至金黄,最后放入适量花椒、盐即可。炸洋芋味道鲜香,可提味饱腹。

6. 夹沙肥肉(又叫"锦中藏宝")

据传郎岱陇土司家设宴待客,厨娘一不留神把一块本来要切成横刀的肥肉切成了顺刀,于是厨娘急中生智,顺手将白案上用来做馅的糖豆"沙洗"夹进切成顺刀的肉缝中蒸熟上桌。客人食后连称好味道,便询问菜名,厨娘应传回答叫"锦中藏宝",土司很高兴的奖赏了厨娘。后来"锦中藏宝"这道菜品成了当地富贵人家必吃的菜,人们宴请宾客时都会以夹沙肉这道菜作为席上主菜。

主要食材:五花肉、花生、酥子、豆沙;辅助食材:冰糖、红糖、芝麻、引子。

制作方法:首先将猪肉入锅煮至七成熟取出,把炒锅烧热,入菜籽油,油至五成热时,下猪肉炸至呈板栗色捞出沥油;然后将冰糖、红糖、芝麻、引子、花生与豆沙混合拌匀;接着将糯米淘洗干净,加水入锅煮熟;再将五花肉切成夹刀片,中间夹入豆沙,整齐码入碗内,铺上煮熟的糯米饭,上笼蒸;最后取出扣入盘内即可。成菜白里透红,鲜香甜糯,肥而不腻,有调理养身的功效。

7. 农家三鲜菜(又叫"满腹经轮")、炒豆渣(又叫"踏雪寻梅")

郎岱举人黄栋应邀到老邻居倪禾家做客。倪禾家境清贫,便去屠户家里买了猪大肠、猪肺和猪肚做了道三鲜菜;他又到磨豆腐卖的邻居家要了一碗豆渣,放油和辣椒一起炒,做了道炒豆渣来招待黄栋。倪禾觉得惭愧,黄栋却连连夸赞他好手艺,并给这两道菜分别取了"满腹经纶"和"踏雪寻梅"的雅名。从此这两道菜在郎岱当地流传开来。

"满腹经纶"的主要食材有:猪大肠、猪肺、猪肚;辅助食材:八角、茴香、郎岱酱、大葱、姜、盐。

制作方法:第一步,先将猪大肠、猪肺、猪肚洗干净切成小块放入锅中;第二步,在锅中加入八角、茴香、郎岱酱、大葱、姜、盐等调料;第三步,将所有食材放入锅中慢慢炖熟方可食用。成菜汤淳味厚,有开胃补虚的功效。

"踏雪寻梅"主要食材:郎岱酸汤豆渣、油渣、嫩瓜尖、青红椒;辅助食材:猪油、盐。

制作方法:将猪油放入炒锅中烧热,把油渣、青红椒放入锅中翻炒至出香味,再加入豆渣炒到七成熟,最后加入嫩瓜尖炒熟后即可。成菜清香可口,微辣起沙,营养丰富。

8. 黄瓜炸辣椒

黄瓜炸辣椒是郎岱镇当地的传统特色凉拌干盘菜。

主要食材:黄瓜、牛场干辣椒;辅助食材:菜籽油、郎岱酱。

制作方法:取适量的菜油倒入锅中烧热,将干辣椒放入菜油锅中炸出香味捞出。新鲜黄瓜切成筷子般大小、长3厘米左右的厚片,黄瓜和辣椒用来蘸郎岱酱即可食用。黄瓜炸辣椒鲜脆香辣,开胃养颜。

9. 炒豆腐干(又叫"黄盖李白")

炒豆腐干是郎岱镇的一道传统特色菜,炒出的豆腐干外边呈黄色,里边是白色,所以又叫"黄盖李白"。借用《三国演义》里的一个人物黄盖和唐代著名诗人李白命名此菜品,很有韵味。

主要食材:郎岱豆腐干、瘦猪肉片;辅助食材:菜籽油、盐、葱、姜、蒜、郎岱酱等

制作方法:先把豆腐干切成三角块状;将菜油放入油锅烧热,加入葱、姜、蒜炒出香味后,把瘦猪肉片放入锅中翻炒;把豆腐干倒入锅中炒至七成熟,加入适量郎岱酱炒熟后即可食用。成菜嫩滑可口,营养丰富。

10. "迎祥三宝"

在六枝民间传统筵席干盘菜中,常将海螺酥、象眼块、粑粑片三

样食品搭配在一起摆盘,当地人称之为"迎祥三宝"。这三样菜酥脆爽口,香而不腻,可食可玩,小孩子最为喜欢。

海螺酥主要食材有:小麦面粉;辅助食材:菜油、红糖、白糖。

制作方法:将烧开的菜油放入面粉中;加水拌均匀揉成团,然后捏成小海螺形状,放入油锅里炸,炸至金黄捞出;放入烧制好的糖液中,烩到一定的程度舀出,便可食用。

象眼块所有食材与"海螺酥"相同。制作方法:将烧开的油倒入小麦面起酥后,加水和成面团。将面团切成小方块,放入锅里炸脆捞出,待冷却后再次放入锅里用盐、糖、花椒烩制而成方可食用。

粑粑片主要食材有:小麦面、糯米、懒豆;辅助食材:猪油、菜油、盐、糖、姜、花椒。

制作方法:将糯米、懒豆、盐、姜拌匀上锅蒸熟。蒸熟后打成粑粑晾干,切成小片放入油锅炸脆方可食用。

二、特色小吃

1. 布依族油团粑

相传明朝洪武年间,布依族一位母亲为了给长途远行的儿子筹备干粮,用糯米面捏成团刷上油在火上烙熟。糯米粑既可口又管饱,还便于携带,后来就把这种食物称为油团粑。农历正月三十那一天是布依族的"了年"(即正月的最后一天),也称过小年,家家户户都要做油团粑,布依族人也把这天叫作"油团节"。炒好的油团可以存放在土砂罐里,农忙时或者远行时可以作为干粮。

主要食材:糯米面、红薯粉、黄豆面;辅助材:菜籽油。

制作方法:先将糯米面、红薯粉、黄豆粉按一定比例调好,加入温水和成面团;接着把和好的面团用手捏成汤圆的形状放在盆中。架锅烧火,待锅热了以后倒入适量的菜籽油,油温在60℃时可以开炒,一次可以炒20个~35个。待锅里的油团达到五六分熟后,火力

炒,一次可以炒20个~35个。待锅里的油团达到五六分熟后,火力要减小一半,油团炒熟后再加油翻炒一次即可出锅。油团粑美味美观,营养丰富,口感粘糯。

2. 凹锅麻辣豆腐

凹锅麻辣豆腐是六枝特区传统特色小吃,相传是出自一位刘姓姑娘之手。这位姑娘不但长得漂亮,而且心灵手巧,她把祖传的麻辣豆腐改良加工之后,做成了凹锅麻辣豆腐,这道小吃深受当地人的喜爱。

主要食材:郎岱酸汤豆腐;辅助食材:辣椒面。

制作方法:第一步,先将豆腐切块备用;第二步,熬制豆腐汤原料;第三步,把豆腐放入汤料中煮透;第四步,捞出豆腐沥干水分;第五步将豆腐放在凹锅上烙熟,放入碗中蘸调料,撒上秘制辣椒面即可。凹锅麻辣豆腐味道微辣、味香爽口。

3. 郎岱凉粉

原四川省南充县江村坝农民谢天禄在郎岱镇中渡口搭棚卖担担凉粉,他选用新鲜的白豌豆作为凉粉的主要食材,将白豌豆放入小磨中磨成粉,加入适量水搅拌均匀,然后用火加热。加热的过程中要不断搅拌,且很讲究火候。这样做出来的凉粉质细柔嫩,筋力绵软,明而不透,细而不断,行人品尝后无不称道,谢凉粉从此便有了名气。之后人们根据"谢凉粉"的传统做法加以改进,便形成了现在的郎岱凉粉。

主要食材:黏米、生石粉。

制作方法:第一步,将选好的黏米打成米浆;第二步,把米浆放在锅里加热,加入生石灰搅拌均匀,放凉后根据不同口味配上喜欢的佐料即可就食用。郎岱凉粉质细柔嫩,口感鲜美,具有解暑消渴的作用。

4. 郎岱糯米糕

郎岱糯米糕相传为郎岱观音庙老祖师为敬神上香所制作的祭

祀供品,后传入民间成为当地著名小吃。

主要食材:糯米面、花生、白糖。

制作方法:第一步,将糯米用清水淘洗干净,放入小盆内,再加入清水 500 克,上笼蒸约 40 分钟;第二步,将蒸好的糯米饭倒在一张干净的湿布上,用湿布将糯米饭包起来反复揉搓,将米饭搓成泥状;第三步,捏成团并加入适量的花生和白糖即可食用。糯米糕香甜可口,有补虚止汗、健脾暖胃等作用。

5. 郎岱肉粑粑

相传肉粑粑是清朝中后期出现的一道小吃,当地人多在过年时才做来食用。现在这道小吃很普遍,多数人把它当作早餐食用,郎岱有"吃一个肉粑粑,精神一整天"的说法。

主要食材:糯米、猪肉;辅助食材:食盐、味精、葱、姜、蒜。

制作方法:第一步,将精选的糯米放入水中浸泡 5 个小时;第二步,将糯米舀出沥干,放在蒸笼里蒸熟;第三步,在新鲜肉末中加入葱花、姜泥、蒜泥、盐、鸡精等调料搅拌均匀待用;第四步,将蒸熟的糯米迅速放入石臼里使劲捶打成泥状;第五步,将糍粑捏成小团包上肉馅,放在油锅里炸熟即可食用。成品外皮金黄酥脆,里馅黏糯爽口。郎岱肉粑粑是一种温和的滋补品,有补虚暖胃等作用,但不宜多吃。

6. 郎岱油粽粑

油粽粑为郎岱镇著名小吃。

主要食材:优质糯米;辅助食材:猪油、盐。

制作方法:第一步,将糯米用清水淘洗干净,放入小盆内,加水浸泡 2 小时后沥干;第二步,挑选上好的肥肉炼油;第三步,把沥干的糯米和猪油加盐炒熟;第四步,用粽叶将糯米包扎成形,再用大火蒸透即可食用。油粽粑口感粘糯清香,有补虚止汗、健脾暖胃等作用。

7. 石碓舂猪儿粑

石碓舂猪儿粑为郎岱特色小吃,以当地杜家做得猪儿粑最为著名。猪儿粑在六枝地区早已声名远扬,猪儿粑运到六枝城区去卖,顾客们听说是郎岱猪儿粑,便一传十,十传百,几百斤猪儿粑不到两个小时就全部卖光。

主要食材:粳糯米;辅助食材:蔬籽、白砂糖、红糖、甜酒。

制作方法:第一步,将更粳糯米倒入盆中,淘洗干净;第二步,将米浸泡 10 个小时后沥干水,上蒸笼蒸熟;第三步,倒出放凉,将放凉的糯米放进一盆冷水中彻底冷却,再捞出沥干水分;第四步,上蒸笼蒸,蒸好后放入碓中捣成泥状,取出捏成各种动物造型。石碓舂猪儿粑美味可口,不粘牙,易消化,可解馋饱腹。

8. 五彩花米饭

从前有一户人家的三个姊妹同嫁到一个村寨。有一年春天,老外公托人带口信给他的三个女婿,说他要来看望外孙们。这三家都争着要老外公先到自己家。老外公十分为难,于是他想出一个办法,让三个儿女把她们做的糯食带到寨脚大榕树下三岔路口等候,谁家做的好吃,就先到谁家。于是大女儿家忙着炒米花,炸油团。二女儿家忙着包粽子,打糍粑。三女儿家有五个能干的姑娘,就分别用枫香叶、红树根、黄糯米花(密蒙花)、紫草做成了五种颜色的糯米饭。老外公十分喜欢五彩花米饭,就先到了三女儿家。从那以后,月亮河一带的布依族家家都要做五色花糯米饭。

主要食材:月亮河红米、糯米、嫩枫香叶、红树根、紫草、黄糯米花等。

制作方法:第一步,用鲜嫩的枫香叶把糯米染成黑色;第二步,用红树根将糯米饭染成红色;第三步,用染饭花把糯米染成黄色;第四步,用紫草将糯米染成紫色;第五步,糯米洗净浸泡 4 个小时后沥干水,留做白色;第六步,各色糯米分成五层放在一个甑子里蒸熟,倒在簸箕里铺平,便成了色泽鲜艳的五色花糯米饭。五彩花米饭色泽鲜美,营养丰富,具有补中益气,健脾养胃等作用。

9. 岩脚石磨黑面

岩脚面条是张佐臣所创。张佐臣为明朝时人,明亡后入黔,隐居于岩脚。西南气候潮湿,于是张佐臣想到用碱料祛除人体之湿气。以艾蒿枯枝煅烧成灰,加水熬成汁备用。将碱与小麦面粉混入容器中,加入蒿汁揉成面团后做成面条。岩脚石磨黑面系在岩脚面条的基础上改良制作而成。

主要食材:岩脚黑小麦、土碱、水。

制作:第一步,准备面粉、土碱和水;第二步,把准备好的东西揉成团,再将面团压成片,或是剪成条;第三步,晾干,便于储存。

岩脚石磨黑面条久煮不稠不烂,入口滑腻、爽口劲道,具有养胃、改善贫血、易于消化等功效。

郎岱枸酱

郎山邑人

据说郎岱枸酱原为古夜郎先民传承下来的上乘烹饪调味酱料，倍受郎岱人的青睐。该酱以小麦精粉、食盐、水按一定比例调和，经八道传统手工工艺精制而成。郎岱枸酱无色素、添加剂，无香精等化学物质，枸酱呈深黄色而略显微红，是当地有名的纯天然绿色食品。该酱堪称琼"酱"玉液，色泽清新自然，芳香浓郁而沁人心脾，纯正而味美，生津开胃，营养丰富，四季食之而不厌，是蒸、炒、炸、烩、炖、凉拌等各种菜肴烹饪、调味的佳品。

枸酱制作时间以每年农历四月下旬至六月上旬为最佳，过早或过迟都将影响枸酱的口感，难以保证质量。原则上来说下酱时间不超过三伏天，在这期间把酱晒好，即为成品酱，所需（整个工序流程）时间约为 100 天~120 天。

第一道工序是蒸酱粑。用冷（泉）水将面粉均匀拌湿，比做馒头面稍稀即可，把面团捏成饼状（长度为 10 厘米左右，厚 2 厘米左右），放入竹蒸笼蒸熟，时间约 1 小时。火要大水要沸，中途加甑脚水，一定要用沸水，切忌用凉水，熟透后即可下笼，不能久蒸。蒸熟后，再把酱粑放到簸箕内冷却一昼夜，最长不超过两个昼夜。

第二道工序是捂酱粑。把冷却后的酱粑掰出若干裂缝，以利于整体发酵,用构树叶将酱粑逐个包好,在竹席或木板上均匀地铺上一层苦蒿,苦蒿上面再铺一层酱粑叶(即构树叶)。叶面向上,上面再铺上棉质白布,再把已包好的酱粑纵横交错地铺在上面,使其利于发酵。盖上一层棉质白布,再铺上一层构树叶(叶面朝上)和一层厚约 3 厘米的苦蒿。两天后酱粑开始发酵,7 天~10 天后即成酱黄。若遇气温较低的时日,发酵期相应延长 3 天~5 天。酱粑发酵期是成品酱好坏的关键,也是郎岱枸酱的独特之处。

第三道工序晒酱黄。发酵后的酱粑,即称为酱黄。把酱黄放在竹簸箕内或木板上,在阳光下曝晒,若天气晴好,20 天~30 天即可晒好。酱黄是否晒好,就看酱粑脆没脆。开始晒酱黄的第五天,酱黄已经收水,傍晚可收入酱缸内盖好,这样酱黄更易脆。晒酱黄期间切忌淋雨,否则容易发霉变质。"晒酱不如晒酱黄"是郎岱世代相传的做酱经验。

第四道工序是下酱。下酱时所用酱缸口大底小,深一尺左右,需不漏水,无破洞,火功够,釉水好,呈深黄色为佳。缸盖称为茅盖,呈圆锥体,需不透雨,不透气,由双层竹篾编制而成。酱黄晒好后,用木槌尽量敲细打碎。选择较热的一天,把酱黄放在太阳底下暴晒。一般一斤酱黄 3 斤水,食盐 100 克~120 克,把食盐水过滤后倒入缸中。午后,酱黄晒热发烫后倒入缸内与盐水一同浸泡 2 天~3天,方可翻搅。自此每日清晨即为搅酱时间,目的是为了使底部的酱黄与上部调匀,也能把未发酵的酱黄搅碎使之持续发酵。

第五道工序是晒酱。把下好的酱放在太阳下久晒,清晨搅酱之后一天内无须再搅动。不能换晒酱地点,以防变酸。晒酱期间为多雨季,必须严防雨水渗入缸内,以防变质。由于夏季蚊虫较多,为防止蚊虫扑入缸内,影响质量,须用纱布蒙上缸口,以保证清洁卫生。酱要在三更以后吸收露水,以酱面及缸边布满水珠为宜,过丑时方用篾盖盖上。

第六道工序是滤酱。进入三伏天后，酱已基本晒好，把酱进行第一次过滤后，再放回缸中晒 10 天左右，然后再进行第二次过滤，即可得到成品酱。可连缸一道放置于通风干燥、不漏雨的屋内，也可将其装于陶瓷罐内，置于通风干燥处。

据说清代云贵总督劳崇光路过郎岱时，在"拆席"上吃了用郎岱枸酱烹调的一系列菜后大加赞赏，认为其味独特，不亚于京津苏杭地区的酱料。民国初，护国军总参谋长李烈钧为讨伐四川熊克武，从昆明进入郎岱，下榻雷姓集义栈。当时的郎岱县长邹鉴设宴款待，名厨王兰圃等用郎岱枸酱做调料来烹饪美食。李烈钧吃后赞不绝口，认为其味清香可口，纯正馥郁，可名冠滇黔，独领群芳。就连人称"丁宫保"的山东巡抚丁宝桢，也在其多年创制的名菜"宫保鸡丁"里添加郎岱枸酱烹调，结果比用原配方做出来的成菜更加鲜美可口。

盘州市民间饮食

李 丰

盘州市饮食文化中十分注重色、香、味、美的配合,做工精细,秀色可餐。盘州市的酸菜、牛肉粉、煤厂鸡、牛干巴、鲊面粑、荷叶糯米鸡等被列为贵州省地方特色美食,通过专家评审并由贵州省食品工业协会发布。

1. 酸菜

酸菜做法是把青菜洗干净,在烧开水的锅中稍微煮一会后捞出,放入坛子内,一个星期后即可食用。它不仅可以炒了吃、做凉拌,还可以做火锅,味道酸咸,口感脆生,色泽鲜亮,香味扑鼻,开胃提神,醒酒去腻,老少皆宜。

2. 牛肉粉

六盘水市盘州市普田回族乡的牛肉粉香气诱人、鲜味浓郁,倍受人们的喜爱。牛肉粉是用牛肉当哨子肉,配上香菜、葱花、盐、胡辣椒面、胡椒面等辅料做成的米粉,可当作早餐、午餐、晚餐,其味道鲜香可口,辛辣适中,味美汤鲜。

3. 鲊面粑

鲊面粑又叫清明粑。将糯米碾压成颗粒粉状,火腿切成细粒,用腊肉汤发酵。然后加入茴香、盐、味精等各种配料,搅拌均匀后上锅蒸熟,再捏成圆饼状即可。鲊面粑清香可口,味美鲜香。

4. 荷叶糯米鸡

荷叶糯米鸡是盘州市一道久负盛名的传统风味小吃,兴起于20世纪80年代,为当时盘州城里一位管姓老板所发明。他在自己的早餐店将这道美食作为早餐来卖,深受消费者喜爱。于是城内各早餐店纷纷效仿制作,很快在城里得到推广,后又成为酒宴上招待贵宾的上等佳肴。荷叶糯米鸡以味道鲜美、营养丰富、风味独特著称,由此而成为盘州市一道地地道道的风味小吃。

荷叶糯米鸡制作方法多种多样,常见的一种是将优质糯米浸泡1天后蒸熟,与食用油、胡椒等佐料搅拌均匀后,放在锅里炒一番。取出泡好的干荷叶,先铺上一层糯米,再将爆炒过的鸡丁和生银杏果、生板栗等均匀放在中间,上面再铺上一层糯米,用荷叶将糯米包紧,放在蒸笼里蒸熟即可。

由于糯米、鸡肉、银杏果等本身含有丰富的营养物质,蒸熟后的荷叶糯米鸡更是清香扑鼻、鲜味四溢,令人垂涎欲滴。食用时别忘了配上一碗清汤,吃上去味道鲜美,口感极佳。

5. 牛干巴

牛干巴是回族最主要的腌肉制品,其味道独特、营养丰富。普田回族人会选用优质牛(以黄牛为主)后腿,裹上盐、花椒、胡椒、八角、草果等佐料,经过搓揉、腌渍、晾晒、风干等程序制成。牛干巴干脆咸香,很有嚼劲,吃在嘴里回味无穷。

6. 煤厂鸡

在盘州市,煤厂鸡这道菜基本上每户人家都会做。做煤厂鸡须以土鸡为主要食材,加上姜、蒜、辣椒等佐料爆炒,直至鸡肉变得金黄,加水炖熟后即可食用。

7. 燃面

盘州市燃面制作过程为:将水烧沸,下面条煮熟,捞起装入碗中

（不加汤），放入脆臊、酱油、葱花、味精、干辣椒面、盐等佐料，用烧热的猪油淋在辣椒面上拌匀即可。盘州燃面味美鲜香，口感醇厚。

8. 李氏"东坡肉"

传说南里李氏为中医世家，医术十分精湛。有一年初春，李氏行医来到苏东坡的家乡眉州眉山（即今四川眉州），为一苏姓人家的母亲看病，仅用三副中药，苏母就转危为安，药到病除。主人高兴地设宴款待，席上尤以一道菜深得李氏喜爱，这道菜香气四溢，肉香中还夹杂着清香。仔细品尝，油而不腻，肉色清爽，香酥绵糯，沁人肺腑，余味无穷。席上主人以重金相谢，李中医笑而不收，只求主人介绍这道菜的做法，主人家说系先祖苏东坡所创的"东坡肉"。

这位大夫返回南里家中后，依法几经研制，方知这道菜极为奇妙，费了几番工夫，终于做出了皮薄肉嫩，色泽红润，香糯而不腻口的"东坡肉"。这位大夫便用这道菜来招待贵客，客人们吃后都赞不绝口，于是这道由李大夫改进过的"东坡肉"就被流传了下来。每逢春节，人们都要炖一罐"东坡肉"来欢度佳节。

李氏"东坡肉"制作方法：精选猪后腿肉、猪下杂肉和鸡肉洗净后，切成四方块，每块约一寸左右，加酒酿、烧酒、葱花、蒜泥、胡椒、花椒、食盐、酱油等搅拌均匀后，放入用猪排骨垫底的土罐中，加水后封上白纸，盖上罐盖，文火炖约 12 小时以上，待香气四溢，便可食用。

9. 盗汉鸡

盗汉鸡传说为南里李氏秀藩公所创，其鸡肉鲜嫩，清秀可口，有补身强体之效。做盗汉鸡须选一只雏鸡洗净，从鸡尾剖开，掏出鸡内脏清洗，将冻米和酒酿、葱花、蒜泥、胡椒、花椒、盐、酱油等佐料拌匀，装入鸡肚内，用线将鸡尾缝合，放入蒸锅用纹火炖 24 小时后即成。

10. 水塘镇面条

水塘镇面条有百余年历史，做工精细，久煮不失嚼劲。水塘镇面条要用水塘本地小麦面,加入土碱、鸡蛋、豆浆后,倒入一定比例的水揉成团,放入擀面机里压成面条。用切面机切成宽刀面、二刀面、小刀面,放在竹竿上晾干后,再用刀切成长条,所以水塘镇面条又叫"竹竿面"或"挂面"。水塘镇面条色微黄,有弹性且久煮不粘连。

11. 刺梨果脯

盘州市刺梨果脯以优质刺梨为原料,通过清洗、去刺、切块、去籽、预煮、冷却、浸糖、煮糖、冷却、烘干等多道工艺程序制作而成。盘州市刺梨果脯脯体饱满,大小匀称,质地软硬适度,果肉柔软清香,色泽鲜艳,透明鲜亮,易于保存,味道酸甜适口。盘州刺梨果脯内涵丰富的维生素和碳水化合物,经测定 100 克刺梨果脯中,能量为 1282 千焦,蛋白质为 1.3 克,碳水化合物为 74.2 克,钠 106 毫克,维生素 C 为 1620 毫克,与别处所产果脯对比,盘州市刺梨果脯所含的营养更加丰富。盘州刺梨果脯长期以来深受大家喜爱,常常供不应求。

12. 盘州市火腿

盘州市火腿历史悠久,与云南宣威火腿、浙江金华火腿、江苏如皋火腿齐名。盘州市火腿以色、香、味、形著称,肉质肥瘦适中,其形似琵琶,皮色蜡黄,瘦肉为桃红色或玫瑰色,肥肉呈乳白色,肉质滋嫩,香味浓郁,咸香可口。可以用来炖、蒸、炒,吃法简单古朴。2010年原国家质检总局批准盘州市火腿为国家地理标志保护产品。

13. 妥乐村白果

盘州市石桥镇妥乐村是明代"调北征南"时期南京人迁入形成的古村。这里有千年以上的古银杏树 1450 株,是世界上已知古银杏生长密度最高、保存最完好的地方,被称为"世界古银杏之乡"。千年银杏树是妥乐村人民对美好生活的寄托,其果实为白色,所以当地人称银杏为白果。银杏果是珍贵的中药和食材,妥乐村民常常将银杏果用来煮、炒、烤着吃。

盘州市双凤镇民间饮食

蒋若乡

盘州市双凤镇(双凤古城)有六百多年历史。古城的小吃种类繁多,有云片糕、血豆腐、香肠、阴玉米豆、蒸卷皮、凉粉等。凉粉还可因食材、做法不同而吃法各异,凉粉的做法有以下几种:揉的叫水晶凉粉,煮的有米凉粉、豌豆凉粉、荞凉粉、虾子凉粉等。古城美食数不尽,古城小吃道不完,这里笔者将会对盘州市双凤古城美食作简单介绍。

1. 豆豉

黄豆用水浸泡,待到黄豆鼓胀时沥干水分,用纱布包好上蒸笼蒸,熟透后平铺在大簸箕里捂上七八天,捂到长毛为止。将毛搓尽,把备好的生姜、八角、茴香、盐等按比例调好与黄豆拌匀装坛,待到来年春天寻一暖阳天将之倒出来晒干。晒干之后就是双凤古城家家必备的干豆豉了。在立春之前用泉水熬紫黍秆,待放凉之后倒入拌好的豆豉坛里,静置一段时日,水豆豉就做好了。古城许多特色小吃,如荞凉粉、荞面汤、饵块等,如果缺了水豆豉的话,感觉就像沙漠里吃烤鸭,再也没有那股北京的味道了。

2. 血豆腐

血豆腐以前是双凤古城人年夜饭桌上才会出现的一道菜,如今倒是常见了。血豆腐的做法:将豆腐控干水分,放在细筛子里使劲搓。搓成豆腐泥后将备好的猪血、鸡血或鸭血按比例倒在搓成泥的豆腐里,然后把打成粉的花椒、盐、酒等佐料倒进去搅拌均匀。用洗净焯好的青菜叶子将拌好的豆腐泥包成碗大小的圆球,包好后放在筐里或是挂在绳上晾晒,大概一星期左右就可食用了。这样做出来的血豆腐柔香咸滑,美妙不可言喻!

3. 黄米饭

春季到野外去随手摘来一些黄米饭花①,洗净之后放锅里熬,熬出颜色后放凉备用。糯米要提前泡好,把泡好的糯米放到熬制的黄水中再泡几个小时,待到糯米变色就可以上锅蒸了。黄米饭熟了以后颜色金黄,米粒晶莹,香味扑鼻,用栗子和白糖拌匀浇在黄米饭上,这样做出来的糯米饭色香味俱全。

4. 冻米稀饭

冻米稀饭的做法很简单,就是将泡好的糯米蒸出来放冷以后用手搓散,晒干之后就是冻米了。然后配上自制甜酒和红糖,光是颜色和气味就令人食指大动。

5. 云片糕

糯米碾成面上锅蒸熟,将炒熟去皮的花生、瓜子、芝麻、核桃仁碾碎加糖拌匀,与蒸好的糯米面一层一层铺在做云片糕的模具上压好。成形后就像千层饼一样,吃的时候一片一片地撕下来。云片糕甜香软糯,美味可口,古城最具名气的糕点就是它了!

6. 阴玉米豆

精选颗粒均匀的玉米粒,淘洗干净后放入大锅中煮熟晒干。用盐或是细河沙将玉米粒翻炒至鼓胀即成阴玉米豆。以炒阴玉米豆为生的人,手臂都要比一般人粗些。嘎嘣脆香的阴玉米豆是古城人最爱吃的美食之一。

---

① 黄米饭花学名叫密蒙花,马钱科醉鱼草属灌木植物,全株供药用,有清热利湿,明目退翳的功效。

7. 面蒿粑

三月春暖花开之时,地里长出一种名唤面蒿(鼠曲草)的草,摘来洗净切碎,与泡好的糯米拌匀装袋,然后用棍子不停敲打,直至打成泥状再上锅蒸,熟了之后沾着用粟子做的馅吃,味道软糯,咸香筋道。

8. 黑米粽

黑米是将糯米与一种草木灰搅拌均匀之后才变成了黑色。制作黑米粽的工艺、火候、配料都十分讲究。烧制草木灰就是一项技术活,它是用洗净的稻草烧成将过未过的黑灰,再筛成细灰与糯米、蜜枣、大枣、火腿丁等

一起拌匀,包好后上锅蒸熟就成了黑米粽子。

9. 黄粑

糯米用水淘净,让它湿着放上一晚上,第二天打磨成碎米粒;将洗净的大豆打磨成豆浆,之后将糯米、豆浆、白糖、水按比例拌匀,密封放置一夜。第二天用笋叶包成粗粗的金条形状,装笼蒸八个小时方成。黄粑甜香软糯,美味清香。

10. 火腿粽

糯米淘净泡上一夜,将精选的上好火腿切成丁与泡好的糯米拌匀,大火蒸两小时后用竹叶包成一个个小巧玲珑的粽子,食之咸软糯滑,齿颊留香。

11. 渣面粑(又叫清明粑)

糯米打成细颗粒,浇上用火腿(带骨头的火腿肉)熬的汤,加入蚕豆、豌豆、茴香菜和火腿丁,拌匀后上蒸锅蒸十分钟,古城人最爱

的渣面粑就新做好了。

12. 油炸粑

用不同的材料制成口味不同的油炸粑:金黄的玉米粑粑、黑色的栗子粑粑、粉红的高粱粑粑、橘黄色的小米粑粑、灰不溜秋的面蒿粑、鸡屎藤粑粑等。油炸粑的形状也是多种多样,里面还可以放上各种口味的馅。印象中最爱吃的是城门洞前那家的油炸粑。他们家的粑粑切成一片片手掌大小的长方形,下锅用滚热的菜籽油炸至金黄,几分钟后捞出控油,然后放进用黄豆磨成的面里打一个滚,油炸粑就可以吃了。其美味可口,外脆里软。

羊场三道菜

胡亭峰

离开家的时间久了,最怀念的味道便是家乡的三道菜:飞油小豆汤、酥豆炒油渣、红烧三线肉。这三道菜,说是简单,可也复杂,其烧制过程也是极其讲究的,选材、佐料、火候、颜色等每道工序都要掌握好,否则就会形似而味不至。

1. 飞油小豆汤

飞油小豆汤最重要的原料是小豆,要选择沙地种植的小豆,蒸煮时豆和水的比例为1:3,用温火煮,过程中不能加水。烧制这道菜时,先将煮熟的豆和汤放入锅内加热,然后再取盐块放在瓦片上架在大火中烧红;取凝固的猪油放于碗中,把烧红的盐块倒入碗中将猪油化开,待猪油化开后沿锅边倒入小豆汤中。最好能加些本地的小苦荞,味道更是好极。这样,飞油小豆汤就做成了。

2. 酥豆炒油渣

酥豆炒油渣最重要的是制作酥豆。制作酥豆要选择本地种植的白色大豆。先把草木灰(草灰、木灰,再加点炭灰)打湿,放入白豆中搅拌均匀后等待发芽。白豆刚冒出尖芽即可取出洗净,沥干后放入油锅中炸酥,即完成酥豆制作。烧制酥豆炒油渣这道菜时,先用猪板油、大肠、小肠、肥肉炼制出油渣,再加上少许辣椒,待辣椒炸脆取出;将酥豆放入锅中炒热后,再把油渣、辣椒放入锅中一起炒,一道美味佳肴就做成了。酥豆炒油渣口感脆脆的、硬硬的、辣辣的,令人回味无穷。

3. 红烧三线肉

红烧三线肉最重要的食材是三线猪肉,也就是五花肉。选肉最好是肥瘦相间,不能全是肥肉,也不能全是瘦肉,否则味道就不正宗了。做法是:选好三线肉洗净,切成条块状,用蜂蜜抹上去,抹匀后放入油锅炸,待炸成猪肝色取出(这是最核心的烹制技术,决定这道菜味道的好坏)。烧制这道菜时,须把三线肉切成墩子肉,红白相间,切好后放入锅中焖煮,在这过程中可加上辣椒、砂仁、花椒、姜块、食盐等佐料。焖煮一个半小时后即可收汁起锅。做好的红烧三线肉色香味俱全,深受当地人的喜爱。

水城县民间饮食

符 号

一、水城县布依族"鸡八块"

"鸡八块"是水城县布依族招待客人的一道传统的民族风情菜,也是布依族宴席上必有的一道菜。水城地区布依族每逢婚丧嫁娶、节日庆典,必杀鸡接待宾客,并根据宾客的身份将鸡身上的不同部位分发给不同的客人。俗话说:"煮鸡食之,谓之明目亮眼,补虚强体"。

"鸡八块"是指鸡身上的鸡头、鸡翅、鸡大腿、鸡小腿、鸡卦(鸡大腿的上节)、鸡爪、鸡胗(含鸡肠)、鸡肝(含鸡心、鸡肾)八个部位,进餐时,按客人辈分、长幼顺序、亲疏关系、年龄大小依次分发给客人,布依族称之为"鸡八块"。

"鸡八块"的吃法也很讲究。鸡头在水城有几种说法:第一种说法是鸡头给主人家,称之为"头不出外";第二种说法是鸡头给客人,表示尊敬;第三种说法是布依族新人订婚时,吃鸡头的人要把鸡脑先取出来给大家看,意为"吃鸡还鸡"(因为一个完整的鸡脑就像一只小鸡),意为预祝新人婚后生儿育女,白头偕老。

鸡腿原则上是主、客各一只,意为"主客平等",表示友好往来。鸡翅也是主、客各一只,意为宾主共同飞速发展、发家致富。鸡卦主、客各一只，意为宾主平安吉祥。布依族办红白喜事或是逢年过节时，都要看“卦”，测算办活动是否吉祥，这种习俗称之为“吃鸡看卦”。看“卦”的内容多，道理也比较深奥。看卦时，如果是好“卦”、吉“卦”，主人都会将其放在自家神堂上，以示四季平安，吉祥如意。

吃鸡爪意为亲人间往来要互相走动，人越走越亲，越走越近，常来常往，延续感情。鸡爪意为亲人间要多走动，要团结和睦，万众一心。鸡肝（心、肾）意为待客待友真心实意，彼此以心换心，心心相印。鸡胗（肠）意为待客情深意切，往来久长久远，永不间断。

“鸡八块”的制作过程十分讲究。客人进门以后，主人随即选出一只羽毛最漂亮、个头最大的大红公鸡，当着客人的面宰杀。鸡烫洗干净后切成八份，鸡头和鸡颈为1份，鸡卦为1份，鸡胗、鸡肠为1份，鸡腿为1份，鸡脚为1份，鸡翅为1份，鸡肝（鸡心、肾）为1份。将其余部分切成块状，与“鸡八块”一起放入铁锅或铜锅里加水烧煮。待鸡肉煮熟，加入适量姜块、花椒、胡椒、砂仁、盐等佐料进行烹调，十分钟后关火。将切成八块的鸡重新组合成一只完整的鸡，摆放在盘子中，并用盖子盖上。将装有“鸡八块”的盘子摆放在酒席桌中央，开席时由主人将盛“鸡八块”的盘子盖打开，看到重新摆放好的鸡，宾主相视而笑，意为“乐开了花”。

布依族“鸡八块”新鲜可口，唇齿留香，肥而不腻。鸡肉含有丰富的营养，易被人体吸收，有增强体力、明目亮眼、补虚强体的作用。

二、布依族“归屋”

布依族“归屋”又名“姑娘菜”，布依语“归屋”又叫“归乌”，是水城县布依族的一道传统菜肴，也是水城县境内布依族做给大年初三、初四回娘家拜年的女儿、女婿吃的一道菜。现为布依族办红白喜事或平常用来招待客人的一道特色菜，其味道鲜美，香味浓郁，口留余香，男女老幼皆喜欢。

每逢过年过节,布依族家家户户都要杀鸡,杀鸡必做"姑娘菜"。何为"姑娘菜"呢？原来是指姑娘做给母亲吃的菜,就是母亲到出嫁了的姑娘家时,姑娘专门做给母亲吃的菜。后来发展成为母亲专门做给姑娘吃的菜,就是姑娘回娘家时,母亲专门做给女儿吃的菜,故又称之为"归屋"。

关于这道菜的来历,有这样一个传奇故事。相传很久很久以前,在一个环山绕水的布依族寨子中,住着一对年轻夫妇,他们恩爱有加,也非常孝顺。母亲自从女儿出嫁后就再也没有见过她。母亲十分想念女儿,于是一路长途跋涉来看望女儿。夫妻俩看到母亲到来,十分的高兴,便想做一道当地可口的家常菜给老人吃。可是家里很穷,什么菜也拿不出来,唯有一只正在下蛋的老母鸡。俗话说"急时不宰老母鸡",但女儿想到母亲也难得来一次,就把这只老母鸡杀了。

此时已到了傍晚,母亲由于长途跋涉,旅途劳顿,食欲全无,暂时还不想吃晚饭。女儿见母亲没有食欲很是着急,便又钻进厨房,过了一会从厨房内散发出一股浓浓的香味,令母亲顿生食欲。从未闻到如此香味,母亲自然要一探究竟,便问起女儿来:"你们做的什么菜啊？可香了。"女儿从厨房里出来对母亲说"没什么菜呀妈,我们家里穷,家中只有一只母鸡,您老人家又难得来,我把那只老母鸡杀了做汤给您泡饭吃。"母亲听后有些心酸:"唉哟！那怎么行啊,唯一的一只老母鸡,你们把它给杀了,以后可怎么办呀？"女儿说:"没事的妈,只要能孝敬您老人家,我们以后慢慢想办法。"女儿边说边把菜端上桌。母亲一看,略显昏暗的煤油灯下,一大碗冒着热气的肉末汤,汤面上漂着些许蒜叶。肉汤看上去不是那么特别,可阵阵香味扑鼻而来,母亲吃到嘴里顿觉食欲大开,美味无比。

几年后,女儿回娘家探望年过七旬的母亲。母亲觉得女儿出嫁后,难得再回娘家省亲,以后拖儿带女,背负家庭的重负,恐很难再回娘家。于是,母亲同样把家里唯一的母鸡宰杀掉,学着女儿的做法做给女儿吃。由于女儿做给母亲吃时,一心想让母亲多吃,自己没舍得尝一口,固然不知道其中美味。如今母亲做给女儿吃,女儿吃了才知其中味道,各种滋味尽在其中。女儿又喝汤又吃肉,吃得津津有味,还不时夸母亲做得比自己好吃。

不久后母亲去世了,女儿思念母亲,每逢除夕夜,女儿都要同寨老一道到"包接兜"(布依语,意为接祖坡)那里接母亲到阳间和自己一起过年(布依族有大年三十接逝去的老人回阳间过年,大年初二晚上三更鸡叫时送回阴间的习俗)。晚上做饭时,女儿考虑到母亲生前爱吃"归屋",于是决定把正在下蛋的一只老母鸡杀了。大年初二晚上三更后,"老人们"都要在一道垭口上集中休息,互相交流他们的感受。其他"老人"都说在他们子孙那里得到很多好的东西,只有这位"母亲"一言不发。但在场的"老人"都从她身上闻到一股香浓扑鼻的鸡肉味儿,于是便问:"你家子孙做了什么给你吃,怎么这么香?"这个"母亲"便把她女儿的困难和过年吃"归屋"的事一五一十地讲了出来,所有在场的"老人"都为此赞叹,说:"你女儿家那么困难,还做了最好吃的菜给你吃,来年我们也要叫我们儿孙做'归屋'给我们吃啊!"

后来,人们为了纪念这位孝顺的女儿,在每年大年初二的晚上,所有的布依族人都要做"归屋"这一道菜。布依族过大年时,"归屋"要留给大年初二回娘家拜年的女儿吃。如果女儿回娘家吃不上这道菜,说明娘家人不思念她们。因为父母的一片爱女之心,这道菜也一代代传了下来,并称之为"姑娘菜"。

布依族"归喔"的做法其实很简单,就是选一只较肥的下蛋母鸡宰杀后,用开水烫去毛,洗净破肚除去内脏。将两只鸡爪、两只鸡翅、两块鸡胸肉剔下来,一起剁成肉末放入干锅中炒干水分,往锅中加入适量开水,用温火熬制,待闻出香味后加入生姜沫、花椒粉、胡椒粉、砂仁根粉、草果根粉等佐料拌匀，最后放上蒜叶即成。

布依族"归喔"鲜香爽口，很有嚼劲，具有补中益气，健体补钙的功效。

三、布依族精肉醡

布依族精肉醡，又名酱辣，是水城县布依族的特色美食。

相传很久以前，兵荒马乱，民不聊生，朝廷四处抓兵。有一户布依族人家，孩子刚满三岁，男人就被朝廷抓去征战沙场。妻子痛哭了整整七天七夜，不敢告诉年幼的孩子，只对孩子说："你阿爸去了很远很远的地方，过不了几天就会给你带来很多好吃的东西。"孩子不懂事，信以为真。时间一晃到了年关，家里有一头不到百斤重的架子猪，女人决定把它杀来过年。杀猪的那天，不懂事的孩子未见阿爸回来，就对阿妈说："阿妈，咱们家杀猪了，阿爸怎么还不见回来？我要把最好的精肉留给阿爸吃。"听到孩子感人的话，女人边哭边把精肉剁碎，并与辣椒面、花椒和盐搅拌在一起，装进一个土坛里藏了起来。

一晃两年时间过去了，朝廷打退了入侵之敌，男人终于凯旋。五岁的孩子高兴地投到阿爸的怀抱说："阿爸，咱们家杀猪，我给你留了好吃的东西。"男人用怀疑的眼光看了看孩子，一小头猪仔，两年了还能留有什么好吃的东西？孩子兴冲冲地跑到床脚，把那罐铺满灰尘的土坛子抱出来，打开一看，一阵扑鼻的香辣味迎面飘来。女人盛了满满的一碗肉，加了一点番茄，放在甑子里蒸。随着香气的升腾，微风吹来满寨飘香。邻居们闻香而来，一起品尝了这道储存两年之久的佳肴，大家都赞不绝口。从此，布依族精肉醡就这样延续了下来，成为布依族的一道美食。布依族精肉醡以鲜、辣、香、醇著称，素有"一家食用，十里闻香"之美誉。

四、茨冲村砂锅鸡火锅

茨冲村的砂锅鸡火锅是水城县一道辣且香的特色美食，以当地土鸡(亦称水城桃花鸡)为主食材,配上豆腐、土豆、糍粑辣椒、清油、蒜、姜及其他佐料制作而成。

茨冲村位于水城县东部,拥有独特的喀斯特地貌风景,山美水美。在水黄路还未开通之前,从六盘水去六枝、贵阳等地的车辆必经茨冲,很多驾驶员每次到了茨冲都少不了要吃上水城县茨冲村的砂锅鸡火锅后再走。远方的亲戚朋友来水城县做客,热情好客的水城人都要用砂锅鸡火锅来招待他们。因砂锅保温性好,做出来的汤味美,鸡肉更加鲜嫩,豆腐也更容易入味。

砂锅鸡火锅的制作极为讲究,先将鸡宰杀后去毛及内脏,洗净砍成长约3厘米的肉块;然后将猪板油切成长4厘米、宽3厘米、厚0.8厘米的块状;接着用刀拍碎生姜,蒜苗切成长约4厘米的段;再将切好的猪板油下锅炼油,中火熬油后去油渣,下鸡肉炒至水分干后捞出;用锅中的余油将糍粑、辣椒、生姜炒至香味四溢,再放入鸡肉一同炒,随后加水、盐焖煮10分钟;最后把油渣倒入锅中,砂锅鸡火锅就完成了。水城县茨冲村砂锅鸡火锅辣而不腻,香辣味浓,具有御寒、开胃等功效。

五、全苗族坛子鸡

苗族坛子鸡是水城县苗族一道特色火锅。相传生活在贵州黑羊大箐的苗族先人,他们过的是刀耕火种、上山打猎的生活。一天,有三个苗族同胞上山打猎,捕获了一只山鸡。此时他们正值饥肠辘辘,很想把这只山鸡烤熟来吃。但当时苦于没有任何炊具,只有随身携带的一坛美酒。酒已被喝完,只留下了一个空坛子。他们其中的一个人说:"何不用这个空坛子把山鸡煮熟来吃?"就这样,他们把空酒坛当锅使用,但由于坛口小,不便于取放食物,他们便把空酒坛的上部打破,只留下坛子的底部。他们用空坛子打来山泉水,把山鸡杀掉去毛,清洗干净,将山上采来的野山椒同山鸡一起放在坛子中煮了起来。待山鸡煮熟后，一阵香味在山间飘荡，食之感觉味美之极。后经过世人的改良，就成了现在的这道美味佳肴。

水城县苗族坛子鸡制作方法是将上好的水城土鸡杀净去内脏，砍成小块，入锅油炸，油温不可太高。待鸡皮呈金黄色时捞出，再放入土坛子中，加上水、辣酱、香酱、花生仁、白芝麻，架到炭火上炖熟即可食用。

坛子鸡富含高蛋白、低脂肪，还能补充人体所需的氨基酸以及磷、铁、铜、锌等矿物质，具有增强体力、强身健体、提高人体免疫力等功效。

六、彝族手抓火烧鸡

手抓火烧鸡是水城县彝族祖先狩猎时创造出来的一道菜。彝族是一个能歌善舞、善于打猎的民族，也是一个极为崇拜火的民族。相传曾生活在水城的一位彝族先人，他上山打猎时捕获了一只野鸡。他杀掉野鸡，用树枝将其串起来搭在篝火两侧的两根木杈上，反复翻转烧烤，直至烤熟。让他没想到的是火烤的野鸡肉嫩味美，味道极好。后经彝族后人的改良和加工，加入一些佐料，于是便成了水城县彝族手抓火烧鸡。制作手抓火烧鸡应选用较为肥壮的当地土鸡，宰杀后拔毛、去内脏、洗净，加上生姜、小葱、大料、盐等佐料拌匀。鸡肉入锅小火煮20分钟后捞出晾干水分，再放入佐料拌匀，然后用火烤至金黄即可。

水城县彝族手抓火烧鸡皮焦肉嫩，有强身健体的功能，最宜儿童、孕妇食用。

七、水城县羊汤锅

水城县的羊汤锅因其独特的味道和科学合理的药用保健价值，赢得了慕名而来的八方宾客的赞誉和青睐，曾被中国饭店协会评为

"名优特小吃"，并获"中国特色名菜""贵州名特文化餐饮""贵州十佳名小吃"等称号。因知名度越来越高，水城羊汤锅成了水城县乃至六盘水市的名片。在水城县海坪彝族小镇，就有一家名叫"名羊天下第一锅"的水城羊汤锅店。这里烹煮羊肉的大锅直径为 6.24 米，这个数字就是每年农历六月二十四彝族举行火把节的日子。这口大锅一次可煮 260 头羊。

羊汤锅早先是水城县乡镇集市上的一道美食，距今已有一百多年历史。据说在水城县做羊汤锅的先辈们每逢赶集日，便会把在家宰杀好的黑山羊提到集市，然后再找个理想的位置，搬来三个大石头在平地上起灶烧火。支起一口大铁锅或砂锅，把砍切成块或片状的羊排、羊肉、羊肚、羊肠等与配制好的名贵中药一起放入锅中，再加入适量生姜一同熬制。等到锅内开始沸腾，再改用小火慢慢炖煮。锅中飘出的阵阵诱人香味，吸引集市上的人前来品尝。

很多人走十里八里山路来赶集，目的之一就是为了品尝这碗既驱寒解馋又强身健体的羊肉汤。更有赶集人专程用砂锅来把羊肉汤装了端回去给家中的老人、小孩或病人滋补身体。后来除赶集日逢场经营外，每逢节日或喜事，人们必会精心做好羊汤锅，盛情邀请街邻好友一同分享，由此逐渐形成了现在的水城羊汤锅这一凉都特色美食。

俗话说"冬吃羊肉赛人参，春夏秋食亦强身"。水城县的羊汤锅肉质细嫩，容易消化。羊肉富含高蛋白，且比猪肉和牛肉的脂肪含量少，胆固醇含量低，是可以经常食用的肉类。水城县一带高寒山区放养的肉用型黑山羊，吃的是药草，喝的是矿泉水，羊肉经过特殊方法烹饪，肉质细嫩，羊汤更是香鲜无比。经过世代悉心琢磨与钻研，经改进后的羊汤锅更为鲜嫩味美，并且具有较高的药用功能。

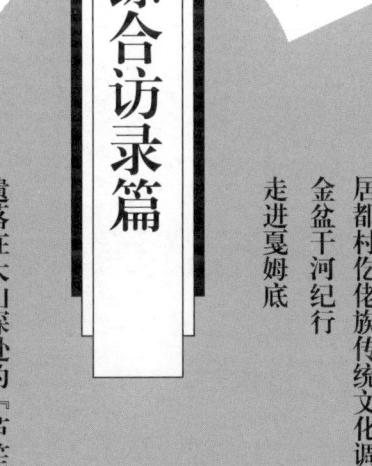

综合访录篇

居都村仡佬族传统文化调查

金盆干河纪行

走进戛姆底

遗落在大山深处的『芦笙王』

最后的歌师

居都村仡佬族传统文化调查

刘安康

　　居都村位于六枝特区关寨镇东南面,是全区唯一的仡佬族聚居村。居都村距镇政府驻地关寨 18 千米。全村总面积 3.8 平方千米,下辖 6 个自然村 11 个村民小组。全村有 325 户 1542 人,其中仡佬族人口 1458 人,占全村总人口的 98%。全村耕地面积 1635

亩,其中旱地 1170 亩,水田 465 亩,人均耕地面积 1.1 亩。全村人均占有粮 250 千克,人均收入 1200 元。

一、服饰

居都村仡佬族现已没有自己的民族服饰,只有老人平时头上还裹着一块布,而年轻人与小孩的着装则与汉族没有区别。

据老人回忆,在五六十年以前,居都村仡佬族还穿着自己的民族服装。

(一)男装

居都村仡佬族男性头戴大尾巴帽,用青蓝色麻布做成。大尾巴帽为圆形,穹庐顶,后正方缀两条长约 50 厘米、宽约 3 厘米的"尾巴"。两条"尾巴"一端连于帽,另一端系上铜钱。

居都村仡佬族男性身披长袍,长齐脚跟,前后等长,右侧对襟。长袍材质为麻布、卡机布,用蓝靛、牛柴皮、老鸦花藤等染色,其颜色以青、蓝、黑居多。衣领直,袖子大,内可放东西。古时还有披肩。左肋处设一荷包(内包),长 10 多厘米,宽约 6 厘米。包口无盖,有一对扣儿,以布环为扣眼,以布疙瘩作扣子。右侧对襟开五对或七对(男为单数)布扣,布扣多少随年龄大小而定,一般是五对,年龄大者为七对。夏天穿对襟单衣。

裤子的裤管较大,裤头有若干布眼,可搭配腰带。腰带为布制索子。

天气热时穿敞口鞋,每只鞋子表面由四块布缝制而成,鞋内侧、外侧各有两块前后相连。内侧与外侧的布于脚头、脚跟处连成鞋头、鞋跟。鞋子敞口处缝上一条布带,于脚踝附近置一个扣眼,在鞋头缝上卷翘布钩。因鞋头为钩子状,故又称"八块援钩鞋"。制鞋子要先打"布壳",用魔芋等植物熬成的浆将布一层一层地涂厚,外面再围套四块颜色好看的布。鞋由数层布纳成,层数多为单数,一般为七屋或九层。制作一双鞋的时间一般为半年,鞋子坚固耐用,有的可传给下一代。冬天穿长筒鞋,在鞋的敞口处加一布筒制成。布筒鞋约到膝盖处,样式似现今的长靴。

居都村仡佬族男性穿的袜子分满筒袜和半筒袜。前者袜筒长到膝盖,离袜口6厘米处有两对扣儿;后者袜筒长到小腿上,无扣。

(二)女装

姑娘出嫁要戴泡珠。泡珠正前方有两个布制的"角",圈上缀细花线做的"撒絮"。

居都村仡佬族女性身披长袍,长至大腿,前后等长。衣领、膀上、披肩、袖口处有绣花,为杉树花、笼箕花、人字花等样式。扣子为双数,一般是四个或六个。女装颜色鲜艳,五彩缤纷。

女裤裤管较大,裤头有若干布眼,可搭配腰带。腰带为布制索子。

女裙有腰裙和罗裙,前者短(膝盖稍下)且薄,于热天穿;后者厚且密,于冬天穿。

其他的装饰有耳环(分钩钩环、瓜米环、八吊环)、项链、手镯、戒指等,均为银制。

居都村仡佬族女性的鞋袜与男性相似,但色泽较鲜艳,鞋袜上匀刺有绣花。

二、饮食

居都村仡佬族喜食辣味。仡佬族多居住在高山半坡上,地形复杂,气候潮湿,为了祛湿保暖,每餐都少不了一锅辣椒汤。炕上、灶头终年挂着辣椒。

居都村仡佬族喜饮酒、喝茶。他们多自酿米酒、苞谷酒、甜酒等。仡佬族老人李发旺家一年要酿三千斤米酒。甜酒一般在过年时酿上,半年后取出,醇香怡人。

居都村仡佬族以大米为主食,同时也食用玉米、豆、麦等。麦作的糍粑与甜酒熬成粥,香甜可口,健脾开胃,不论老人、大人、小孩都喜欢吃。肉食以猪肉为主,亦食牛肉、马肉、羊肉等。仡佬族的年猪是制作腊肉的上好食材。所谓年猪,是指留到年底杀来过年的猪。年猪体大肉肥,适合作腊肉。居都村大多数家庭都养得有年猪,专门留在过年时杀了做腊肉。

居都村传统蔬菜种植有辣椒、豆角、南瓜、豇豆等。这里土地较贫瘠,青菜种类较少。

三、住房

据传远古时代仡佬族先人住在山洞和树底,彼时豺狼虎豹横行,毒蛇猛兽遍地,人们常被其袭击,于是搬到树上搭棚而居。后来迁于陆地,逐渐发展成去地数尺的"干栏式"建筑。汉文典籍对"干栏"屡有记载。《魏书·僚传》:"僚者……依树积木,以居其上,名曰干栏。干栏大小,随其家人之数。"《通典·南平蛮典》:"南平蛮,北与涪州接,部落千余户,山有毒草及蝮蛇,人并楼居,登梯而上,号曰干栏。"《溪蛮丛笑》:"仡佬以禁所居不着地……皆去地数尺,以巨木排比……"《太平寰宇记》:"昌州风俗,无夏风,有僚风。悉住丛箐,悬虚构屋,号阁阑。"

中华人民共和国成立后,仡佬族的住房发生了很大变化。过去居都村仡佬族大都选择在半山腰处建房,现如多择平地而居,房屋已不限于竹、木、石、土质,还有砖木、砖瓦等房屋形式。现在住房多为木房草顶,木房瓦顶,石墙瓦顶、混凝土平房等,传统所居的"干栏式"建筑已难看到。如今常见的住房主要有:

小茅房:四周用木板、篱笆等围起,房顶用毛毡或茅草遮盖。

高架房:整座房子以木架结构支起。屋顶以茅草或瓦片覆盖,以篱笆、木板做墙,在墙外打上石灰泥,有的围上石墙。

石头房:整座房用石头搭砌,房顶以泥瓦或水泥方瓦覆盖。

混凝土平房:多为现代混凝土砖石木结构房屋。

上述住房中多为上下两层,上层住人,下层关养牲畜,明显地承袭了原始的"干栏"建筑风格。

四、生产与技艺

农业生产:居都村地多田少,农具有犁、耙、锄头、薅刀、背箩、背夹等,居都村主要生产玉米、辣椒、豆角、南瓜等,也有少数人种植水稻。水田距离村寨较远(甚至远在别的村寨)。每年种一季水稻,水稻收割后,或种上麦子,或种油菜。

养殖:喂养有牛、马、猪、羊、鸡、鸭、鹅等家畜家禽。

编织:居都村传统手工艺主要是竹编。竹编产品有晒席、背篼、夹箩、簸箕、筲箕等。

刺绣:刺绣主要在妇女中传习,母传女授,以传统挑花为主,用于妇女衣袖、围腰、背扇、腰带等处作装饰。

纺织:早先居都村仡佬族制作衣服的原材料为自种火麻,并通过布斗、布棒、布夹、布枪等组成的"腰机"将麻线织成所需用布。如今全村唯一会使用"腰机"织布的只有 77 岁的仡佬族老人李正美,她会织平板、斜纹、筒鞋布三种布料。仡佬族传统织布工艺提花布已经失传。

医药:仡佬族主要靠祖传草药治病,用药有万年荞、耗子瓜、无娘藤等多种草药。村中从医者有仡佬族民间医生高学文,现年 56 岁,自 26 岁开始行医,专治妇科、儿科疾病。仡佬族民间医生李天学,现年 41 岁,自 20 岁开始行医,医术为祖传,给人和兽看病。仡佬族民间女医生李天英,现年 56 岁,自 18 岁开始行医,医术为祖传,可治各科疾病。

狩猎:传统狩猎工具有箭、弩、刀、枪、麻套子、铁夹板、竹踩脚、木甩杆等。

音乐器乐:在居都村的婚丧嫁娶中,常用的乐器有二胡、笛子、箫筒、唢呐、锣鼓等。居都村仡佬族较为简单的乐器是泡木筒"牛角",用泡木皮卷成。其制作过程为:取一根泡木枝,长约 3 米,按螺旋方向环切其皮。将皮剥下,卷成牛角状;取一根长约 10 厘米的竹管(也可用泡木筒),在其外壁凿上两个孔,将一端插入"牛角"即成。泡木筒吹起来呜呜作响,可吹奏传统的仡佬族山歌。

舞蹈:居都村仡佬族的舞蹈有跳脚舞、铃铛舞等。姑娘出嫁跳跳脚舞,老人过世跳铃铛舞。

游戏:居都村小孩儿玩的游戏有打"鸡儿棒"、打转包、打陀螺、磨磨秋、拴红结、踢鸡毛毽等。

五、节日

(一)吃新节

吃新节是仡佬族最隆重的传统节日,目的是祭祀天地、缅怀祖先、祈祷丰年。传说仡佬族先人来自天上,初到人间时没有谷种,每日靠吃野菜等艰难度日。后来玉皇大帝派天狗把谷种带来人间,仡佬族先人在黑洋大箐开荒劈草,风餐露宿,勤劳耕作。辛辛苦苦一年下来,粮食还是不够吃。于是他们派人去向盘古王问个中缘由和解决办法。盘古王说:"种植粮食必须仰靠天地。粮食的丰收与天气息息相关,天气晴好,风调雨顺,粮食自然收成好;否则,颗粒难收,食不果腹。开荒劈草会得罪地母娘娘,终年在地皮上反倒蹬踏,必须向她赔不是。所以你们要杀牛祭天、杀马祭地,粮食才会大丰收。"仡佬族先民照做,来年果然大丰收。从此仡佬族每年都要杀牛、马祭祀天地。祭祀时还须奉上粮食瓜果。因为这个时节新谷刚刚长成,所以人们称这个节日为吃新节。

吃新节选在农历八月的第一个或第二个虎场天,要杀牛祭天、杀马祭地,隆重而热烈,整个节日持续三天。

第一天(虎场天):在杀牛场,由寨老杀牛杀马(牛、马由全村人共同出资买。牛一定要杀,如果条件不好,买不起马,则每家每户杀只公鸡代替)。宰杀前寨老要喊:"请老王山、老黑山、九层山、黑那嘎山、人头山、者老山、麻堕山、金坡山、簸箕山,请你们来吃新。"念完之后,让人用布蒙住牛眼,用绳子捆住牛脚,将其放倒,然后杀了剥皮。同时寨老唱祭祀歌:

> 今天是新年新节,
>
> 我们吃新节已经到来。
>
> 要请天,到我们这里来。
>
> 我们要杀牛祭天,杀马祭地,
>
> 请你们天和地各人来领收。
>
> 把牛把马杀了以后,
>
> 我们要掏新谷子来祭天祭地,
>
> 我们才敢吃新谷子。
>
> 祈求风调雨顺。
>
> 祭天祭地之后,
>
> 我们要祭祖先,
>
> 因为祖先保佑我们。
>
> 保佑子孙繁荣,后代昌盛。
>
> 祭祖先之后,
>
> 我们才敢吃新米饭。
>
> 之后我们还要请九个坡头的祖山,
>
> 保佑我们岁岁顺顺畅畅。

牛心切碎分好,与牛肉一起分到各家各户。卖牛皮得的钱平分。

第二天(兔场天):家家户户做饭祭祀五谷大神和祖先,祭祀完毕,亲朋好友相聚一堂喝酒、吃饭。

第三天(龙场天):各家各户到田里摘取两捆公谷(谷秆高,谷粒不饱满或空壳的称为公谷)和两捆母谷(谷秆矮,谷粒多且饱满的称为母谷)以及一些蔬菜瓜果。公谷挂在炕上留做纪念,母谷用手一粒一粒脱开来,然后用"新水"(刚从井里挑回来的水)来煮新米。把煮熟的新米饭捏成九个饭团,跟煮熟的牛肉、牛心一起祭天地、祖先和五谷大神,纪念祖先开荒劈草付出的辛勤劳动,祈求保佑来年风调雨顺,五谷丰登。祭祀完后全家一起喝酒吃饭,庆祝丰收,分享快乐。

(二)祭树节

祭树节也称祭山节,是仡佬族传统的民族节日,目的是祭拜神树、感谢山神。据传在远古时代,仡佬族先民从天上来到人间,周遭是一望无际的黑洋大箐。那时他们还没有房子,只能住在树下和山洞。由于山高林密,豺狼虎豹横行,毒蛇猛兽遍野,人们常受其攻击。为了减少威胁,先民们搬到大树上搭棚而居。后来,经过一代又一代仡佬族先民的艰辛劳动,黑洋大箐被砍平,种上红稗、茅稗等庄稼。他们还把毒蛇猛兽撵走,用树干造房,用树枝烧火取暖、煮饭,从此过上了幸福安康的生活。为了铭记大树的恩惠,每年新叶初绿时仡佬族都要举行仪式,感谢大树带给他们幸福、平安。祭树节定在每年农历三月的第一个或第二个虎场天,节日持续三天。

第一天(兔场天):全寨男子和小孩集中在神树前,把带去的米放在大树脚,于树脚处设好泡木叉,把九个饭团放在泡木叉上。主持祭祀的人(寨老)杀一只白公鸡,把血淋在米和饭团上。白公鸡煮熟后大家分食,小孩分食饭团(据说吃了饭团,小孩会变乖、成器)。

第二天(兔场天):每家每户去老祖坟祭拜祖先。大人有活儿忙,一般都是小孩去。

第三天(龙场天)：每家每户把炕干的虾子、猪肉煮熟，在家祭祀祖先。吃早饭后，家长拿一只鸡，小孩跟随，围灶转三圈，祈祷全家平安，然后用鸡笼把鸡关好，由小孩抬去祭神树。这一天，全寨人集中聚在神树下。祭祀需用两只鸡(一公一母)，一个泡木叉(泡木经常出现在仡佬族的祭祀活动中，据说仡佬先人常用它来挖野山药)，一个鸡蛋，一个竹炕(象征仡佬族先人的床位)。竹炕盖在大树脚，用茅草搓一根索绳把竹炕捆在大树上。把用糍粑捏成的一对龙(一雌一雄，龙盘在树上遮阴避雨)置于炕上，然后由寨老把鸡杀了，围绕神树转一圈，洒下鸡血，用鸡毛沾上刀口的鸡血贴于神树的树枝。同时，全寨人给神树磕头，寨老唱祭祀歌：

> 时间已经到了，
>
> 我们送鸡给你了，
>
> 一个公的一个母的。
>
> 请山神树保佑我们，
>
> 五谷丰登，
>
> 六畜兴旺，
>
> 人丁平安，
>
> 我们给你磕头了。

之后由寨老把余下的鸡全部杀了煮熟，全寨人于大树下喝酒、吃肉同庆。

(二)冬月小年节

冬月(农历十一月)小年节是仡佬族纪念祖先、缅怀艰苦岁月的节日。传说远古时期仡佬族有九兄弟(后变为仡佬族的九个支系)，他们都很穷苦，吃的是野山药、酱紫母和打来的野猪，无衣无褐，在衣不蔽体、食不果腹中艰难度日。原本他们居于天庭，只因天上人口渐多，仙桃和贡果难以供给，于是玉帝把他们派到人间来。九兄弟沿着一棵通天的马桑树来到人间，开荒辟野，风餐露宿。艰苦的生活难免让他们想起天上安逸舒适的日子，于是他们沿着那棵马桑树爬向南天门。玉帝知晓后非常生气，就派人堵住南天门，不让九兄弟进去。但九兄弟还是拼命往上爬，竟把南天门挤垮了，他们掉到地上。但他们没有放弃，又沿着马桑树朝天门爬。玉帝怕九兄弟又爬上来，就念了一些咒语，并在马桑树顶拍打了一下，树梢被压弯了，整棵树也逐渐变矮，缩回地上（所以时至今日，马桑树高不过人头，而且稍高即弯）。马桑树已不能通天，九兄弟商议着搭建一座通天的宝塔。通过数日的努力，眼看塔顶就要顶天了，玉帝又派人堵住天门，并传话说："你们不用回天上了，在地上种庄稼算了，天上不需要怕吃苦的人。"九兄弟听了很失望，就一直在塔顶守候。观音菩萨路过，在九兄弟每人头顶按了一掌，塔被压垮了，他们又被压回地上，惊吓得昏了过去。等到醒来时，已是山河封冻，漫天飘雪。九兄弟缺衣少穿，忍冻受饿，开口说话时只发现对方嘴巴在动，发出"叽里咕噜"的声音，却听不懂对方在说什么了（现今仡佬语方言差别甚大，不同支系之间对话困难）。九兄弟打手语商量着把仅剩的一只小公猪给杀了，扒开积雪，挖掘一些野菜和山药煮熟，大家吃了一顿团圆饭后，含泪带着妻子儿女各自谋生去了。后来这九个兄弟就成了仡佬族九个支系的先祖。

由于九兄弟分别的时间是冬月虎场天，此后仡佬族就将每年冬月的第一个或第二个虎场天定为小年以纪念先祖，节日持续三天。

第一天（虎场天）：上山挖野山药、野菜，摘酱紫母；杀只公猪，割两吊肉，分别煮熟；捏九个糯米粑粑，然后在灶边祭祖。祭完后，用削尖的泡木把猪肉挂于炕上，把野山药切成四片，用牛角藤系好分别挂在炕的四个角落。

第二天（兔场天）：家家户户做饭祭祖先，祈求祖先保佑。

第三天（龙场天）：吃晚饭后，各家在灶头摆九个饭团、二十七个小肉丸及野山药（须煮熟）来祭祀祖。祭祀时得把灯熄灭，用棕叶或席子把灶头围起来(仡佬族先民因生活贫困,无衣遮体,光亮会让他们羞于露面。祭祀时间选择在晚饭后,此时天已黑,可尽情享用)。祭祀完之后,叫上族里或寨中的九个小男孩来吃供品,每个小孩一个饭团、三个小肉丸和一小节野山药。

六、传统习俗

(一)占卜

居都村仡佬族在起房坐屋、接亲嫁女、安葬老人、打猎外出等重要事务中,都要通过占卜来判断凶吉。

鸡头骨卜:把鸡头骨,主要是鸡眼两侧的头骨,放入盛满水的碗中,用筷子搅拌。如果两鸡眼骨朝不同方向或是相反的方向行进,发生交叉,说明卦不好;两鸡眼骨朝相同的方向行进,各个分开,说明卦好。

看鸡卦:先是在灶边或大门口放张桌子,烧根香,拿来一只公鸡,作揖祷告说明占卦的用意。假如是打仗,就说:"今天我这个鸡要拿来卜打仗,打得赢,出在卦上;打不赢,出在卦上。"然后杀鸡煮熟,主持人把肉吃完后取鸡大腿到鸡脊梁的两根骨头(左右两侧各一根)看鸡卦。卦象根据骨头上的眼(小孔)来测吉凶。骨头上端的眼表示"嘴",下端的眼表示"腿",右表示家里,左表示外头。家里和外头都有腿有嘴,能走有吃,是为好卦。

竹根卜:将金竹根的一端削成牛角状,然后劈做两块。占卜时取竹卦丢于地上,视两竹块的正反、开合、摆放位置等情况预测吉凶祸福。

鸡蛋卜:家逢丧事,由长房上山择坟地。在"阴地"摆一碗米作揖,从左到右、从右到左绕"阴地"各转三圈,念道:"今天我们要给你找个屋基,你要想坐,鸡蛋破;不想坐,鸡蛋不破。"然后丢鸡蛋于地上。如果鸡蛋破了,表示死者愿意葬于此,所择坟地可用。如果鸡蛋不破,表明是死者不愿葬于此,得另择坟地。

茅草卜:用8片茅草,从中间对半折,一半扭股搓绳,一半留下任意打一结。绳结都打完后,茅草卦就做好。这时,占卦人对着茅草卦哈一口气,然后从胸前到背后顺时针转3圈,再把茅草卦解开。解开后是一个圈,为顺卦,吉利;茅草有交叉,也为顺卦,但可能会掉财漏财等;绳结脱了为阴卦,不吉利。

木刻看事:木刻是居都村仡佬族在起房坐屋、接亲嫁女、安葬老人、外出打猎等重要事务中来判断凶吉的一种占卜方式。木刻片长22.65厘米,左端宽2.2厘米,右端宽1.5厘米,厚0.6厘米。竹刻片上有30条平行刻线,刻线所占的长度为19.5厘米。木刻上端侧面无刻线,下端侧面有刻线。木刻上刻有"□"(表示坑或洞),"×"(表示不干净),"ⅹ"(表示岔出),"⋏"(表示岔进)四个图形。刻线上什么图都没有表示运势最好,有"□"表示运势一般(若是看打仗和狩猎的运势,"□"表示运势好,定能俘虏敌人或猎物),有"×"表运势不好,有"ⅹ"或"⋏"都表示运势很差。

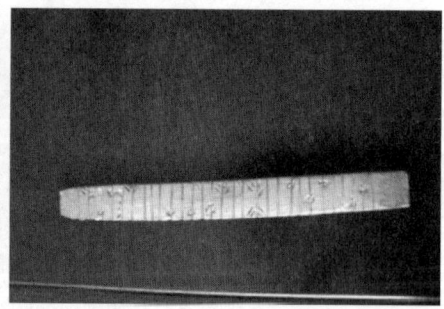

仡佬族记事木刻片(左正面　右背面)

居都村现今仅存一片古木刻(为李氏祖传),具体测算先从行事所选的日期开始,从左第一条刻线开始往右数,第1条刻线代表1月,第2条刻线代表2月,第3条刻线代表3月,以此类推确定对应的月数。再从确定的月数线的下一刻度线依次往右数,从1到30(日数)的对应刻度线,每加一刻线就等于加一日。以此类推,数到第 30 条刻线再顺着下端侧面的刻线把木刻翻转过来,接着从右往左数,在正面的基础上每加一刻线就等于加一日,直到最后确定所对应的月日刻度线。然后根据这一刻线上的符号研究这一日的运程。如果所算日子还超出木刻反面的刻线,则按同样的方法沿侧面刻线翻转到正面,从左往右数到所算日子对应的刻线,再根据刻线上的符号研究运程。

(二)婚育

居都村仡佬族婚姻要请媒人从中撮合,并要看八字是否相合,面相是否般配,双方家中老人是否同意。若这几方面都没有问题,男方要拿一壶酒、两只鸡(一公一母)送到女方家,表示男方放给女方家了。两三年后,女方要送一匹布到男方家,表示女方也放给男方家了。然后两家商谈,如果没有意见,就同意这门婚事,并择吉日结婚。结婚之日,男方要派数名歌郎到女方家接亲,女方派 6 名~8 名女伴娘陪新娘到男方家。7 天后新人挑酒挑肉回门拜见后家父母。

新生儿三天内要取一个奶名。奶名一般由爷爷奶奶取,因为爷爷奶奶知道的人的名字较多,由他们取奶名,可以避免跟别人重名,尤其是避免与长辈名字雷同。取名的时候必须杀一只鸡,如果是男孩,则必须是一只公鸡;如果是女孩,则用小母鸡。新生儿即将满月,则要举办酒席。亲戚朋友送来衣服、钱、鞋、背带等。如果没有能力办酒席,则需要请老人把孩子的胎毛刮掉。如果不刮胎毛,孩子会不聪明,将来人缘也不好,难成大器。孩子在上学前一直用奶名,上学后再取个正式学名,起了学名便终身使用。等孩子到了十七八岁,则可看八字、找对象、论婚嫁了。

(三)丧葬

老人断气前,让其坐在一张特制的木椅上,并在脚下垫两个碗(碗口朝下)。老人的儿子、媳妇、女儿、姑爷、侄子、侄女等近亲在一旁作陪。

老人断气后,孝子们用温水给他净身之后给老人穿上寿服,系上纱帕。纱帕至少有4米长,颜色为青黑色,用纱帕将老人的头包起来做成帽,并在腰上缠上一条青黑色的腰带。穿戴好后将老人装进棺材。

取一只童子鸡(未下过蛋的母鸡)由寨老捏死,并念道:"你老人家去世了,不能在阳间和我们一起了,你的爸妈在前头。如你不认得路,这只鸡会给你带路。"一边念一边把鸡捏死,这只鸡到了阴间会给亡人带路,故这只鸡又叫"带路鸡"或"跑路鸡"。

孝子手拿鸡蛋到相中的地点择坟地,将鸡蛋丢在地上,蛋破则表示这块地风水好,可以用来安葬老人。根据亡人的"八字",用木刻算好哪天可以出殡。定了日子后请人到外家去报丧。报丧时须挂一根泡木棍,带一壶酒前去。到了外家,报丧者说:"老人过世了,过去看一下。"外家煮肉或杀鸡款待报丧人,用竹片串几片肉或鸡肝,在门口遥祭亡人。

停葬到出殡期间,亲人每天哭丧两次,早晨一次,太阳快落坡时一次。在出殡的前一天要做法事,在棺木上涂少许鸡血,粘上一两片鸡毛。还要洒净水以降妖除魔,消灾避难。晚些时辰请6人~8人每人一只手拿白纸,另一只手拿铃铛绕棺舞唱。如果死者生前是个手艺人,在杀鸡做夜宵之后还要"开天门",就是在房顶(以前是用茅草覆盖)开个洞,搭上一把竹梯,意为让亡者通过这把梯子升天。

出殡前,先将棺木抬到门前的空地祭祀一番。孝子须手持挂杖,腰缠稻草编制的反手绳。出殡时不必撒纸钱买路,因为仡佬族是最先到达这个地方的人,路本就是他们自己开的。将棺木抬到山坡,如果下葬时辰与亡人"八字"不合,则不能马上挖穴下葬,只能把棺木停放在坡上,有的停放数月,有的停放三两年。如果时辰与亡者八字相合,则可下葬。寨老给孝子剃几缕头发,媳妇、姑娘自己梳好头发,然后寨老会说:"你们的老人已经上天去了,现在给你们剃头、梳头,保佑你们长命百岁,子孙繁荣。"下葬之后,在坟墓上竖棍挂白纸作为坟标,坟上垒数块石头。男性须垒单数,女性垒双数,他们认为这样能更好地保护逝者的家园。

据传仡佬族古代所采用的是"头向天、脚朝地"立葬法,故民间有"横苗倒仡佬"的说法。据说人生是站立的,死去的人也应该是站立的,这样亡灵才能走进天堂世界,继续在天上干自己应该干的事情。

（四）其他习俗

叫魂:小孩生病或受到惊吓"失魂"了,则在门口摆一碗米,放一个鸡蛋,立一炷香。抓几颗米放在手上,口中念道:"你不要在坡上了,快回来吧! 三魂七魄回家来了。你要来,快快来,不要在房前房后待;你要到,快快到,不要在屋前屋后闹。"

祭石婆婆:小孩不停地哭闹,则需要去祭"石婆婆"。祭"石婆婆"时带一只大公鸡,在巨石前把鸡杀了,然后把鸡血淋在石头上,然后将这只鸡煮熟与路人一起分吃。此后小孩就不会哭闹,而且会变得很聪明。

祭田娘:栽秧那天用篮子装上糍粑、饭、酒、肉带到田坎,分给田里的人吃。

"吃虫":正月十五拿着糍粑到田边烧着吃,意为把虫子吃光,庄稼就会长得好。

挂鸡蛋:用篾条把鸡蛋壳串起,挂在墙上,这样可以保佑小鸡快快长大。

禁忌:忌欺老骂少、糟蹋五谷、糟蹋圣贤、蹬踏灶头;忌触摸神树、烧神树枝叶、在神树下大小便;忌吃未断奶的婴儿吃过的任何东西;生小孩未满三天,忌外人来串门;忌别人家的媳妇于大年初一踩跨自家门槛;忌坐月子的妇女串门;忌逢丧的孝子头戴白纸串门。

金盆干河纪行

汪龙舞

翻开水城特区地图,最为边远的就是北端与金盆乡相连的干河公社①了。这里与赫章、纳雍两县交界,崇山峻岭中沟壑遍布,大地皱裂得坡台纵横,峰崖密布。山间沟旁嵌挂着形状各异,高低不同的田亩地块,鳞甲般相续连片。山湾田地边镶嵌着大大小小的土石木草房屋,疏密不均地组成了大小不一的村村寨寨。干河大寨是南开区"小花苗"支系的主要聚居区域。1981 年 4 月,我被安排到边远民族贫困地区做经济文化调查,首选就是这里。我打点好背包行李,带上画笔和写生夹,和几个相关单位抽调来的同志又坐汽车又坐拖拉机,一路上颠颠簸簸,长途跋涉,艰难地来到干河公社。组长杨举清是苗族人,圆额丰颔,是位经验丰富的老民族干部,一路上笑呵呵地打趣我们:"你们小青年注意啰!到民族地区工作要身稳嘴稳,特别见到漂亮姑娘别乱逗,她逗你也别乱应承,我们苗家姑娘认真得很,不管你安家没安家,沾上了你就跑不脱了。"一位姓聂的组员傻乎乎地凑过来道:"真那么厉害?"有人抢着说:"不厉害?沾上了就得跟你成家,你到哪她跟到哪。"大家听了啧啧不已,都说要谨慎小心。

---

① 公社,为 20 世纪 70~80 年代的乡(镇)级行政建制。

一、古老的苗家发髻

临近天黑，我们终于到了干河大寨。公社驻地在一个半坡坪地上，几座被翠绿包裹的小石山环布周围。几棵高大的核桃树掩映着两栋颇有些年代的老式木柱瓦房，一栋为公社办公用，一栋为供销社和卫生所。不远处为一座五间相接石墙瓦房，是干河小学校舍。学校操场不大，一边竖着有些倾斜的两柱支撑篮球架，一边用乱石砌了个没顶的长方形围墙石坑。厕所两头歪歪扭扭地分别写着"男""女"字样，透露出些许现代文明信息，是公社驻地唯一的公共厕所。公社会议室、办公室兼伙房为同一个外间，全公社唯一的一部壁挂式手摇电话机也安在这里。在这里进餐随即记账，花多少钱主客平均分担所需费用。晚饭后，随即召开了调查工作会议。做饭的老大嫂负责烧茶倒水，几个老少不一的公社领导和干部参会。互相介绍后杨组长说明了此次调查的目的和要求，公社书记李隆文向我们介绍了干河村的情况，说这里地处高寒，交通闭塞，原始生产落后，民风独特淳朴，苗族寨子中许多人还不会讲汉话，不少男子还储发留辫，要我们注意尊重少数民族的风俗习惯。还要求"社委会"所有人员全力配合，一位社委会成员配一位工作组人员，分别下到各村寨开展工作。我主要负责调查民族文化方面的情况，村里配给我的助手叫李光达，是个精明能干的本地苗族干部，梳着个光光的"偏偏头"，黑中透红的方圆脸上笑口常开，一对小虎牙不时露出，不经意间显现出成熟与敏黠，二十五六岁的年纪看起来还像个十七八岁的未婚青年，大家都称他小李。

第二天起床后，做饭大嫂已经煮好了一大锅面条，大家吃饱后便分头下队。干河大寨位于公社驻地北面，一条深谷从西北向东南分布，谷底一条小溪乱石密集，大的石头上面可站三五人，小的石头如拳似卵。溪水时隐时现地在石墟缝隙间蜿蜒穿行，只有走进才可看清。李光达告诉我,因谷底两边山脉宽广高大,远看谷底小溪全是石头。小溪就叫干河,整条深谷就叫干河大沟,干河大寨就横跨在大沟北面南台坡上。

春阳暖暖地高照着,出土的苞谷苗已到处展开了嫩绿色的"鸦雀嘴",近看星星点点,远看一片濛茸。几缕春风拂过,空气中不时飘过阵阵嫩叶和泥土混合的清香。临近寨边,只见路旁石阶上架起个齐胸高的木马,上面横放着一段2米多长的木材。两个中年苗家汉子一左一右绷着马步,双手平胸拉扯着大锯,在一阵阵哗哗声响中极有韵律地推送着改(锯)板子。小李告诉我,这就是大队长王开华和村支书陈德光。王开华瘦高身材,高鼻深目,头上绾着个髻;陈德光略矮,方脸圆额,留着个"偏偏头"。两人皆着自制右开襟麻布长衫和麻布裤子,前襟挽在腰间。王开华系双叠头随意挽接的布腰带,穿一双半新半旧的圆口帆布胶鞋,显得十分精神。陈德光则套一双新编的棕麻皮筋草鞋,显得随意潇洒。为了配合我们采访调查,两人天一亮就在寨子旁边干活边候着了。

两人停下手上的活计走过来,首先跃入我眼帘的竟是王开华头上那盘起的发髻。发髻左右逢中居于头顶,中间高两边矮,由两根自下而上的发辫和部分长发束相互纠结盘绕而成。辫子逐层起套,环环作结,两两对称而不露首尾。辫子上露出的颗颗发股随着辫子编绾穿插沉没出露,串珠儿般黝黑发亮,使发髻更加玲珑与精致。整个辫髻呈弧形冠状,前后薄,左右宽,不高却气韵巍巍,自然而然地雄踞在额顶的一片贴皮发束上,散发出一种无比诱人的魅力。

这是一种我从未见过的装束,一种古朴而又美妙的苗族男人发式。"王队长啊!你的头发绾得好漂亮,雄得很呢!"见面一开口,我便由衷地赞美。"让汪同志取笑了,祖宗留下来的老习惯,落后了啊!"王开华满面腼腆,脸颊微微发红。"哪里哪里,这正是我要了解的民俗内容啊,难得您还保留着。""绾头发的男人多得很,绾得最好的就数他了，要不咋会当得上大队长？"李光达笑着打趣。王开华嘴一努："陈德光当支书剃成"东洋头"了，比我厉害！"陈德光接过话头："厉害个鬼，前几年赶水城正碰上红卫兵'除四旧'，一剪刀把我变成个'汉苗'，我也只好将就了啊！"王开华谦让着把我们往家里引，陈德光还有些愤愤然："毛主席都讲要尊重民族习惯呢，他硬要把我头发剪了，还说是'革命头'。"李光达说："喜欢绾'转转'还可以重新护起来啊！"陈德光手一摊："现在都时兴短头发了，方便凉快好收拾，不绾'转转'也好。"

　　王开华家房屋是一栋常见的覆瓦木柱房，依山而建，牛圈是用石砌成，几株栽种不久的桃李树绽出些许嫩叶，周围没有人家，远远的像个护寨哨所。走进家门，一个手握乌木烟杆、七十多岁的老人颤巍巍地从煤火炉边的床上起来让座，王开华介绍说是他父亲，我依俗称他"老爷"，请他别客气赶快坐下。老人眼聪目明，戴着个狗皮护耳帽，后面露出半截短瘦的花白辫稍，执拗着走到一旁的桌子边提起个砂陶茶壶，硬要为我们倒上早已备好的茶水后才咂着叶子烟坐回床上。

　　捧着温热的茶水，王老爷一起成了我的采访对象，话题仍在头饰发髻上。

王开华(左)、陈德光画像　汪龙舞　绘

王老爷汉话说得很好,他告诉我,过去"小花苗"把头发看得很重,不管男女都是要蓄长发的。不同的是女人的长发掺假发、盘发髻,不梳辫子,男人的长发则直接束盘股或梳辫子绾髻。特别是女人的头发,从小到大梳头时掉的头发都要收捡好,搓制成特制的发绳线,等出嫁坐家后将其连同母亲遗传下来的部分发绳线掺和,与自己所蓄的长发一起绾成高髻,以示继承老人的福气和关爱,家庭幸福长远。没结婚坐家的姑娘的头发则与五彩毛棉麻绳线掺杂盘成花髻。男人的发髻是威武雄壮和能干的象征,男子成年了,就要开始盘发髻,否则就是长不大的"毛头小娃",在人们眼中没分量。"所以我们家小伙子过去'游方'逛花房,不光要穿得光鲜,还要头发和辫子盘得好,'女人看手脚,男人看脑壳'嘛!"

　　"女人手脚如何看?男人脑壳又如何看?"我有些疑惑。"女人看手脚就是看她纺纱织布、挑花蜡染和做衣裙的本事。男人看脑壳就是看他头发或辫子盘得好,歌唱得好,芦笙吹得好,嘴巴能讲会说。"王开华笑着解释。我恍然大悟,发髻和嘴巴都在脑袋上,难怪得要"看脑壳"!没想到男人绾髻竟有那么大的作用。我兴趣大增:"盘髻这么重要,咋整才算绾盘得好?"王开华边为我们续茶边告诉我,男人发髻分发束绾成的"股髻"、辫子绾成的"辫髻"以及股辫交叉的"花髻"三类。绾盘式样多得很,有前辈人传下的固定老式样,也有个人较为随意的创造绾法。男人的发髻有繁有简,有松有紧,有插笄束绳的,有就发穿绾的,有单辫股独盘的,有双辫股绾接的,有三辫股联穿的,还有不同辫股及散发交叉绾盘的。不同的人喜欢不同的发髻,不同的场合有不同的绾法,皆要因人而定。头发浓密,发束长,编成的辫子长,发髻盘起来就厚挺结实,光鲜漂亮,花样也多。头发稀疏,发束短,编成的辫子也细短,盘起来的发髻也就瘦小,不耐看。

　　"股髻、辫髻和花髻相比,哪种为好?""都有难易,绾得好都好。

一般股髻较为松软宽大,绾起来随意快捷,最为常见常用;辫髻紧硬巴实,高挺不容易散,绾时要多花些时间;花髻要松紧相缠,可以绾盘出较为复杂的多种花样,但费时费工不好整,难得绾。"

"你绾的这个怪好看的,属于哪种花样?"我继续刨根问底。"是前辈人传下的花髻老式样,属于不太好绾的那种。"

"听说你们要来,他专门绾了发髻迎接你们呢。"陈德光接过话题,"这叫'冠子盖',绾来会客的,要头发好才绾得起来,全寨子会绾的人没几个,年轻时我和他绾过这种发髻去'逛花房',盖过好多人呢!"

"男人发髻中老式样多还是新花样多?""老式样有十来种,在较为正规的场合中使用。"王开华回答,"新花样虽多,都是个人结合老式样改编的,只要不盘成女人的'螺丝屁股',咋变咋绾都行。""螺丝屁股?"我有些不解。"就是妇人平时绾的转转发盘。"李光达笑着说,"绾得好称'螺丝盘背',绾得一般称'螺丝屁股',绾不好叫'牛屎粑粑',也是不好整的呢!"

"可以和清朝通行的男人独辫一样拖下来吗?"我又问王老爷。"不能不能。"王老爷连连摇头,"不管咋整,我们苗族男人头发都要编好盘在头顶,不留独把,不拖长辫,要不别人要笑话,老祖宗也不认的。"想不到小小的发髻竟有这么多的讲究,我不禁肃然起敬。

"头发是天生父母养,有灵气呢,我们家过去对头发很是看重,宁愿掉脑壳也不掉头发。"老爷将哑熄了的烟杆从嘴边移开继续告诉我,"尤其是男人头发更为金贵,别人摸都摸不得,'男怕摸头,女怕摸腰',规矩大着呢。"我毕恭毕敬地接过老爷的烟杆,将陈德光裹好递过来的皮烟装好,重新递上。王老爷深吸了一口,缓缓地吐着烟气说:"如今不兴了,青年人都喜欢剪你们汉族头式,除了部分中老年人,留发绾辫盘髻的男人没几个了。"王开华接过话头:"我也是从小留发绾辫盘髻习惯了,平时随便弄,赶场会客,吃酒场合就要认真对待,每天都要整,怪麻烦的,早就想和陈德光一样剪了。"陈德光说:"还是留发盘辫好,麻烦是麻烦了一点,但好看,剪了苗不苗汉不汉的,每月还要多花两杯烧酒钱剪头发,划不来。"李光达打着哈哈打圆场:"还是各随各愿吧,喜欢哪样整哪样,两不碍,都好。"

正说呢,门"吱"的一声开了,一个头盘螺丝髻,披花背,着长裙的中年妇女端着一筲箕冒着热气的煮洋芋走进来。王开华接过筲箕递上前来:"不好意思,今年种剩下的老洋芋,大家将就吃几个。"老洋芋有些干巴皱皮,剥起来溜滑顺当,吃到嘴里却有一种特别的甜香味。大家也不客气,你一个我一个,不一会就将一筲箕老洋芋吃去大半。

二、神奇的"龙窝"绣头

午后,陈德光、王开华陪同我们继续在大寨采访。

种下的苞谷刚在吐苗,离薅铲还有一段时间,人们摆脱了集体出工的束缚,各自在家干着自己的事,全寨也得到短暂放松,正好方便了我的采访。太阳像团火一样烧得正旺,鸡猫猪狗都躲进了房荫树影里。全寨十分安静,不时可看见女人们在檐下画蜡织布,男人们歇着晌,安闲地抽着叶子烟或不慌不忙地干着点什么。虽然有熟人带领,但每临一户人家,都会有大狗或小狗冲上前来嚎叫。家里若有人,照例都会出门打狗接客,这些狗便立即敛声摆尾,变凶恶为温顺。若主人不在家,再弱小的狗也不怕我们人多,一律勇敢地迎强而上,缠绕着死拼硬斗,直到我们离开。在一阵阵时起时落的犬吠和撵狗声中,我们走遍了大半个寨子,采访了几个有威望的长者,探看了寨中家庭经济较好、一般和较差的几户代表。果然如李书记介绍,寨中许多老人、妇女和儿童都不会讲汉话。人们用苗语交谈着,我仿佛置身于异国他乡,一句也听不懂。女子们都肩披花背,着蜡染裙裾。中老年男子中大多盘着发髻,保留着苗家世代相传的古老徽志。全寨没有一间水泥砖房,全都是土墙房、石墙房和木柱房,偶尔有几间盖瓦的,大多数都是茅草覆顶,菌子般成簇结队地紧贴在灰黄的土坡地上,一片古旧原始景象,没有一丝"现代"感。

我再次注意到男子的发髻,大多绾得松散随意,多为"股髻"和"辫髻",有的盘在头顶,有的绾在脑后,虽没有王开华的"花髻"精致俊俏,却也式样不一,各具韵味,古风淳然。每每去到一户人家,主人都会客气地装烟倒水,偶尔还会有提个酒瓶子敬酒或烤罐罐茶什么的。我高兴地和他们交谈沟通,好多都是用不太熟练的汉话生硬地微笑着应答,偶尔还夹杂着一些苗语,好在王开华等人不时地帮忙代答和翻译,使我免除了许多交流障碍。我不时地在笔记本上记录着所见所闻,婚俗、葬礼、禁忌、农事都有涉及。我反复询问着疑惑之处,直到满意为止。他们总是你接我应地回答着,生怕我不理解,没有半分的不耐烦。

大寨的房屋皆依山就势而建,或疏或密,或大或小,杂乱无序中又构成了妙不可言的画面。每逢动心处,我便抽空画几笔速写。在一户人家采访的间隙,我正坐在对着院坝边的一间圆木搭建的牛圈栏写生,围观人群中一个头披"黑毡"的男孩突然吸住了我的眼球。

那是怎样的一块"黑毡"啊!完全是孩子满头黑发纠结凝集而成的一个"发饼"。孩子约十一二岁,"发饼"近两尺长,由不规则的三股绞绕在一起的发结顺着耳后垂吊在后背。

我停下画笔向孩子招了招手,请他挨近好仔细看看头发。他满眼茫然,愣愣地一动不动。王开华和陈德光用苗语向孩子解释,孩子才畏畏缩缩地走过来,并按我的要求极不情愿地转了一圈。我终于看清,整个"长毡粑"密密实实,成团结块,厚约寸许。"发饼"中的每根头发都千曲百折,相互盘缠,杂糅乱拥,不留缝隙,再也分不出哪根在那,就连发尖发梢也难以看到,完全成了一个同生共长,并存齐在的生命整合体。"长毡粑"黑里泛赭,软实而不蓬松,完全是天然自成的样式,线、块、面自然组合衔接,没有一毫半丝的人为痕迹,透露出让人吃惊的魅力。这是一个我从未见过的发式,与人文气息极浓的辫髻刚好形成了鲜明的对比。

看着眼前极具特色的"发饼",我忙准备速写。刚一抬手,孩子却惊恐地一甩头,转身就跑,随即消失在牛圈栏后面。我茫然不解,李光达却哈哈大笑,说孩子认为我要摸他的头,男怕摸头嘛!所以要躲开,众人都笑着点头应和。

王开华告诉我,孩子的"发饼"叫"绣头",是自小留的"神发",苗家最为看重。孩子是王开华家族的一个孙辈,三代单传,老爹四十多岁了才生的他,金贵得很,所以才留了绣头,以乞神灵保护儿子健康成长。他还告诉我,留绣头有许多讲究,并不是想留就留得起来的。孩子从娘肚子中出来,满月后胎毛如果出现粘连凝结,就表示有可留"神发"的可能,孩子将被视为宝贝。若家人珍惜,便会请鬼师择日祭家神看鸡卦定凶吉。卦象吉利,孩子的"神发"就会得到精心保护予以留绣头。若是凶兆,则由鬼师作法驱邪后剃胎毛,再重蓄长发结辫绾髻。"过去寨中有个留绣头的陈幺老爷,儿孙满堂,一辈子不落一根头发,不梳不洗,绣头长成个1米多长的'毡窝子'拖背盖腰,平时用个布袋子套着,不让人看见。有次外出卖牛,酒醉住店,一个强盗认为他头发袋子搁有什么好东西,半夜摸进来偷,刚解开袋口,看见一条金龙闪着光盘在里面,吓得强盗扒在陈幺老爷床前直磕头,认为遇到神人,反将偷来的银子留下跑掉。""后来呢?""后来嘛,陈幺老爷白捡了些银砣子,回来好久都没有用完呢!"

我兴趣倍增,大家你一言我一句地继续介绍着,留"绣头"有"长留"和"短留"之分,"长留"终身相伴,直到老死。"短留"到十二岁即剃去,要由鬼师看鸡骨卦象决定,俗称"送龙归天"。剃发

"送龙"时要杀鸡宰羊祭神祖,请巫师"跳神"还愿,寨邻亲友都要来贺。有些特别讲究的还要杀猪杀牛,比老人成神祭礼还隆重。剃下的绣头要保藏起来不让人看见,直到老死再取来相伴入土。绣头在其他地方和其他民族中也是有的,但不常见。苗家留绣头的条件很苛刻,以男人所留绣头的为贵,能留的人极少,几十年也难碰到一个。整个干河大寨及附近寨子,现今能看到的绣头就刚才那个孩子。绣头结绺成束分开的称"龙索",结团成板裹成一块的称"龙窝",又结成绳又裹成团的称"龙莞",以"龙窝"为贵。刚才所见的孩子"绣头"属"龙莞"类,比"龙索"好。王开华补充说,"龙索"和"龙莞"可以盘结在头上,像辫子一样绾成髻,"龙窝"则只能顺其自然,长拖脑后。"人一旦留上绣头,便受到人们尊重,一家人围着他转,活儿都很少让他做,一辈子吃清闲饭。所以,能留绣头的人大多家境较好,否则养不起。"

"绣头能不能洗?"我不禁担心起绣头的卫生。

"有的可以洗,有的可以熏,那都是差火①的做法,最好是一辈子不梳不洗。"王开华一脸庄重。

"一辈子不梳不洗?就不怕招惹虱子臭虫?"

"说来怪也怪。"王开华两眼认真地盯着我,"不但没有虱子臭虫,连蚊子也绕开飞,在山坡上瞌睡,毒虫老蛇也不挨边。"

"为啥呢?"我大为惊奇。

"有灵气呀!"陈德光抢着回应,"别看'龙窝'凝成个毡窝子,祖宗龙神都护着,人一辈子的灵气也保留在里头,邪蛊害物都躲开哩。"

真没想到,一个偶然出现的发饰绣头竟然有这样大的神奇和威慑作用。趁着兴头,我问能不能到那个留绣头的孩子家再深入了解一下,王开华说孩子家大人有点犟,让他先去疏通疏通再说,随即便

① 差火:方言,低级、不如人,不上档次。

起身而去。

不多一会,王开华苦着脸走来,摇着头说孩子家爹"日气鼓气(倔强)"的,讲我是上头"官家"派来的汉家"生水子",怕我"八字"大,"采"走孩子绣头的灵气,说啥也不同意我去采访。想起"要尊重少数民族风俗习惯"的规定,我哭笑不得,只好作罢。

看看天色不早,我和小李赶忙结束了一天的采访,在一片"整晚饭吃再走"的客气挽留声中和王开华等告别,离开了大寨。

三、"花房"趣闻

太阳缓缓地落下西山,晚霞慢慢地由赭变红,天气完全凉爽下来。踏着一路绛紫,我和小李边说笑回味着大寨的采访见闻,边往远处的公社驻地赶去。走到半路,几个肩披花背、身背芦笙,穿得齐齐整整的小伙映着霞光迎面而来,小李用苗语和他们打招呼,几个小伙嘻嘻哈哈地笑着回答。待小伙们走远后,小李告诉我,几个小伙都是附近寨子的,趁着天气好,正相邀着偷闲赶月亮"逛花房"呢!

"啥叫逛花房?"我好奇心顿起。"就是到花房去逗姑娘玩耍呀!"小李笑呵呵地回答,"我们家小伙成年后,只要没结婚,都要到外寨花房去找姑娘拉关系,找自己喜欢的姑娘搞对象。一处不成转一处,所以叫'逛花房',刚才几个小伙就是准备去大寨逛花房的。"

"大寨的花房在哪啊?今天我们好像没看见。"我抹了抹额上沁出的汗珠,停下脚步问。"那不是?"小李转过身,指着寨子不远处的山坡背脊上。我顺着望去,只见一个土垒木架窝棚式的建筑物孤零零地依偎在黛青色的山石旁边,几株白杨静静地挺立在夕阳下,一点也不起眼。小李告诉我,花房又称"姑娘棚",每个寨子都有,是"小花苗"专门为寨中姑娘而建,本寨子的花房只接待外寨子的小伙子,本寨子的小伙子则只能去外寨子逛花房。姑娘们长到十四五岁就可以到花房去"坐花房",和前来逛花房的小伙子们相识交往,选择自己喜欢的人。每到正月、八月、冬月或农闲时日,未婚小伙子便可到处串月游方逛花房,寻找自己喜欢的对象,但凡"小花苗"的花房都可以进,常有逛花房十天半月不归家的。

"带干粮吗?""不带,每到一处姑娘们都要把来访的小伙请进花房歇脚,远路客都要管饭,人缘好的吃得好,人缘差的吃得差,苞谷饭也行,荞粑粑也行,洋芋也行,反正得管吃饱。""万一姑娘们嫌小伙邋遢,连花房也不准进呢?""那就犯老祖宗的规矩了,不准进花房姑娘们就要输理,被拒绝的小伙就有权点火烧花房,寨子就会背上坏名声,寨中小伙也会没脸面去其他寨子逛花房。所以,管你喜不喜欢都要让来访的小伙进花房过夜。"

"少男少女挤在一起过夜,就不怕乱来?"我边走边问,莽撞地问出一句。"乱来?花房里规矩大着呢。"小李傲然地一歪头,提高了声调:"进入花房,须规规矩矩,听从姑娘们安排。大家你盯着我,我看着你,唱歌可以,说笑可以,吹芦笙弹弦聊聊天都随便,样样都要讨姑娘们喜欢,说话粗鲁了都不行,生怕得罪当中哪一位,败坏了自己名声。伸手动脚乱搞,谁敢?"

一路说一路讲,不知不觉已到了公社驻地。其他组的人来得早,早已吃过晚饭各自休息了,做饭大嫂点上灯,为我们现炒了一盘糟辣椒洋芋片,将半锅尚有余温的酸菜豆汤端上桌来,说晚饭本来有炒腊肉,只是被先开饭的吃完了,我和小李来得太晚,只有将就了。话语刚落,一个深目高额,嘴略瘪,满身酒气的苗老者提着个赭黑色的酒葫芦推开门闯进来:"没得肉不要紧,我这里有酒呢,汪同志难得来,陪你搞两口如何?"

来的是在办公室坐班的公社副书记罗德昌,六十多岁,家住大寨后坡队,耿直好酒,一管老火枪远近闻名,追山打猎,射弩吹笙全不在话下。虽然不识字,却强闻博记,是全公社资格最老的本地苗族干部,正等着办退休。我和小李忙让座,罗德昌顺手从碗架上取下个大瓷碗,抬起酒葫芦,咕嘟咕嘟地倒满酒,边坐下边往我面前一举:"客饮主陪,汪同志先请!"我站起身,客气地向他解释我不会喝酒,并说实在不行,就请小李代劳。罗德昌不高兴了,乜斜着双眼:"小李有小李的份,我先敬的是你,你不能推脱嘞!"小李也说老罗书记敬酒不比别人,再不会也要抿点表示意思。无奈,我只好接过酒碗,憋着气抿了一口。顿时,一股热流火辣辣地穿喉窜胃,我又摆脑壳又咳嗽,又夹洋芋吃又喝汤,脸上随即泛起了红。看着我的狼狈相,罗德昌笑呵呵地说我"没出息",然后和小李轮番对饮。做饭大嫂为罗德昌摆上碗筷,罗德昌却始终没动。酒碗见底,罗德昌还要倒酒,小李连声说不行了,罗德昌才罢手。

饭后闲谈,罗德昌对李书记没安排他下队很愤愤然,说道:"别看你们年轻,翻山爬坡还不是我的对手哩!"聊起到大寨的采访见闻,当说到绣头娃的老爹拒绝采访时,罗德昌不屑地说:"要是我去,他敢?老封建、老顽固,我一跺脚他就会老老实实地出来接受采访。"并对我说若是我还想继续采访,明天就派个民兵去把"老顽固"喊来,我笑着说好在留绣头的习俗已基本了解,不采访"老顽固"也罢。

当话题落到逛花房上,罗德昌也来了兴趣。我趁机请他谈些当年串月游方逛花房的故事,罗德昌哈哈笑着,欣然接受,仿佛一下子变成了年轻人。

"我年轻时芦笙学得早,十五岁就开始逛花房,开始是追着人家脚跟走,后来是人家跟我屁股跑。上赫章县,下纳雍县,走威宁县,跑水城,差不多所有的"小花苗"寨子我都去过,走到哪里都受欢迎,经常一二十天在外头,会过的姑娘上百数呢。"

"是单独逛时多,还是与人搭伙跑时多?""这要看时间长短及路途远近。路途近,不论人多人少都行,反正是玩耍,不留吃不留住，当晚就要赶回家，只要玩得高兴就行。路远时间长最好两个人，路上有伴，遇事有个商量，人家也好招待。不远不近就单独行动，想住就住，想吃就吃，想走就走。"

"有住有吃，还有姑娘们和歌乐相伴，当个苗族小伙真好，可以到处游玩，真够享福的。"我不禁由衷地赞美。

"享哪样福啊！逛花房也是有条件的，全要看人家眼色行事，不得半点自由，苦着呢！"看着我疑惑的眼光，罗德昌感慨万千，半开玩笑半认真地直摆脑壳。"进花房一般在晚上，白天让你走路到处串，腿都跑弯了。特别是到远处，又累又饿不说，还要注意保持衣着头式，装成没事的样子。走到花房前，得卖命地吹笙唱曲，直到被折磨够了才让你进去。进去后要小心翼翼地接受姑娘们盘查探问，整到半夜才拿点吃的来，还不能吃得太多，怕人瞧不起呀！碰到姑娘们高兴，吃完饭还要继续陪着唱歌，再累也要硬撑着。好不容易才可以睡觉了，天一亮就要起来离开。人家开口留你还可多歇一天，人家不留你就得赶快走，管你天热天冷。"

"照这么说，不逛花房就得了啊！""不逛不行呀！老祖宗传下来的规矩，不逛就找不到合心的对象。小伙找不到婆娘，这就成大问题了。再说为了找到合心人，苦也值。""看来罗老书记是吃过不少苦，也享过不少福是吧？"我随着话意发问。"可不是？开始逛时姑娘们都嫌我小，又黑又瘦，又不和我讲话，又不和我玩，吃饭先紧大的来，睡瞌睡让我挡门边，一点都不把我当个人。后来我大了些，晓得如何逗姑娘们喜欢了，走哪里都受欢迎，逛花房也越逛越好玩了。"

"如何才能逗姑娘们喜欢？""漂漂亮亮有本钱，能说会唱是本事，关键还要会体贴人，让姑娘们真心喜欢你。"罗德昌精神陡增，"我每次到远处逛花房，除了背芦笙，还要带一把弩。那时候林子大，野物多，兔儿野鸡到处有。每到花房之前，我都要设法把野物抓来,你觉得姑娘们会不喜欢?"

"又得玩耍又有肉吃,加上罗老书记长得帅,不喜欢才怪!"小李也听得兴起,说道:"罗老书记肯定要受优待。"

"待几天太少,要是我啊,碰到好玩的地方就不走了,多陪姑娘们玩几天。"我打趣地继续逗话。"不行啊! 随姑娘们咋挽留,歇两夜就非得走。要不人家会看不起,说你'不懂三'(不懂道理),自己也没面子。"

夜静更深,做饭大嫂早已回家,我们还谈兴未尽。罗德昌告诉我,在花房中碰到两相情愿的,实在难分难舍,也可暗地里约定私奔,瞒着众人偷偷将姑娘带走,过段时间再请人去姑娘家赔礼认亲,俗称"带姑娘",他老伴当年就是这样带来的。并说这大都是家庭比较贫寒,出不起彩礼才不得已而出的主意。一般都是在花房相互看上后,再请媒人去姑娘家提亲,然后按老规矩准备足够的彩礼,择定日期,风风光光地把姑娘娶回"坐家"当媳妇。当然,一旦定亲姑娘小伙便如小马套笼头,失去坐花房或逛花房的资格,游方窜月的浪荡日子从此结束,花房也就交给下一班了。

一盏灯油熬完,已是深更。该睡觉了,罗德昌提起酒葫芦,摇摇晃晃地由小李扶着走回住处。我随便洗了洗脚,爬到工作组住宿的楼板上,在一片此起彼伏的鼾声中摊开了被卷。

四、探秘"花房"

蔚蓝的天空闪耀着一片金黄,一团镶着金边的晚霞满带红光从天而降,无声无息地从瓦隙间硬挤进来,吸引着我奔向房外金黄的世界。

房外姹紫嫣红,到处是花。花间高耸着一道虚掩着的斑驳石门。推开石门,一个巨大的金丝鸟笼套着无数篾丝笼子一字排开,每个篾丝笼子中都有一只毛色华丽的小鸟在跳跃鸣叫,叫声此起彼伏,清脆悦耳。跨过篾丝鸟笼,迎面一堵千窗万孔的高大岩龛,霞光雾气弥漫中,每孔岩龛中都刻饰着一条活灵活现、姿态各异的金龙。绕过岩龛,一座盖着金丝茅草的漂亮花房卧地而立,一道道橘红色的灯光从散盖着的金丝茅草中透散而出,花房被映衬得玛瑙般晶莹明亮。我刚怀着好奇心走近花房,一条金龙突然从头顶飞下将我捝起,翻滚着撞进花房。我正担心花房要倒,花房却一下子扩展开来,笼盖四野,了无边际。我紧抱着手脚蜷曲在金龙爪中,只觉得眼前一片辉煌,耳边风"呼呼"直响,天穹上满布着一排排住着各种龙蛇的茧形神龛。神龛玉砌珠镶,所饰花纹图案丝掐片叠,五彩缤纷。龛中龙蛇熠熠发光,唇翕眼动,千姿万态,全是活物。一个声音在空中随风回旋激荡,不停地询问:"好看吗? 好看吗? 好看吗……"金龙高速腾飞,奇景一晃而过,我在龙爪中拼命挣扎,想停下来仔细看看。龙爪却紧攥着我快速推进,我头晕目眩大声呼叫"停下",却发不出声音。我急了,扭头照着满布金鳞的龙爪一口咬去……

龙爪软绵绵地塞满一嘴,我吃惊地睁开双眼,咬着的竟然是盖在身上的被头。身边铺位空空,同伴们早已起床。走下楼来,太阳已经老高,只见罗德昌悠闲地坐在办公室火炉边吸叶子烟,做饭大嫂迎着阳光在门外捡豆子。罗德昌告诉我,其他小组的人都吃过早餐下队了,杨举清老组长说我昨天太累,又睡得晚,不准其他人叫醒我,好让我补瞌睡。还安排我全天休息,不用急着下队,弄得我又感激又不好意思。

洗漱完毕,已近上午十一点。看着罗德昌轮廓突出的头脸,我提出要给他画一张头像。罗德昌笑着说自己老得瘪头喇歪,不值得画。我说他眼如苍鹰,鼻如悬胆,线条硬朗,苗族特征分明,正是难得的好模特。罗德昌不再推辞,笑嘻嘻地摆好架势。我挥动炭笔,很快就完成了速写。做饭大嫂凑过来看了看,连声说像。小李推门进来,看着画像也一迭连声说"像极了"。罗德昌大为高兴,要我将画像送他。我答应了，重新复制了一张，罗德昌随即找来个相框将画像装在里面，说要好好保存，改天要好好地请我去做客。谈笑间，做饭大嫂已把中餐做好，新鲜的豆豉辣椒水，除了每顿都有的炒洋芋，还另加了一大盘炒鸡蛋。吃饭的有我、小李、罗德昌和做饭大嫂。罗德昌又提出酒葫芦，我们都以不想喝酒为借口加以推脱，罗德昌也不再客气，一仰脖子将昨晚剩下的酒喝干，然后才和我们一起动筷。

吃完饭，想起昨晚的梦境，我心里一直记挂着神秘的花房，便问罗德昌和小李，能否去花房看看，体验一下苗族小伙逛花房的具体情景。罗德昌说没问题，要小李直接跟寨子的大小队长联系，安排他们带我去。小李却说不妥，一寨人的姑娘是一家人的姑娘，大小队长都是各寨的"家长"，要让"家长"安排自家坐花房的娘姑接待外来的客，怕引起寨人的反感。并说还不如他悄悄带我去，免得寨中的领导"丢面子"。"不惊动寨中人更好，万一有点啥，再跟大小队领导打招呼，实在不行请老书记出面。"罗德昌一听连连点头，直夸小李脑子灵光，会考虑问题。

经过一番考量，小李带我去最为集中的大寨逛花房。

太阳还没落山，我和小李便提前吃了晚饭，轻装上阵，重新踏上了去大寨的路。凉爽的晚风轻轻吹拂，我俩轻车熟路，很快地来到昨天曾经遥望过的花房面前。

花房背山依石，前面是块略往前倾的半秃草地，周围修有浅浅的檐水沟，后面的白杨树下稀疏地生长着几处刚发嫩叶的灌木丛。右面坡地略高，正好将花房和不远处的寨子隔开。整个花房下部为方形土墙，上部呈圆形拱状，以十来根碗口粗的圆木交叉成顶，数道竹木椽条逐层捆绑成圈状，下大上小，上面覆盖的茅草依次垒堆，于棚顶中间交束在一起，高高的像绾了个朝天"发髻"。

花房门半掩半开，里面断断续续地传出阵阵"呜呜嘟嘟"的口琴混杂器乐声。小李故意提高音量干咳两声，乐声顿停，一个头盘发髻，披花背，着蜡染花裙，约十六七岁的姑娘随即推开栅栏门走出来，后面跟着几个同样打扮的苗家姑娘。

"喔唷！李干部，好稀奇嘞，咋会来我们花房？"领头的姑娘和小李显然是熟人。"辛苦你们啦，来看看老表们找到合心人没。"小李打着趣答话。

话音刚落，姑娘们便七嘴八舌地开了腔，有苗语，有汉话，叽叽喳喳地闹成一团："吡——都坐家了还来逛花房？""对不起老表嫂哦！""不要脸嘞……"小李一时招架不住，脸红筋胀地忙向领头的姑娘求饶："搞错了，搞错了，我是带上头人来采访的呀……""乱带汉家人来""你就不怕'滚刺笼''栽豆子'？"小李急了，又用苗语作了一番解释，几经问答，姑娘们才停下了说骂笑闹，将我和小李让进花房。

花房中铺设十分简单，进门有一条 1 米来宽的通道，对面土墙上抠了个上圆下方的小灯龛，里面放着个四面镶玻璃的手提煤油灯，墙前有一个不到半米高的土垒石盖板台阶，铺了些旧纸壳及起皱的塑料膜，上面零乱地放着些水瓶和绣片针线之类。通道上散乱地放着几个草墩，两边皆是地铺，横放着几根圆木将通道隔开。地铺直抵墙壁，铺满了厚厚的荞麦秸草。我和小李在地铺边的圆木上坐下，姑娘们站的站，坐的坐，静静的谁也不开口。小李向姑娘们介绍了我，并说姑娘们他全都认得，其中好几个论起来还是沾亲带故的老表。我站起身，随即向姑娘们致意问好，说我采访是为了了解苗族风俗，希望姑娘们能帮我完成任务。

姑娘们却你望望我，我望望你，谁也不搭腔。小李用苗话又做了一番解释，领头的"老表"才不情愿地开了口："我们不会讲汉话，你说的我们听不懂嘞！""你现在讲的就是汉话呀？咋说听不懂呢？"我大为惊奇。"只会这几句，其他就不会讲了！"老表一脸认真,嘴角抿出笑意,眼里含着几分诡谲,回答随行就市,滴水不漏。我佩服对方的憨直与机灵,笑着说:"用这几句和我讲就够了,其他的不懂不要紧。"小李也笑了起来,连声说"要得"。

"刚才你们吹着好听的曲,能让我看看吹的东西吗?"

老表从兜里掏出一把泛着银光的口琴,其他姑娘掏出的却是一个个长约五寸(约16厘米)的刻花竹筒。口琴是个常见的洋玩意,竹筒中装的却是苗族女人们世世代代都喜欢的口弦! 这是一种用嘴唇含着演奏的微型簧片弹拨乐器,一种我早有耳闻还没有亲眼看过的古老乐器。我小心地拧开竹筒,一枚通体錾花、亮闪闪的金属铜片一下子滑到我手中。铜片扁平呈尖顶剑形,上宽下窄,四寸(约13厘米)来长,下部三分之一处为柄,"剑"的尖顶从中间开了道岔,岔口中间即为与"剑"身连在一起的簧片,弹拨剑形尖顶,随即发出声音来。这就是口弦啊! 苗家姑娘用以传情达意的歌乐之宝! 我打开其他竹筒,一枚枚大同小异的口弦依次展现在我面前。我爱不释手地拿起这个放下那个,扣扣那个弹弹这个,总觉得每个都各有特点。

最后一个竹筒打开,倒出来竟是一对与众不同的竹口弦! 这对竹口弦由一较厚的竹片剔薄加工而成,外观和其他铜口弦大致相同,不同之处在于"剑"柄略宽,"剑"体中间所嵌弹片一为金属铜片,一为薄竹片。为增加"剑"体发音强度,"剑"头两侧留下一小块略厚的,方形体依附于上。轻扣"剑"头,竹簧片音清尖细,是为"公";铜簧片发音平和悠扬,是为"母"。我问竹口弦的音和铜皮口弦的音哪种好听一些,姑娘们说都好听。铜皮口弦音量要大些,经久耐用;竹口弦演奏时要避免沾口水受潮,以免影响音质。

我仰起头,虔诚地将口弦全都递到老表面前,请她挑选一枚弹奏一曲。老表却推出旁边一个长着鹅蛋脸的姑娘,说她才弹得好。几经推辞,这位姑娘才羞羞涩涩地走过来,随意拿起一枚铜皮口弦凑到唇边,左手执柄,右手轻拨"剑"尖,抑扬顿挫的琴音随即飘荡在花房里。

> 格叮格哟——
> 地点在山前山后,
> 花房在寨左寨右,
> 想见就来相会。
> 格叮格哟——
> 远处的小哥,
> 陪着星宿赶月亮,
> 赶着月亮到路口啰……

薄薄的嘴唇翕动着,自如地控制音量的收放扩展,配合着左手拇指的轻拨慢弹,将一串串跳跃的音符吹奏出来,颤巍巍地打着旋儿,润肝沁肺,直透人心。小李边听边解释和翻译,说这是一首用传统花房调演绎的口弦山歌,用来回应约定来访小伙的,会苗语的当地人才听得懂。

> 花好看才会迷人,
> 歌好听才会动心,
> 格叮格哟——
> 不管路远路近,
> 来到寨边吹芦笙,
> 你是外寨来的客,
> 格叮格哟——
> 会说会讲也会唱,
> 吹的木叶竹箫也好听……

口弦低吟浅弹,声轻音柔,我仿佛变成了一片干透的树叶,耳边天乐阵阵,四周月朗风清,正轻飘飘地浮在清澈的山间小溪中,随着淙淙流水绕石过潭,悠然自得地向着远方的旷野缓缓而去,缓缓而去……

一曲奏完，花房里鸦雀无声，我好久才从这醉人的乐声中醒过神来。小李和老表告诉我，由于口弦音量较小，所弹的曲调都是男女双方坐在一起才能听到的平声山歌，内容多为情歌，一般都在山上"坐坡"和逛花房过程中弹奏，在家中有老人或叔伯哥弟在场不能"乱弹"。弹口弦和吹木叶一样，极讲究弹奏技巧，没经过长久的练习就搞不来。还说好多人都觉得口琴简单易学，随便改改就和芦笙搭得起音来，又好听又洋气，都不愿学口弦去改吹口琴了。

花房里渐渐暗了下来，月亮已悄悄升起，从远处隐隐约约传来阵阵芦笙声。小李笑着碰了碰我的胳膊，示意逛花房的"真主子"们已经来了，按照原先的计划，我们俩得赶快离开。我万般无奈，只好起身和姑娘们告别，匆匆忙忙地跟在小李身后，从芦笙响起的相反方向下山，心情低落地离开了花房。

五、"栽豆子"的遭遇与"赶乡场"的奇遇

来到公社驻地，罗德昌、杨举清和其他调查组的几个同事迎着皎洁的月光，聚在房前院坝头聊天。我和小李刚到，同事们便围拢上来，笑闹着要我们汇报逛花房的收获。听完汇报，杨老组长也开起了我的玩笑："小汪啊，幸好你拔脚早，要不几个老表点上你，你就跑不脱了。""跑不脱好啊！"戴着个深度近视眼镜的聂组员凑过来打哈哈，"白捡个苗家姑爷当，值啊！"

"白捡？"罗德昌答话了，他扬了扬下颌，有些鄙夷地一咧嘴，"你就不怕脸皮蒙屁股，胯胯栽豆子？"

"胯胯栽豆子咋个栽啊？"想起花房中姑娘们笑骂时也曾说起过栽豆子，我好奇地问。"栽豆子可不安逸呢。"杨举清接过话，笑嘻嘻地向坐在旁边的小李和罗德昌点头示意。"小李啊，你和罗老书记是本地人，讲点稀奇事给他们听听。"

小李答应着边笑边解释，说栽豆子是苗家用来处理逛花房时不守规矩、乱来的人的一种惩罚方式，不会死人却痛苦不堪，一般由妇女们来执行。乱来的人一旦被发现，寨中妇女们便会一拥而上，手握铁锥子和干黄豆，将其衣裤脱下，朝肉厚之处戳洞"栽豆"。洞的深浅宽窄以能塞进一粒干豆为度，一锥一洞，一洞一豆。"栽"完豆子，再由男人们将那人一顿棍棒打出花房，并不准其再进花房或再来寨上。罗德昌说别看"栽豆子"不流血水，不伤筋骨，表面上还无甚伤痕，但干豆进洞后便吸水发胀，紧嵌肉中，形成口小腹大，好栽不好摘的肉豆。被栽者胀痛倍增，十分难忍，抠又不敢抠，挤又不敢挤，回家后还得另请医生开刀扩洞，才能将发胀的豆粒取出。否则，等到豆子变质腐烂，后果不堪设想。人一旦被栽豆子，便脸面全无，被人看不起，留下许多笑谈和骂名，一辈子抬不起头来，说不到个好媳妇。"干河大寨过去有个王老蛮，芦笙吹得好，嘴巴又会说，坐了家还偷偷跑到纳雍县去逛花房。仗着几分蛮力，睡到半夜便硬搂着人家姑娘。没曾想被人栽了豆子，回家后慢慢灌脓淌血，婆娘气得跑了。王老蛮痛得皮咧嘴歪，闹也不敢闹，讲又不好讲，天天躺着喝老妈抬来的荞面汤。后来还是老爹将喂养的牛卖掉，请人医了半年多才下得来床，但也留下了黑肉疙瘩，下田都不敢挽裤腿，后来找个老寡妇上门才没成光棍。"

大家听完，都说"栽豆子"这个方法真绝。一番感叹之后众人又开起了聂组员的玩笑，问他还想不想"白捡"，是"跑得脱好"还是"跑不脱好"，被"栽豆子"是值还是不值。罗德昌还右手一抬对着聂组员比画了个戳锥子的姿势："值不值？"聂组员难以招架，只好故作憨厚地推着眼镜直摆手，连声说："不值，还是跑得脱好，白捡就不敢了。"

第二天星期日，组员们继续下队，小李有事请假回家两天，杨组长便安排我去赶场，了解当地市场的交易情况，并负责准备点数据材料填表上报。早上八九点钟,周围的人便逐渐聚集到公社驻地旁边的小偏坡上赶乡场。偏坡上满布各种形状和宽窄不一的石包旮旯,人们物就其利,在石包上或旮旯间摆起地摊。衣物百货、粮食蔬菜琳琅满目。老远望去,赶场的人们半隐半现地穿行在一片依次而上的石阵中,鳞次栉比,熙熙攘攘,错落有致,别有一番情趣。来赶场的人大部分都是附近村寨的苗族老乡,大多穿着自制的麻布衣装,年轻的小伙和姑娘们的花背衣裙显得鲜亮些,中老年人缟素依旧,和平时差不多。我在稀稀疏疏的摊子间来来往往,悠闲地询问记录着各种交易情况,同时也注意着那些头上绾有发髻的苗族男子,不时对着一两个较有特色的发髻画了起来。

写写记记,逛逛停停,我来到了一个大石包旁边,看到一群人正围在一起买卖着什么。走近一看,原来是大寨下面生产队一头骟牛死了,王开华正指挥着几个青年在张罗着卖牛肉呢。牛肉干净新鲜,五角钱一斤,差不多已卖完。罗德昌蹲在一旁,拨拉着剩下的一小堆杂碎,说全要了。王开华用棕叶扭成绳,将大大小小的牛杂碎穿在一起,随便称了称说:"算两斤吧。"罗德昌却板着脸:"不止吧,怕我开不起钱?"王开华笑着从秤上取下牛肉递到罗德昌手中:"老书记来帮我们清场子,买的都是罢脚货(质量差的东西),打点折是应该的不存在怕你开不起钱。"

罗德昌这才乐呵呵地站起身来掏钱包,我随即上前打招呼:"老书记啊,咋不早点来买几斤好肉?你牙不好,这筋筋吊吊①的不好打整呢!""筋筋吊吊?这叫牛筋头!砂锅一炖金不换,比肉强多了"罗德昌颇不服气,眯眼翘嘴地把手中的牛杂碎往上一提,"还是先跟他们讲才特意剔下的呢!""是嘞,才开摊老书记就说给他留点牛筋头。"王开华满脸笑意,"这可是牛身上的好东西,只有大腿肉上才剔得出,一般人嫌它硬都不爱要,只有老书记才有耐烦心喜欢

---

① 筋筋吊吊:方言,形容很多条状物悬挂,拖一缕一绺吊一块。

凉都撷彩(三)——六盘水市民族民间文化资料选辑

210

整呢!"

罗德昌心满意足地提着牛筋头走了,临别时还说明天要约我去他那里玩。牛肉摊子空空如也,只剩下一个硕大的牛头。牛头连着半截牛脖颈,渗出的血黑乎乎地与黄色的皮毛凝结在一起,怪令人害怕的。王开华抓住又长又弯的牛角将牛头提起,用剔肉刀敲了敲,将沾在上面的泥巴抖掉,对收摊的同伴说了声"记我的账",然后便将牛头放进背箩,和我寒暄了几句就匆匆回家了。

集市赶得早也散得快,中午一过,赶场人便稀稀落落的少了下去。一块大石板旁边,陈德光酒意微醺,正和几个老者谦让着喝干撂转转酒①,看见我便一把拉住要让我喝两口。我忙解释说不会喝酒,陈德光啥也不依,将酒碗递到我面前,说哪怕湿一湿嘴皮装装样子也行,要不就是嫌弃他。我无奈只好接过酒碗抿了一口以示敬意。陈德光高兴了,为我们做了一番介绍。介绍到一个穿蓝布长衫的老者时,陈德光平端酒碗,故意摆了个敬酒姿势,打着哈哈说:"这是芦庭芳,我的布依族好朋友,我住天生桥上头的大寨,他住天生桥下头的六林寨,我呛他的烧火烟子,他吃我的肥地水。"

"什么意思?"我有些不解。"我们都住在干河大沟那,中间隔着天生桥,天生桥高哇!他住下头,烧的烟火全往我上头熏,让我当受气神仙呢!我在上头,肥地种庄稼一泼雨全冲刷到他下面田头,'肥水不落外人田'呀,他得大米吃离不开我呢。"

"汪同志别听他瞎扯,他乱编的。"裹着青布包头帕的芦庭芳比陈德光瘦,声音却平缓沉稳,带着一股磁性。"听他的,天生桥也会变矮呢。"

"天生桥?有多远哪?"听两人戏谑斗嘴中都说天生桥,我随即产生了兴趣。

"远得很哟,想看看吗?"陈德光诡笑着逗引我。

---

① 喝干撂转转酒,指不用下酒菜,大家轮流传递着喝同一碗酒。

"来得及吗？太阳已经偏西了啊!"我看了看场上,除了我们和几个收摊的,赶场的人已经散去。

"来得及,头二十里路还可打个来回,"陈德光满脸认真地把酒碗又端过来,"你把这最后一口酒干了,我和老芦带路陪你去看。"

我大为高兴,二话不说,憋着气一口将碗中的剩酒喝下,兴冲冲地拉着二人,撇下其他几个酒友就走。过了这座满是石包的坡地,一条平展的石板路在一片毛青冈树丛中向东北延伸。才十来分钟,走在前面的陈德光停下步子说:"到了。"我惊讶地看看周围,除了路两边杂草丛中相互掩护的岩石、树林和依稀可见的天空,什么也没看到。我一头雾水,回头直看跟在后头的芦庭芳,芦庭芳也笑着直点头,说:"真到了。"完全没有一点骗我的意思。

"桥呢? 天生桥在哪?"

"就在你脚下。"

"真的吗? 怕不会哟!"我实在难以相信,使劲跺了跺脚。

"不信你往路边走几步看看,当心别掉下去呀!"

刚喝下的酒使我耳根发红,满腹燥热。在陈德光和芦庭芳的引领下,我晕乎乎地往前走,绕过几棵青冈树,在一蓬青翠的杂树丛边止住脚步。两人小心翼翼地拉着我的臂膀,为我扒开了树丛。身子往前一探,我不禁倒抽了一口凉气,这哪里是在地上,分明是悬在了半空中啊!

六、天生桥的魅力

我是真的悬在半空中了。

眼前一片空空荡荡,脚下山林深不见底,下临无地,云峰左右两侧峭壁陡立,犹如巨龙般向东蜿蜒盘旋。天生桥掩映在满山苍翠之中,像是一架巨型天梯,陡然间从地底伸出,跨峡而上,高高地将我举上云间。一阵阵阴冷的风翻腾着由下冲额而上,岩顶探出的树丛绿叶亦不时簌簌作响。我顿时毛发直竖,燥热退去,醉意全无,只觉得两腿有些发软。

"天生桥啊……"我口中喃喃,呆若木鸡,紧抓住芦庭芳的手,唯恐随风飘去。

"是了嘞,我没说假话吧?"陈德光若无其事地嬉笑着回应:"我要是不讲,汪同志啊,走过去了你也不晓得。"

突然间出现的奇景让我毫无准备,我从惊讶、震撼好半天才回过神来:"陈支书啊,你不是说远得很吗?"

"不假呢,说远得很是试你真想看还是假想看,"陈德光一脸泰然:"没想到汪同志还真不怕远。"

"那头二十里又咋说?"我佩服他的能言巧辩,随即又笑着逼问。

"头二十里嘛——"陈德光转了转圆鼓鼓的眼珠,装出副老实巴交的神态:"你转回乡场边往这里投石头,甩两下就到这里了。"

原来是连"投""二石"就可到那"里"了啊,我和芦庭芳不约而同地相视抿嘴,随即连同陈德光一齐哈哈大笑。好个苗家"尖尖嘴",巧舌如簧也真叫我大开眼界了。

僻地天降大景,相见亦是缘分。我兴奋无比,强拉着两个同伴在桥顶来回穿行,顺着天桥悬岩边沿攀藤越石,边玩边赏,痛快地将过眼景象皆揽入怀,尽情享受。

芦庭芳告诉我,这座横跨干河大沟的天生桥有好几个名字。由于这座桥高耸峭拔,晚上远看与天相接,上上下下全是星星环绕,所以叫"天星桥"。过去悬岩两边古木参天,桥面巨石压顶,走到桥下一望,黑压压的遮去大半个天,大晴天也令人不寒而栗,于是又叫"天阴桥"。后来,人们都说它是自然而为,天然生成,于是又叫成了"天生桥"。

"其实啊,它原先真正的名字叫'天仙桥',说起来还有段根由呢!"

"啥根由啊？说来听听。"

"根由还和对面的倮布大沟相关呢!"顺着芦庭芳手指的东北方向，两条往南延伸的大山脉间果然是一座宽大峡谷，到处堆满了从断崖垮塌而下的嶙峋怪石，和这边天生桥所在的干河大沟遥遥相对。

"老聊虫啊! 别绕弯子了，汪同志喜欢，你就再好好聊聊吧! 我给你装支好的叶子烟。"陈德光边说边从怀里摸出个皮烟盒，顺手便将芦庭芳插在衣领后的竹烟杆抽了出来。

掩映在树丛中的桥顶石梁坑坑洼洼，我们在一处较为光滑的石凹窝边坐下。芦庭芳悠然自得地抽着陈德光递上的叶子烟，"吹(聊)"起了有关"天仙桥"的"壳子(故事)"。

"干河大寨这地方生得怪，盘古王开天地时嫌这里石头硬，提起开山大斧一阵乱砍，横七竖八的到处是深沟陡坎。尤其是东面的倮布大沟和西面的干河大沟更是又深又大，把好端端的一个地方隔成好几十里长的三座大山。人们这边喊话那边应，那边唱歌这边听，要走到对面却要下岩脚、绕大山，天亮起身晌午才到，别提多艰难啦! 天上的两兄妹心肠好，决定分别在两条大沟上修两座石桥，帮人们办点好事。

两人来到凡间，妹妹提出来一起修桥。哥哥嫌妹妹法力不如自己，要分开各修一座。妹妹见哥哥小看自己，一赌气就应承下来。两人立下规矩，哥哥在倮布大沟上修，妹妹在干河大沟上修，天黑动手，天亮完工，以鸡叫为限，到时互相检验，看谁的桥修得最好。

哥哥来到倮布大沟，在沟旁的大山上手劈掌砍，不消一会工夫就备齐了修桥的石料。他十分得意，爬到山梁上看妹妹如何修桥。看了半天，才见妹妹吆喝着一匹马从天上驮来几块石头。哥哥一算，妹妹至少要到半夜才能备好石料，而自己只需一会儿就能修好石桥,时间多的是。哥哥笑了笑,转身就跑到东海边找龙王喝酒去了。玩到半夜,哥哥才醉醺醺地回来,看看离天亮还早,心想睡一觉也来得及,于是便倒头呼呼大睡起来。

妹妹自知本事不如哥哥,一点也不敢放松,吆喝来仙马驮一块石料砌一块桥基,马不解鞍只顾修桥。没等到天亮,一座又高又大又气派的石桥就横跨在了干河大沟上空。桥修好了,妹妹才放开仙马坐下歇气。仙马站在桥顶,跪下前蹄把头伸下河中喝水。这一喝,一下子把大沟里的河水差不多喝光啦!只剩下一股小小的溪流,和又深又宽的大沟极不般配。从此,人们就管这里就叫'干河大沟',大沟上这座大石桥就叫'天仙桥'。"

"好!天仙桥,天上仙家修的桥,神啊!"我听得入迷,不禁高声赞叹。

"是神嘞,我们坐下的这个大凹坑就是仙家妹妹歇息留下的屁股窝。"陈德光搭腔:"不信你起来看看,那边还有仙马跪下喝水的印迹和好几个站立的马蹄坑呢。"

我惊奇地站起身,面前的凹坑略呈心形,果然像个大大臀状。不远处的悬岩边,两道并列在岩石上的硕大凹槽即是仙马的跪痕。零乱分布在周围的好几个斗大的凹坑,也仿佛在诉说仙马曾经的威风与神奇。

"还是妹妹厉害,哥哥肯定输了。"我由衷赞叹。"是输了啊!等到天亮,哥哥被鸡叫声惊醒过来,睁眼一看,干河大沟上已架起一座平平稳稳的大石桥,妹妹正牵着仙马朝俅布大沟走来……"芦庭芳从嘴边取下烟杆,磕掉已快熄火的烟锅巴,从腰胯间掏出个皮烟盒,重新装了支烟递给陈德光,眼睛却始终向着我,平心静气地慢踱着步子继续讲:"哥哥见自己误了大事,又害羞又难过,一纵身就悄悄飞回天上,留下的只有几堆废石料,至今还在俅布大沟乱七八糟地摆着呢。"

这就是对面傈布大沟断崖乱石的来由了啊！壮美的景色和奇妙的传说相融互衬，眼前景象顿时意趣横生，魅力无穷。

"嗯，好烟！还有更'神'的嘞！"陈德光"吧嗒"着芦庭芳新装的叶子烟，眨着大鱼眼，又开心地挑逗起我的好奇心。"还有更'神'的？"我止住脚步，示意芦庭芳一起停下，催他快讲。"我这更'神'的可是真的呢！"陈德光又猛吸了一口烟，才笑嘻嘻地开了腔。"早些年我们苗寨一户人家娶来个漂亮姑娘当媳妇，没曾想才到寨边就扛着伞跑了。她不中意爹妈做主找的男人嘛。眼看着煮熟的鸭子飞了，全寨人都觉得丢脸。娘家人鬼哭狼嚎，夫家爹妈连咒带骂，寨老带着大家抬脚就追。姑娘跑得飞快，人们追得紧，一不留神就把她撵到天生桥上来啦！天生桥那时到处是树，桥上桥下密密麻麻，绿茵茵的树叶密实得赛过厚厚的羊毛毡，随便下点雨还落不到树根脚呢！眼看就要抓住姑娘了，谁知姑娘把伞撑开，纵身一跃就从天生桥顶跳下去啦！"

"啊！可惜了。"我不禁惊叹。"可惜？"陈德光提高声调，嘿嘿一笑，用拇指按了按烟灰头，把烟杆又递还芦庭芳："刚好从桥下吹来一阵风，将姑娘的布伞和花裙托起，荡悠悠地飘在半空，慢慢摇晃着降落下去。姑娘拉着伞借着风，踩着沟底树顶上密麻麻的枝叶，继续飞跑着过沟跳坎，很快就没了踪影。停留在桥上的人们全看呆了，寨老摇着脑壳连声说'天意，天意，随她去吧！'大家才灰溜溜地回了寨。"

听完陈德光的故事，我又满怀激情地回到天生桥边，强压着内心的恐惧将眼前景色重揽入怀，探幽揽胜，反复看了个痛快。

沿着桥头下方边崖石隙，一棵被砍的老松树残留的分枝单独成活，紧贴着下面的峭壁悬空而长，青枝绿叶倒挂着垂向幽深的沟底，衬托得更加诡异。随着峡谷中的回风气浪悠荡着长髯般的枝条，不时传递出阵阵飘忽不定的飒飒松风声，将个阴森森的桥底世界点缀得风光无限。我小心翼翼取出速写本,凝神屏气地画下了一幅速写。芦庭芳说当年这两边悬岩上长着好多棵大树,松柏、香樟、沙菠、青冈,后来"大跃进"全砍来烧炼钢铁,满岩满沟的大树就这样没了。人们连砍带挖,连树桩都没剩下,现在所能看到的树木大都是后来才长起来的杂树。陈德光说我画的那棵倒挂松枝就是那时所砍,因为紧靠岩边,没人再敢去刨根,才逃过大难长成现在的样子。

听完两人的叙述,我不胜感慨,大家相互扼腕叹息了好半天。太阳快要落坡,是回家的时候了,我们在桥头相互告别。芦庭芳径自顺着桥下了坡取道六林。陈德光则沿着坡头上小道去大寨。临别时我和陈德光相约,改天还要去大寨看看苗族的纺织、蜡染工艺,要他务必介绍几个纺织、画蜡高手供我采访。

顺着来路转过西边缓坡,我很快就回到了公社驻地。眼前景物平常依旧,想着对面几个平缓的小山包后即是干河大沟边上令人胆战的悬崖峭壁,我心绪难平,始终处在看天生桥奇景时的莫名兴奋中。半夜迷糊睡去,还梦见我站在高高的天生桥顶,看着从桥上跳下的苗族姑娘打着伞在半空上下翻腾。沟阔天远,伞和裙子随风飘舞,逐渐飞旋成两朵无比美丽的花儿。姑娘满脸幸福的夹裹在花团之中"咯咯"大笑,桥上桥下红欢艳喜,处处生辉……

七、罗老书记的美食

天生桥使我萦怀难忘。天麻麻亮,我便披衣起床,想去桥边看看日出再回来整理材料填表。走出房门,天空竟然阴云密布,全没了晴朗的信息。我有些沮丧,只好在公社办公房前后随意转转。没走多远,便碰到罗德昌在屋子边的路上踱步。还没来得及打招呼,罗德昌便径直过来一把拉住我,不由分说就把我拉到他屋里去。我莫名其妙,只好跟着他走。

绕过房头"山花"就到了罗德昌所住的后房。房中靠左铺了一张木床，床后壁上方端端正正地挂着装有我为他所画头像，门后柱子上挂着他那个宝贝酒葫芦和一个筷笼。后窗位置较高，密密的花格子遮挡了大部分光线，使房里黯淡了许多。唯有挂得较高的相框采光较好，明亮亮的特别抢眼。窗下摆了个老旧书桌，书桌和床的中间安了个火炉，炉火微热，上面放着个黑乎乎的砂陶鼎罐。

"老书记要讲啥话啊！大清晨的等我，是啥要紧的吧？""我会跟你讲嘛！"罗德昌将我强行按坐在火炉边的板凳上，从筷笼里掏出碗筷，揭开鼎罐盖。"这是我昨天买来做的水煮牛筋头，炖了一晚上，约你来尝尝味道，你说要紧不要紧？"

一股浓烈的肉香从砂陶鼎罐中迅速飘散开来。我探头一看，嗬！满罐饱浸着油汤肉汁的牛筋头正散发热气呢！

"人多了不够整，一个人又无趣，我谁也不喊，单请你

罗德昌画像　汪龙舞 绘

来陪我打整它。"罗德昌先夹出一块黄乎乎的牛筋头放到我碗中，随即又拉开书桌抽屉，拿出一块紫褐色的荞糕粑塞进我手里，说是家里带来的，然后才从门后柱子上取下他的宝贝酒葫芦说："你不会喝酒，就吃荞粑粑下肉，我离不开这口'沥巴子'啦！昨天又灌了一葫芦，只好用肉来下它了。"

好香的牛筋头啊！紫黄相间的肉头上满是半透明的酥筋，一筷头夹起便颤巍巍的直抖动。往嘴里一放，香糯满口，软烂当中透着爽脆，清淡之中透着鲜浓。汤浓却不膻不腥，遍含肥汁却不油不腻。我边吃边跷起大拇指，就着绵软的荞糕粑大快朵颐，很快就和罗德昌一起将一鼎罐水煮牛筋头送进肚。罗德昌告诉我，昨天好几个来赶场的亲戚朋友来他房里喝酒，看到了我给他画的像，都说画得好。他心里高兴，决定买点什么好东西请我撮一顿。刚相好一只红公鸡，谁知又碰上王开华一伙人来卖牛肉，便临时改变主意，想请我吃道苗家菜，于是才厚着脸皮要王开华特意为他剔点牛筋头留下来。为使牛筋头味道好，他还专门上山采来好几种香药配味，放姜加蒜，先焖后炖，再用微火煨了一通宵才做出这道可口的水煮牛筋头来。

"整这水煮牛筋头要有点耐烦心呢！"罗德昌喝了最后一口酒，随即将酒葫芦塞上盖，满脸自得："比炖牛蹄筋还讲究。""讲究在哪些地方？"

"炖牛蹄筋不用剔切焖炒，也不用煨，一道火便可煮熟，进口只有筋糯，不得肉味，吃时要另配蘸水才香。水煮牛筋头就不同了，筋头中有筋有肉，下锅前先要把牛肉和筋剔开，筋又硬又多的地方还要用斧头背敲散、砸松。横着切成砣成块，熟透后才会爆开花，又好看又好咬。香药配料多少要恰当，不到位不香，过头了带着药味，先放什么后放什么都要有数嘞。"罗德昌边收拾碗筷边向我介绍，说牛筋头这东西入锅后先缩后胀，得先用铁锅快炒快焖，再用砂锅鼎罐炖熟煨软出味。炒时火大油少，焖时火小水少，炖时火弱汤多，盐和香药要匹配，水要一次放够，中途不得揭盖加水。直到肉香筋酥汤浓，一点都马虎不得。

"想不到老书记还会有这般能耐功夫，不简单呢！"我大为佩服。"不稀奇嘞，我们苗家人都会做，但一般人怕麻烦，要的是大碗酒大块肉吃饱喝足，这种"小香口"东西难得整，到心不到肚的惹得人出馋虫,才不愿去费力劳神呢。"

"难怪王开华说这种东西只有老书记才有耐烦心喜欢整,我可是沾老书记的光吃了个饱啊!""我说过要请你的嘛!不搞点香嘴的咋整?"罗德昌微带醉意,笑呵呵地摇晃着肩膀将酒葫芦挂回后门柱子上:"你这人样样合我心,只可惜不会喝酒,要不我就更满意了。"

走出罗德昌房门,已是九点多。太阳躲在厚厚的云层里不见踪影,一阵风吹过,竟淅淅沥沥地下起雨来。公社办公室大门半掩,静悄悄的没个人影。我推开门在靠窗的办公桌前坐下,取出笔记本和要填的表格及文件等,聚精会神地整理起采访材料来。没过多久做饭大嫂顶着块塑料布走进来,说人都下队了,只有我一个人,随即张罗着要为我做早饭。我告诉她刚在罗老书记那里饱餐了一顿,一时半会不会饿,到时想吃了随便煮点面条就行,用不着再单独做饭炒菜。做饭大嫂应答着拿出一把面条放在橱柜顶,并说橱箱里还有鸡蛋和猪油,我哪时想吃哪时煮,开壶里的水是烧开过的随时可以喝,然后往火炉里添煤加炭后便回了家。我则继续埋头桌案,整理材料。

俗话说"早雨不过午"。中午一点多,天空便雨停云开,逐渐蔚蓝,太阳又明亮亮的临顶高照。我填完最后一页报表,肚子仍无食欲,倦意却不断频频袭来。我伸了伸懒腰,刚想爬楼去睡会午觉,大门却"咣当"一声被人打开,只见陈德光满脚泥泞,腋下夹着把青布伞跨了进来。

"汪同志果然在,按你的吩咐,我来接你去寨上看画蜡纺织呢。""哎?接我……要来我会自己来,你耽搁工程亲自跑一趟,划不着啊!"

"杨老组长安排跑的呢,我敢不遵守?""杨老组长?在哪安排的?"我大为诧异。陈德光笑了笑说杨老组长去横塘村,半途遇到下雨,便就近到大寨调查,听说我还要去大寨采访,就叫陈德光来约我一起。我不再多问,收拾起挎包就和陈德光一起去大寨。

雨后的大地更加葱绿,太阳一出,泥泞的道路很快变干,走起来不粘不硬,绵软无尘。山间空气滋润清新,谷地到处是乳白色的雾气。绕过田边地角,仿佛能听到苞谷苗和春草们在微风中竞相拔节的脆响。爬上大寨前面的坡地,老远就看见杨举清老组长坐在王开华家门口的桃树下抽烟。还没走进桃树下杨老组长便起身相迎,说正等着我来好进寨。我告诉他市场调查的材料和报表已经整理好,待他回公社审核后就算完事。杨老组长说我整理的材料他一百个放心。他今天兴致好,说要陪我去采访。王开华笑眯眯地启门而出,说这几天农活轻松,好多苗家女人都在纺织画蜡,让陈德光陪我和杨老组长进寨,采访完了回他家吃晌午饭。

八、纺麻绝活与画蜡传奇

雨后的阳光和煦温馨,寨子中男人们多已外出干活或办事,在家的女人们也没让手脚清闲,纺纱、织麻、挑花、画蜡,各自忙活着手中的活计,并不因为我们的到来而有所停顿。一阵阵狗吠声夹杂着"呜嗡呜嗡"的纺车声,随着纺车声的逐渐清晰,我们在一座石墙房前停下脚步。

房檐石坎台上,一个中年妇女头绾螺丝盘背高髻,肩披彩布条腰花背,身穿接青百褶蜡染长裙①,坐在一条高脚板凳上,脚踏一架古老的木制纺车,左脚在头,右脚在腰,推踩着转臂枋,并时不时要搅动固定在另一头大木柱上的高大转轮。转轮身缠皮带,呼啦呼啦地套接住顶上固定的半弧形纱锭架匣,将匣上的四根麻纱锭棍带动得"滴溜溜"直转。麻纱锭棍顶端四股又细又长的麻纱连接着地下铺板上一字儿排开的四个麻团。只见她右手执一根约两尺(约

---

① 接青百褶蜡染长裙:苗族"小花苗"支系中已婚妇女装束。

0.66米）长的细竹挑竿,起起落落地控制着麻线的疏密松紧。左手用四个指叉拢住四根麻纱,双脚相互配合着前推后踩,使飞速旋转的转轮极有节奏地不时变动着旋转方向。双手交替着跑高走低,极有韵律地摆弄着四股长长的麻线,并随着靠前突伸的锭杆同时旋转拧绞,逐渐在其顶端绾结成四个棒槌般的麻纱大锭。

好一幅动人的苗女纺纱图！我望着这位中年妇女结实的双脚踩云踏雾般轮流转动,卡纱挑线的两手运用自如,两眼随着传送的麻纱灵活地转动,只觉得眼前车随人转,人随车动,纺车和人均在不断抖动的麻纱线牵连中融合成一个同律而动的整体,溅着水丝,发出鸣响,眼前的景象如吸铁石般将我紧紧吸引住,久久陶醉。杨老组长告诉我,苗族纺车有手摇和脚踏两种,手摇纺车一次一锭,容易掌握。脚踏纺车一般有二锭纺车、三锭纺车和四锭纺车之分,以二锭纺车和三锭纺车为多。眼前这种一次纺出四个麻纱锭的纺车最难掌握,必须全心投入,做到脚随心踩,手随脚动,眼随手走才能纺出好的麻纱来。陈德光向我介绍,访麻纱的妇女是他的姑妈,四十多岁,不会讲汉话,是寨中能踩四锭纺车的高手,纺出的麻纱线粗细均匀,松紧适度,前后一致,根根一样,耐煮耐洗,织出的麻布平展皮实,没人比得过。

我们边看边议论,纺纱主人却不为所动,仍然一如既往地踩动纺车,双手如蝴蝶展翅般翩翩翻飞,气定神闲地掌控着在麻团中不断蹿跳的麻线,直到它们交叉着变成绷紧的麻纱,于一片"呜呜嗡嗡"声中逐渐归拢在四个麻纱锭上盘绕缠定。

我看得出神,陈德光却催我快走,说前面还安排得有人等着我们。我不舍地看着纺纱妇女走下纺车,直到她从屋里重新抱出一堆浸过水的麻团,抽出线头捻接在纺车麻纱锭刚纺完的纱锭线上,然后又坐回高凳上继续脚蹬手动才回头离开。

告别纺纱大嫂家,陈德光又把我们带到不远的一座老旧木瓦房前。狗吠声中，一个头发花白的妇女走出房门把狗撵走，并用苗语和陈德光打招呼。走上石坎，大门右面的格子窗下一个十四五岁的女孩正在专心致志地画蜡。女孩随意地梳了两条细长发辫，低首前倾，裙子盖过膝头，双脚叉开坐在一张矮木凳上，面前立着一个木桶，木桶口上搭着一块约三尺（1米）长，近两尺（约0.66米）宽的杉木板，上铺一卷自织的白纱细麻布。女孩右手旁边安了个小火炉，上面放了个铁质长把化蜡瓢，瓢里盛着的溶化蜡汁散发出淡淡蜡香。女孩左臂支在板上将白麻布抹平按牢，右手持一把竹柄铜片蜡刀，并不时将蜡刀伸到蜡瓢中蘸取蜡汁，挥洒自如地在白麻布上挥刀作画。陈德光说，正在画画蜡的姑娘叫阿菲，别看她年纪小，却心灵手巧，是寨中画蜡的高手，所画的画蜡细致密实，画好的衣裙蜡片及其花纹图案不结蜡不裂口，染出来的裙子图案清晰明亮，好多人都不如她做得好。

我走到阿菲面前，阿菲却不看我，依然低头照常画蜡。我弯腰看去，随着阿菲的手移刀动，一根根黄润润的蜡线井然有序地排列在洁白的麻布上，或疏或密，或空或实，交叉重叠而又绵延不断，构成了苗族女裙特有的山河、田土图案。田土地块的空隙间，分布着许多圈圈点点，使密集的线条方块变得活灵活现。

眼前重重叠叠的线条和迷宫般的圈圈点点激发了我强烈的求知欲望。"这圈圈点点的画样是什么东西？"我指着三个方块中间一串串紧挨着排列的圆形旋转图案发问。

阿菲不知所措地抬起头，茫然地看了看我。陈德光连忙接话："她不会汉话，不晓得你说的是啥。"随即又回过头，用苗语将我的问话向阿菲翻译了一番。直到阿菲答出"只姑"，陈德光才转过头对我说："喔，螺蛳，是螺蛳，她说是田里会动的螺蛳！"

就在阿菲抬头的一瞬间，我脑海里突然跃出花房中弹奏口弦的那位姑娘的鹅蛋脸。

"啊？你会弹口弦？"我不禁惊呼起来。阿菲脸上泛起一团红晕，眼角露出一丝淡淡的笑意，眼光刚和我接触就迅速避开，随即低下头，不言不语地抿着嘴继续画她的画蜡。

"弹口弦不稀奇呢！我们苗家女的个个会。"陈德光大咧咧地代为回答："像阿菲这种聪明的姑娘就更不用说了。"我不便提起夜访花房的事，话题又重新回到女裙的图案上。

"这个有四点的菱花又是什么？"陈德光又用苗语向阿菲传达我的询问，阿菲还没答话，头发花白的阿菲妈便凑上前来瞄了一眼，用不太熟练的汉话代替阿菲回答："是秧鸡眼睛。"

有阿菲妈的解答和陈德光及杨老组长的不时指点，我很快就看懂了阿菲所绘苗族女裙上各种线条、方框、圆弧、圈点以及不同宽窄的留空的真实含义。知道套接在一起的转弯方格即是"田丘土块"，不同的田丘土块中所画的除"螺蛳""秧鸡眼睛"外，还有短斜线排列而成的"禾苗秧"，两行长点交错并行的"毛稗蔸"，上下尖角山形拐线延续的"高粱吊"，以及上下对称波浪形圆弧曲线的"虫迹弯弯"等。顶边上排列的一组长线条表示"山川"，两组田丘地块之间一道约三分宽的隔道表示"大河"，而山川与大河及田丘地块之间的大块空白则表示广袤的"天空"。杨老组长和陈德光还告诉我，做成裙子后"山川"上还要镶接一幅表示"深水大海"的纯蓝布段。如果结婚坐家，最底下还要另接一幅表示"深山老箐林"的黑色布段，寓意苗家祖上从东方遥远的大江迁徙而来，最后在云贵高原的深山老箐林中安家落脚了。

为展示女儿的本领，阿菲妈回房抱出一条蜡染百褶裙，说这是女儿自己准备的嫁妆，由长约 4 米的布料缝制，从织布、画蜡、靛染到缝制压褶都是阿菲自己动手，一点忙都没让她这个当妈的帮。

崭新的蜡染百褶裙徐徐展开，蓝白相间的图案明朗清晰，呈现在我面前的竟然是一幅记录着苗族田园山水的风景图。看吧！滚滚的江河长驱直泻,孕育着两岸的土地,交错相连的田丘地块中,碧绿的禾苗随风摇摆,火红的高粱勾腰点头,金黄的稗子连珠成串。绿丛下螺蛳在蠕动,小虫在爬行,秧鸡睁着灵活的大眼睛,一派生机勃勃的景象。头上是洁净的天空,远处是绵延的山脉,更有那宽阔无边的大海……啊! 这片山环水绕的富饶之地,是苗家生息繁衍的发祥圣地,是苗家世代魂牵梦绕的地方! 伟大的苗家女性啊,你们在极为平常的衣裙中叙写的是一部多么了不起的民族史书啊!

感叹之余,我又揣摩起阿菲的画蜡技巧来。阿菲匍匐在画板上方,左手轻按裙布,右手悬空夹持蜡刀快速移动,准确无误地将微热的蜡液绘制成各种所需图案。一刀下去,近三尺长的蜡线画得平直如一,竟然没半点凸凹不平,和布上平行的纱纹线竟能完全重合!她绘制得这么精准奇妙,所参考的依据是什么? 我低下头去,看着麻布上横平竖直的织纹线,沉吟半晌,莫非这就是她的秘诀? 刀依纹走,蜡顺刀流,线随蜡生,要不怎么可能做到随手即成,刀刀不差?

为验证我的判断,我打开挎包,拿出我那本大十六开速写本,递到阿菲面前,请求她为我画上一段图案。阿菲瞅了我一眼,不声不响地接过速写本,打横放在尚未画完的裙布上,挥刀蘸上蜡液,无所顾忌地挥洒开来……我弯下腰,双手着膝,紧紧盯住阿菲的手,细看着蜡液如何在蜡刀转换变动的一瞬间点腊成画。

开始几刀,阿菲显然没习惯在纸上绘制画腊,手动略显迟缓,画纸上出现了些深浅不同的线条。很快阿菲便掌握住纸张与裙布不同的特点,自如地变换着绘制刀法,或顺走,或逆行,或转拐,或翘角,皆极有节奏地在我的速写本上勾勒着。很快画纸上逐渐显现出苗族女裙上的那些古朴神秘、含义深远的有趣图案,田丘、大河、山川、高粱、毛稗、禾苗、秧鸡、螺蛳……我屏声敛气,如痴如醉,眼前只有不断闪动的蜡刀,耳中仅剩刀纸相吻的"嗞嗞"声,脑中却不断幻化出远古江河大地的无限美景……

不到十分钟,阿菲就完成了在速写本上的创作。我将其与画在裙布上的图案相比,每组图案的线条茬口竟能完美对接,且宽窄粗细几乎一致。真是绝了!阿菲凭借的不是布上的经纬线,而是自己长期磨炼出来的心手合一!

我惊叹不已,向阿菲竖起大拇指,直夸她功夫了得。阿菲不为所动,平淡地抹了抹裙布后仍继续她的画蜡。阿菲妈笑了笑,说横平竖直是苗族女人画蜡首先要过的基本功,讲究的是在每根蜡画线条的茬头连接和转弯抹角上,功夫不到家的人难以控制蜡液量的多少,以及蜡刀道口角尖的偏正起落,接茬转弯的粗细程度等。

我重新低下头仔细观看,阿菲所画裙布图案的各个茬口接线果然处处平实,光滑如一,不裂不断,3米多长的裙布蜡画线条处处水平相当,像一气呵成画出来的,根本就分不清在哪里对口接茬,在哪里起蜡落刀。我万般佩服,反复对比着摊开的百褶裙和速写本,以及正在进行着画蜡的裙布,久久观赏,不愿放下。

看着我兴趣盎然,没完没了的架势,杨老组长轻轻碰了碰我的胳臂:"小汪啊,时间不早啦,王开华还在家等我们呢。"我扬起头,可不,太阳已在不知不觉中移到了对面山坡顶。

九、独味"牛头宴"与功夫"老花背"

走进王开华家,迎接我们的晌午饭竟是一顿非凡的牛头宴。说王开华昨天帮生产队卖牛肉,特地留下个牛脑壳,又烧又烙地收拾了半天,然后炖熟剔骨,熬汤配料,专门打整好请我和老组长吃一顿。王开华有些腼腆:"真不好意思,跑我们大寨几趟了,拿不出啥好东西请你们,刚好碰到这个没人要的牛脑壳,只好将就整个不像样的汤锅表表心意了。"

我环顾四周,昨天场上那个硕大恐怖的牛头已经变成了一具剖成两瓣的头骨,白森森地摆在桌子旁的木桶中。两只又长又弯的牛角则挂到了房外的桃树上。

汤锅系一个口径两尺(约 0.66 米)的圆口铁锅,稳稳当当地安放在泥铸火炉上。锅中偶尔露出几块的肉,汤面上飘着黄亮亮的一层油,中间不时响起"咕噜咕噜"的冒泡声,阵阵肉香不断在空气中扩散,老远就直往人鼻孔里钻。王开华媳妇手脚麻利,很快就在汤锅上支起火锅板,放上一碗辣椒蘸水。大家谦让着将杨老组长和王老爷迎到床上就座,我居左临窗与陈德光隔锅相对,王开华背门而坐,提着个褪了漆的绿色铝水壶给大家斟酒。我不会喝酒,抿一口表示敬意后直接开吃。杨老组长和王老爷也以年纪大为由端起了饭碗。最后还是陈德光和王开华各倒了一碗酒。

牛头连皮带肉一起,舌头、耳朵、鼻子、嘴巴等全都成块成砣地炖得熟透,蘸水一蘸,入嘴顿觉皮脆肉软,满口香浓,恨不得一大锅全倒进肚子里去。大家边吃边称赞,王开华满脸笑意地从汤锅中扒拉出两只牛眼睛,一下子分放在杨老组长和我的碗里。熟透的牛眼睛灰黑相间,直冒热气,高高地扣在碗里,圆鼓鼓的有些可怕。陈德光看我左右为难,无法下嘴,便极为认真地向我解释:"这可是好东西哦,尊敬的客人才能享受,汪同志要领情嘞!"我啮嚅着胡乱点头,端着个大牛眼睛吃也不是,放也不是。

正尴尬呢,王老爷的花白辫稍突然在我面前一亮。我猛一激灵,哟! 这不就是现成的救星吗?"老爷嘞,在座的数你辈分最高,这牛眼睛我不敢吃,得先敬你老人家哩!"我边说边起身,夹着牛眼睛送到王老爷面前说:"先有老后有小,你老人家千万别客气。"王老爷高兴地伸碗接住,连声说着"谢谢"。杨老组长笑着直点头,说我"懂情懂礼"。

才回头坐下,王开华又扒拉出一块黑腾腾的牛鼻头,蘸了蘸辣椒递到我碗中,说这也是个好东西。我放到嘴里一嚼,又脆又软,口感独特。

正吃得香,忽然"嗤"的一声,液汁从王老爷刚咬破的牛眼睛中迸射而出,喷上我的脸颊,随即汇珠成滴,痒痒地顺着腮帮往下淌。王开华一见,忙从门后挂架上扯下块半旧的洗脸帕为我揩擦。王老爷有些不好意思,我忙说没关系,陈德光却笑嘻嘻地借题发挥:"牛眼睛和贵客有缘哩!到了王老爷嘴头还要放'宝'出来和汪同志亲脸,好得很嘞!"杨老组长哈哈大笑,连声说还是陈德光"尖尖嘴"会讲话。

吃完牛头汤锅,大家又扯起进寨采访的闲话。讲到苗族女人的本事,我直夸苗族蜡染以图记载历史的了不起,以及纺纱大姐和阿菲画蜡的能耐。王老爷说,"小花苗"家女人光会纺纱织布和画蜡做裙子还只是其次。记载苗族历史的不光是女裙,还有男女老少都穿的外披花背,田丘地块、大地山川图案尽在花背里,采用的花样更多更好看。并说裙子只是女人用,且花纹图案都一样,个个相同,做裙子比的只是基本功。而花背男女老少都要穿,人人必备,且有蜡染、毛织、挑花等各种工艺,所用的图案花纹亦各有不同,能做出各种各样花背才是真正显示苗族女人的能干,比的全是聪明才智。

"王队长啊,想不到还有这么个精彩的东西没看到,说啥也得安排做花背的高手让我采访采访,找几件好花背让我开开眼界。"王老爷一番话又提起了我的兴趣。"安排什么哟,现成的高手近在眼前,王开华他媳妇就是全大寨做花背的'面子菜'呀!花背就数她做的好。"

陈德光快言快语,硬"逼"着王开华把刚收拾好碗筷的妻子请过来,打开床头边的柜子,取出了压在底层的一摞花背。

花背在床和板凳上逐一铺开,大家站起让位,一个五彩缤纷的世界陡然在我面前展现。

花背有蜡染、毛织和挑花三种工艺,由两块长方形绣片相连组成,逢中开衩连接三角领窝,领窝上再另接衣领,皆有各类花色图案装饰。花背缀在两张白麻布缝合而成的外披上，外披无袖叉襟，男性穿的花背有 2 米多长，女性穿的花背有 1 米左右长。花背拼镶图案由主花、副花和镶边三部分组成。王老爷告诉我，花背两边及衣领上主副花之间镶边的部分为山川纹，以红黄为主、蓝白黑为辅的长布条逐层折叠拼压在一起镶成，所形成的布条线要贯穿整个花背到头，且折叠留边压嵌订缀，不得宽窄不一，显针露脚。副花周围所镶嵌的是连环相接的田丘地块图案，紧挨山川纹，由较宽的黄色布块镶成，块面须横平竖直，方方正正，平整光滑主花紧靠领边，处于花背的中心，所采用的是各种吉祥美好的花纹图案，配色讲究，是整个花背中最为精彩的部分，极为显眼。

花背件件鲜亮，各具特色，和平时常见的老旧常装完全不同。我大饱眼福，捡起这件，丢不开那件，嘴里不停地说着"好，好……"完全陶醉在一个新奇的世界之中。王开华告诉我，这都是重大节庆或婚嫁祭祀等场合才能穿出来的盛装礼服，有王老爷的，也有他和他爱人的，还有上代老人传下来的，特别是其中那几件传了几十年的挑花花背，一年也难得穿几回。

"花背是我们"小花苗"的重要物件，也是苗族女人显本事的地方。"王开华侃侃而谈："蜡染也好，毛织也好，挑花也好，每家人再穷也要置办一两件像样的，不然就会在亲朋寨邻面前抬不起头来。"

"女人在花背上能显出哪些本事啊？""看看这件蜡染的吧！"王开华顺手从我刚放下的花背中捡起一件："中间的花样全是挑花，要求好看又多样要清晰还要规整，比在裙子上画蜡难多了。"

"比画裙子难？"想起阿菲在女裙画蜡上所展示的非凡功夫，我有些疑惑。"裙布做成裙子要折叠起褶，画蜡的本事差点也将就对付。花背就不同了，明明白白全展现在肩上，画工高低、浸染好坏一眼就能分辨，功夫不到家的人都不敢轻易动手做花背。"

"这毛织的又有啥讲究呢？""毛织花样比织布要难，要高手才能上架，毛线全是自家羊毛捻纺染制，各种花样纹路全都要按事先数纱计算好，精细密实，一线一梭都不能马虎。所织出来的花样要线路清楚，黑白分明，松紧一样，不得真本事整不出来。"

"蜡染、毛织和挑花中哪种最好？"我拎起几件材质不同的花背问道。"当然是挑花啰！"陈德光凑过来，从我手中取过那件最为宽大厚实的花背抖开说："看看！漂亮的哟，全都是数着布纱眼子一针一线地挑出来的嘞，还要搭配出各种花色，费时费力费花线，一年半载难以做成一件，难得很呐！"

挑花花背满铺满缀，图案均为由直线构成的几何形。主花为四个中空外合的"T"形构成方形图块，五个图块按五方布局连接成组，每三组再并列组和成幅，再由两幅图案连缀成一件完整的花背作品。副花为漩涡状图案，或单个一组，或两个成行，皆根据田丘地块等距离排列。挑刺以十字针和长短针相互穿插，针脚细密，排列规整，平顺光滑。所用花线以红黄为主，搭配黑、白、紫、赭、棕、绿等颜色，在局部的强烈对比中显现出整体的和谐统一，透出一种如火如荼、热烈明快、刚柔相济的特色，让人忽地联想起古代女人的霞帔与武士的甲胄。

"这些是什么花样？"我指着多色相配的主花和副花问。"中间的是'火镰'，旁边的叫'转盘'，都是我们苗家常用的东西嘞！"王开华回答。

"还有这些呢？按老一辈人的说法都叫些啥？"我扒拉开摆在面前的所有花背，挑选出各个不同的图案，逐一发出询问。经过王开华妻子的解答和众人的相互辨识，那些谜一样的几何图案顿时在我眼前显现出具体的鲜活形象。那八个角分别表示"水蝴蝶花"与"水纹转底"，它们在彩色刺绣中相配，有生命繁衍之寓；由四个锯齿状组成的菱形"鸡冠花"与斜"井"形"蜘蛛花"在毛织中成串相连,代表威严、吉祥之意。蜡染花背中将菱形方块八方起角,中间所绘样式称为"虎爪花",图案粗硕有力,是威武与力量的象征,多为男子着装的搭配;由十字纹四头尖端连接起来组成圆润小巧的"猫脚",再由八个"猫脚"串联成的方形图案称"猫脚花",是为乖巧灵活之意,常为女子衣饰的首选。其他尚有十六个"羊奶果"盘连而成表示繁衍、富足的"羊奶花";红质黑章、白色套边的十字形带齿挑花图案"蕨叶花",以及由多个大小不同的菱形图案套接组合,表示大地江河密布、余晖交映的"九曲江河花"等……

"这才是真正的好宝贝啊!"我边看边赞叹,"穿着上有啥讲究吗?""有啊!蜡染、毛织花背要好做点,可用水洗,新花背是我们家人赶场或走亲戚时穿的会客服,旧了就是平时穿的常装。"王开华直视着我,眼中满透着光彩说:"蜡染花背轻巧色鲜,女人们较为喜欢。毛织花背厚实耐磨,能抵御寒风,是男子的当家衣。挑花花背千针万线,怕灰怕脏,遇水就要褪色,是婚嫁祭祀或赶花场等最为重要的场合才穿的盛装,显摆一下后就要好好收藏,金贵得很呐!"

岂止是金贵,这是满载着苗族妇女才情与智慧的无价宝贝。我满怀敬意,将所有的花背又翻看了一遍。王开华说苗族女人都要负责一家人的衣物制作,种麻绩麻、纺纱织布、剪裁缝补、画蜡染靛、织锦挑花等从小就要学,道道工序都有不同特点和要求,一点都不能松懈。每个寨子中都有不少做得好的高手,她们都各有各的强项。有的在纺织上冒尖,有的在蜡染上超群,有的在绣花上突出。

十、窝棚户"挑花头"的刺绣绝活

三天过后,李光达休假期满回到公社,得知贫困户家"挑花头"已从赫章返回,便和我一起来到大寨,在王开华和陈德光的陪同下,直接到"挑花头"家采访。

才没几天,和煦的春阳就将整个大地照耀得一片翠绿。田间地

综
合
访
录
篇

头的庄稼争先恐后地成行排列,粗壮的豆茎和肥大的玉米叶相互摇摆抚弄。大树小树的枝条绿叶遍绽,迎着不时拂过的春风撒欢;生命力极强的各类野草们更是无所顾忌,在空隙荒僻中顽强地破土昂头新春将整个苗乡山野随意装点,使得处处都展现出无限生机。

"挑花头"家的窝棚搭在大寨后坡的一处凹地上,依山靠岭,周围都是庄稼地,满种着洋芋、玉米和火麻。窝棚背北面南,上小下宽,棚上覆盖着厚厚的箭竹和茅草,中间高四周矮,像一顶紧扣在磨盘上的硕大斗笠。窝棚与寨子旁的"花房"相似,只是比花房略小,除了门口两侧,从外面看不到石块和土墙。走到窝棚边,只觉得四面的山岭都突然矮了下去,整个大寨全都沉降到了窝棚下面,绕山而建的木房土屋全像些随意抛撒的玩具。走近窝棚,一道用粗木条穿连在一起的架子门被藤条紧固,套接在临门旁边的圆柱上。架子门中间筛夹着层层箬叶,门头上的茅草从窝棚尖顶垂檐成边,一缕炊烟缓缓地从门缝中飘出,空气中弥漫着柴火味。

一只灰黄色的茸毛小狗从架子门边雀跃而起,晃头摇尾地"汪汪"直叫。架子门被人从里边推开,主人和我们碰了个满怀。

"这是从特区来的汪同志,来了解你家情况,还要看你爱人做的花背嘞!"王开华开门见山,主人一时不知该如何回答,只是满脸堆着笑点头侧身,把我们让进窝棚。

窝棚沿边一道约30厘米高的干老土墙,部分开裂的墙缝隙中塞满大小不一的毛石块,墙面上铺了些不规则的薄石板,地上杂乱地堆放着一些鼓鼓囊囊的布口袋和纸盒。迎门抵墙和门边靠左是连在一起的拐角地铺,旁边是两棵稍加砍削、搓磨得黄澄发亮的扁平树干。地上铺满杂草,放着一条破旧的红绵毯和一条破了口的蓝色"救济被"。窝棚中间是由三砣石头砌成的火塘,长年的烟熏火烤使棚架檩条和棚顶的箭竹茅草化为一色,焦黄中透着黑。门右靠里是用圆木和石板垒起来的方形台子,上面安放着个敞口砂锅,里面放着个木勺。紧挨台子边的是一个竹箍背水桶，上面横放着画蜡用的长方木板，旁边横置着个破篾背笭以及锄头、薅刀等。

男主人四十岁左右，圆额头、细长眼，头上随意盘结着个松散的辫髻。地铺边，圆脸高髻的"挑花头"抱着个两三岁的孩子腼腆站起，略显破旧的衣裙紧紧贴在身上。一番谦让后，大家才在拐角地铺上紧挨着坐下。话题从眼前目所能及的居住环境开始，到夫妻俩的婚姻恋爱、家庭亲人、劳作收入、迁徙奔波、日常生活等无所不谈。夫妻俩开始还有些局促，后来慢慢放开，向我敞开了心窝子。

这是一个少见的贫困之家。全家五口人，两个大人三个娃儿。大女娃晚上与伙伴们住"花房"，两个儿娃在家同睡地铺。长期的漂泊使夫妻俩食无温饱，居无长物。窝棚中没有箱柜，没有桌凳，甚至没有碗筷。整个家当除了劳动用的背笭、锄头、薅刀和镰刀外，日常生活用品就一个背水桶、半边葫芦瓢、一把菜刀、一块板（一面用来切菜，一面用来画蜡）、一口锅，一个马勺而已。做饭荤素干稀一锅煮，吃饭轮流着用马勺。生活极其贫困，主人却豁达乐观，说话一个哈哈带个笑，啥忧愁烦恼也不当个事。谈起所住窝棚，男主人十分满意和自豪："我这窝棚好哇！盖的都是金丝茅草！这都是赫章县一个吹芦笙认识的好朋友帮忙割的茅草呢，我们爬山钻林选着割，没得半根杂草哦！上架全用细青藤绑竹条压腰铺，三年多不漏风浸水，不霉不烂不长虫，蜘蛛网都没得一个！住着冬暖夏凉，百病不生，安逸着呢！"

"大哥爱吹芦笙，你那宝贝芦笙搁哪？"我环顾窝棚，提出疑问。"没得啰，朋友诚心诚意帮我盖窝棚，我那架芦笙就送他表心意了。"

"几十年的喜好，后来就没再弄架芦笙来玩？"主人的慷慨使我敬佩。

"玩不起啰，成家后大人娃儿要吃饭，队里分的粮不够糊嘴，上头来的救济接不到新,返销粮找不到钱卖,我经常跑外面找钱借粮帮人忙,芦笙早就不吹啦!"

"可惜了!"我不禁感叹。"才不可惜呢!"陈德光接过话头,一脸的豪爽说:"能把媳妇哄到手了,漂亮娃儿生了三个,家也立起来了,过两年娃儿们长大就只管喝酒啦!吹不成芦笙也值得啰。"大家哈哈大笑,"挑花头"瞅着笑得眉弯嘴翘的男人,半羞半嗔地开了腔:"陈支书尽说好的,他巴不得嘞,亏的是我。""亏什么哟。"小李搭上话:"罗老表为你舍去一切,几十年追着你到处走,连宝贝芦笙都丢了就是不丢你,这样的好男人哪里找? 值得呢!"

说笑声中,我记录下"挑花头"一家的情况,随后把重点转到要看的花背衣上来:"杨大姐啊,你是出名的挑花高手,当年一件花背衣迷倒罗大哥,结成一桩好姻缘,该把它亮出来我们开开眼啦!""挑花头"满脸绯红,扒拉着从干土矮墙上取下个半旧靛染麻布口袋,摸索着从中掏出了个捆绑成团的布坨。

"害羞得很哟! 十几年前的老手脚啦。""挑花头"十分谦虚说:"好多青年人都嫌花样老旧呢! 让上头来的同志看笑话了。"

布坨黑乎乎地折叠在一起,看不出有啥起眼之处。女主人熟练地解开捆着的布带子,拎着两个绣片角将其抖开,布坨随即变戏法般成了件五彩缤纷的花背! 我吃惊地看着花背上的田丘土地图案,主花和副花精细辉煌,布上的彩丝熠熠泛光,顿时感觉窝棚里一片鲜辉。

"挑花头"告诉我,这就是当年她穿着的那件花背衣,青布做底,全用上等彩色丝线来绣。花背选用的图案叫"耙牙齿",由二十四个方形齿牙四向六合中空组成,中间另嵌十字形"耙盘心"。"耙牙齿"红边白齿,绿赭相间,彩线衬底,明快活泼,满透生机,是花背图案中较难挑刺的一种。整个花背挑刺时全用长短针密排镶边,十字针架双纱打点配色,针针数纱,线线留心,足足用了近两年才制作完工。"那时我还是姑娘时,爹妈喜欢我手巧,不让我做农活,一年到头都在挑花哩!"我低下头仔细观察,只见花背针脚齐整,布线细密匀称,用色逐层搭配,极讲究各种颜色的跟进,留底青布自然透出一个色彩层次。整个花背热烈喜气,薄柔光顺,一点也看不出是件随着主人颠簸了半辈子的老旧物品。"挑花头"果然名不虚传,一点也不比誉为"面子菜"的王开华爱人差。

"杨大姐哟,你的手脚不简单,再拿两件给我们开开眼吧!""就这件了!自从跟了这个倒霉鬼,东走西闯到处漂,只生娃儿不生钱,一二十年都没摸针,啥本事都丢了!"女主人两眼微红,一腔怨叹:"其他的花背穿的穿没了,送的送光啦,剩下的都是些一般的,就留下这件和我妈的一件,全拆下来包了给我姑娘将来做个样,再穷都舍不得穿了。"

"快拿出来看看!"能够当成"样"留下来的应该是好东西,我不由得一阵激动。

女主人重新拿起麻布口袋往地铺上一倒,一团更为粗大的布坨随之滚了出来。我迫不及待地弯腰捡起布坨,三两下解去捆绑的带子,一件厚重黯淡,质地、式样与常见花背完全不同的"稀罕物"顿时显现。

这是一件特殊老式样花背啊!既有编织又有刺绣。从背面看全是黑白相间的素色提花织锦。从正面观,却是绚丽多彩的戳纱挑花,正反面的"火镰""鹰爪"等图案两两并列,阴阳相对,构成了风格截然不同的"两面花"。正面看不到一丝黑纱,背面没露出半丝彩线,这是苗族"小花苗"支系花背刺绣中最为特殊的"盖面复挑"工艺。由于整件花背又织又绣,比同等大小的蜡染、毛织和挑花花背都厚重得多,拿在手里极有重量。

"王队长啊,在你家我可没看到这种做法的花背,该不是嫂子留了一手吧?"王开华凑上前将花背看了看,摇摇头说:"这不是一般的做法，又织又挑，花的本钱可大着呢！平常人家都不愿捡这种麻烦。"

"捡麻烦？为啥啊？"我大为诧异。"怕浪费啊，这种活一件拿当两件做，既要有闲心又要有闲钱。"杨大姐笑着回答："光有本事不算，还要有家底呢！"

我低下头仔细观看，花背的盖面挑花全用五彩的丝线刺绣，针脚整齐密实，虽然有些年代，但其丝线仍光亮柔滑，虽不如前面一件光鲜辉艳，却融合了更多的自然色变，增添了许多沧桑韵味。杨大姐告诉我，她娘家曾是当地苗寨有名的"玛赛"①，母亲也是个挑花高手，对女儿要求极严，才会抬碗就要求要学会拿针，才会讲话就要会分辨花线。"要得姑娘巧，花线当马草。"为了让女儿早些掌握数纱挑花的真本事，就先用机子织出不同图案的素锦，然后再在图案上盖面架纱挑刺，直到最后能在无所依托的空白布上去数纱计算，挑出各种所需花样。这件稀罕物就是老人年轻时做得最为满意的一件"盖面挑"花背，一辈子也没穿过几回。后来罗老表"拐"走了杨大姐，老妈嘴上说不认这门亲，背地里却将这件心爱之物留给了杨大姐当"念想"。"所以说做这种'盖面挑'不讨好，最容易的是它，最难做的也是它，最不显本事是它，最能显手巧的还是它，一般人都不愿招惹呢！"

"咋这样讲呀？""在织好的花背面上挑花，只跟已有的花路走，简单容易，不错针就行，再不懂的人也会做，所以最不显本事。"

"最能显手脚又咋说呢？""'盖面挑'先要会上机织花呀！织各种花样难得很呢，又要数纱又要算计，踩踏提花一线一梭都不能乱，何况还要讲究松紧均匀。在织花面上挑花同样要讲本事嘞，别看是跟着织花图路走，同样要点点不漏，针针到位，密实周到，底下黑纱纹线丝毫不露。配色也要几经对比，比一般布面挑花还讲究，就怕

---

① 苗语音译，名词，即头人。

糟蹋掉好东西啊！真要做好一件'盖面挑'花背，不简单哩！样样本事都要有。"

要么最易，要么最难，既费时又费料。这就是"小花苗"花背中难得一见的"盖面挑"了，难怪一般女人都"不愿招惹"。

采访结束离开杨大姐家，大家都在议论着这对贫困而幸福的夫妻。一个刺绣能手，一个芦笙高人，人缘好，讲义气，一辈子穷得叮当响，却快快乐乐地过一天是一天，从来不喊苦不嫌累。

十一、独霸一方的茶蛆"老吹客"

回到公社驻地，我一直沉浸在苗族花背所带来的震撼与激动中。饭后闲聊讲到"好玩有本事"的苗族能人，小李说银发大队有个爱喝烤茶的王树青老者(老头)，苗族啥东西都晓得，能说能唱能跳舞，摆古①吹笙样样会，一支四眼箫吹得没人能比。罗德昌说王树青老者七十多岁了，是干河村附近苗寨出了名的"老吹客"，一辈子爱朋爱友爱热闹，周围哪家有事都喜欢请他帮忙，说理论情从不缺他。只要有杯罐罐烤茶下喉，你问什么他都跟你说，是个十处打锣九处在的"老活宝"。这样的能人可不能错过！我随即调整原定计划，由小李挑了个晴朗天，到银发寨采访"老吹客"。

吃过早餐临上路，罗德昌拎着酒葫芦喊住我，说他和王树青是老熟人，好讲话，愿意陪我去走一趟。我求之不得，连声说欢迎。

银发苗寨比大寨远得多，我们三人在一片苗青草翠中踏岭过坡，说说笑笑，就直接来到了王树青家屋前。老木屋树掩竹映，几株老茶树疏密不一地立在周围，房前屋后没半个人影，一阵"呜呜咽咽"的竹箫声从屋里传出。

罗德昌走上前，朝着木屋门拍了拍。箫声骤停门半开，高挑精瘦的王树清老者随即现身。他脚穿草鞋，身着蓝布长衫，腰际系了

---

① 摆:方言词，即聊、讲之意。古，指苗族古时候的事情，多为人们口耳相传。

条约三寸(约10厘米)来宽的黑色毛织腰带,头上圆鼓鼓地缩着白布帕。一张精瘦的脸上眉长胡白,左手执箫,右手摊开,略显慌乱地把我们往屋里让。

"'老吹客'啊!'忙吹唢呐闲吹箫',好安逸嘞,关门闭户坐里屋!"罗德昌打着哈哈,边迈进门槛边开口。

王树清先是一愣,立即满脸是笑:"娃儿都上坡干活了,就我看家。听说有人要听箫,好几年都没吹了,才找出来试试,没想到书记也会来。"

"'火枪不昂(响)筒筒昂,好久不见想得慌'哩!陪汪同志来看看你。"罗德昌边介绍我边打趣说:"顺便要口苦茶喝,不晓得赏不赏脸。""哪会不赏脸哟!请都请不来,贵客进门,我这茶罐罐见人就跳呢!"

喝罐罐烤茶是当地有身份的人的一大讲究。王树清一辈子除了说唱吹箫外,就好喝一杯自烤自熬的砂陶罐罐茶。到婚丧祭祀场合坐夜唱古,宁愿不喝酒也要找个地方整杯罐罐烤茶喝。种得一手好皮烟却不会吸烟,全拿到有好茶树的人家换了自己喜欢喝的上茶叶,吃饭必喝茶,逢茶必烤,人称"茶蛆"。人们都说王树清烤茶火候拿捏得好,烤出的茶熟透黄脆,不碎不焦;熬制的茶水浓醇鲜香,可赏可闻,年轻时吹着四眼箫上威宁县到赫章县、下纳雍县会茶客,好多烤茶老手都不敢在他面前显摆。如今年纪大了不再出远门,罐罐茶熬煮手艺和四眼箫吹奏技巧仍然没人能比。

大家围着火炉坐下,王树清将竹箫放在床头,顺手将一个黑乎乎的锡壶灌满水放在火炉上,然后从桌上拿起个比拳头略大的小砂陶罐洗刷干净。

我拿起竹箫,锃亮的箫管长约二尺五(约80厘米),径约寸(约3厘米)许,上略细,顶头削了个扁嘴斜角吹口,吹口上端开缝,缝中插了条薄竹簧片。箫管下段从上至下依次置四个圆形音孔,第一、第三个孔分别排在管体左右两侧,第二、第四个孔平列在管体的正面。为防管体破裂,吹口连接处、音孔部位的两头以及管体的底端均缠绕了丝弦线道箍。线道箍刷上黑漆,疏密有致地与管体相结合。管体上刻了条云龙,虽不甚精致,张牙舞爪之态却历历在目,显得稚拙可爱。

这就是闻名已久的苗族四眼箫了！我拿着箫站起身:"王大老爷啊！快别忙活了,先坐下吹一曲吧!"王树清却不依:"大老远跑来,先整杯茶润润嘴再说!"小李接过话:"还是先吹箫吧,汪同志等不及了呢!"罗德昌一把拉住他的手,将小砂罐放回桌上,回手取下腰间的酒葫芦:"算啦,坐下吹吧,润嘴先用我的'冷凉水'！等会儿水烧开再尝你的'罐罐茶'。小李,拿碗来!"

我忙将四眼箫递到王树清手中。小李起身从壁上挂着的篾碗笼里掏出个土碗,嬉笑着接过罗德昌的酒葫芦开始倒酒。罗德昌将酒碗送到王树清嘴边:"主不先饮客不喝,整一口赶快吹!"王树清无奈,只好伸长脖子抿了抿酒,然后凝神运气,将四眼箫放到嘴边吹了起来。

随着王树清手指的跳动,一声低沉悠远的长音泛泛而起,像一缕清风缓慢地穿过岩石的缝隙,洋洋洒洒地飞入我的耳中,传递出无限的惆怅。罗德昌告诉我,四眼箫声音平和婉转,柔弱低沉,适合吹奏略带伤感的抒发着忧郁、无奈的苦闷心情,故在苗族中常有"孤儿箫"之称。王树清吹的正是一首述说青年男女之间相互思恋的苦情调,曲调名叫《天晴冷阴阴》,由好几段不同的内容组成。

> 木哩木哩——
> 天晴冷阴阴,
> 问妹操心不操心。
> 我操心难得碰到妹,
> 我操心遇妹事难成。

木哩木哩——

无法可想脑壳昏……

王树清昂首挺背,双眼微闭,两腮轻轻鼓缩,喉结随着鼻翼的翕动而上下滑移,自如地控制着气流的强弱缓急,不停地吹动簧片和风门。王树清瘦骨嶙峋的手指在箫筒音孔上灵巧地跳动着,两手的食指和无名指把持着相隔较远的四个音孔,中指和小指极有规律地相互配合着开合弹放,不时将一串串满载情感的音符从箫管中吹出。音符高高低低,时缓时急,不断涌动着、拉扯着,舒缓处如和风拂水,骤时似飞泉注石,吟唱着无限的忧愤与希冀。

吹奏送气转换自如,明显地借用了唢呐吹奏的一些换气技巧,一个个拖音均饱满地平送到底,整个曲调如行云流水般一气呵成,听不出半点的停滞与滞碍。

木哩木哩——

那天花坡碰见妹,

妹妹对我笑微微。

如今难见妹的面,

夜夜床上不晓得睡。

木哩木哩——

老烧酒哑干不晓得醉,

冷凉水喝完不晓得累。

木哩木哩——

那天花场碰到妹,

妹妹送我个好花背。

如今花背依然好,

妹妹难见哥心碎。

木哩木哩——

日里梦里盼相会,

眼窝子熬干哭不出泪……

箫声如泣如诉,大家听得如痴如醉,酒碗慢慢在罗德昌手中停止了传递。一曲结束,罗德昌将酒碗端向王树清:"好啊!'老烧酒咂干不晓得醉',冷凉水喝完不晓得累',来!整一口。"

"别呀!你这冷凉水实在刷喉咙,得整点'硬货'嘞!"王树清歪头躲过,起身走到桌子边揭开饭甑子,抬出一碗苦荞包粑,逐一塞到我们三人手里说:"娃儿蒸的,还有点热和,将就下酒吧,我继续把下段吹完。"

苦荞包粑通体金黄,绵厚筋实,一口咬开,里面满是干炒黄豆粉。咀嚼时,黄豆粉的焦鲜与苦荞面的清苦在一起,竟意想不到的美味。我边吃边欣赏着王树清的演奏,继续沉浸于这首调子所带来的无限怅惘和遐想。

> 木哩木哩——
> 天晴冷阴阴,
> 问哥操心不操心。
> 小妹操心郎不知,
> 小妹操心说不清哩……

曲调在一派深沉的怆然中不断推进。王树清旁若无人,脑袋应和着调子的节拍前倾后摆,一丝不苟地继续吹奏,完全沉醉在自己营造的意境之中。整首曲调吹完,大家才回过神来。王树清放下四眼箫,罗德昌将剩余的半碗酒递到王树清嘴边:"'老吹客'啊,这回推不得了吧?老规矩——干!"王树清无奈,只好伸着脖子将碗中白酒喝干,然后将火炉上早已滚开的水壶提下,顺手拿起桌上的小茶砂罐:"调子吹了,酒也喝了,该我烤罐苦苦茶了吧?"

"你吹累了,歇歇吧!我来帮你烤茶叶。"罗德昌边说边伸手去抢茶砂罐。

"算了吧!喝酒打枪你为大,炒茶吹箫我为师,你就留点耐心看我的吧!"

泥灶上炉火正旺,王树清眯着眼,将刚洗涮过的空砂罐放到了火上。罐体烘烤热烫,王树清取出个篾茶篼,抓出一把干皱的长条茶叶放进罐中,在炉火上不断翻炒着。茶叶在罐中发出一阵阵"沙沙"声,散发出些许热气,一股特殊的烤茶焦香随即在空气中弥漫开来。王树清细心地把控着茶叶烘烤的火候与成色,并不时将茶罐移到光亮处察看。焦香味渐浓,王树清提起茶壶将开水注入茶罐,随着"吱溜"一声尖响,一股炽热的水汽混合着茶味从罐口冲出,木屋里顿时烟雾缭绕,鲜香弥漫。他又将小茶砂罐继续放回到火炉上熬煮,罐口上不断有细细的白沫欢跳溢出,"噗噗"微吟着。此时茶香味完全煮出来了,王树清用块抹布包着滚烫的茶罐柄,将浓浓的茶汁倒进茶杯,端到我面前:"不成敬意咧,这杯'头开茶'请汪同志先润嘴。"

冒着热气的茶汁泛着晶莹透亮的光泽,呈现出幽深的赭黑与褐红,这就是"罐罐茶"!一把茶叶一罐水,还在火上又炒又熬,其浓醇程度可想而知。我平时只能品尝用沸水冲圲的荼,这种用火焙罐煮的浓茶哪里喝过。我放下咬去半边的苦荞包粑,双手接过茶杯,恭恭敬敬地转递给罗德昌:"老书记啊!闻着喷香,喝起刮肚,我只能来点淡味,这'头开茶'没福享,还是您老先过过瘾吧!"罗德昌端起茶杯哈哈大笑:"你烟也不会抽,酒也不会喝,好茶也吞不下,白活了哇!"

说笑中,王树清又将熬好的"二开茶"送上,小李说刚好,我还是嫌浓。直到第三次加水煮熬的"三开茶"捧在手中,我才兑了些白开水吃着剩余的苦荞包粑,在满屋烤茶的浓香中敞开喉咙,和大家一起畅饮起来。

"三开茶"喝完,王树清倒掉茶渣,重新烘罐烤茶。大家一边喝茶一边听箫直到日头偏西方才尽兴而归。

凉都撷彩(三)——六盘水市民族民间文化资料选辑

十二、"说亲"趣事与全羊汤锅

半个月的时间很快就过去了,调查工作即将结束,大家忙着整理各种材料,等待着离开的日子。

就要离开干河了,相邻的几个公社只有金盆公社有辆拖拉机,南开区领导便指定由金盆公社协助干河公社做好接送工作,用拖拉机将调查组人员送到南开区,再乘吉普车返回水城。

金盆公社领导是杨举清组长的老部下,接到通知后,天刚亮就亲自开着拖拉机来到干河公社,将我们一行五人载去金盆公社。说难得碰到杨老组长,须在金盆稍做休息后再走,保证将我们安全送到南开区。

金盆村坐落在两座山梁之间的一片狭长田坝中,地势比干河村低了许多。四月的太阳显摆着娇红的脸,招惹得花花草草竞相争艳。迎着习习春风,摇摇摆摆的拖拉机在一片翠绿中欢快地前进,不消一个时辰就将我们拉到了金盆公社驻地。公社办公用房是过去当地一个陈姓大户的住宅,粗壮高大的廊柱撑着两层木楼,一色乌青的宽边硬瓦寸寸咬合,密密锁盖着宽宽的房顶,房基由六面石衔连成三层台阶起坎,处处彰显出有钱人家的阔绰与霸气。居宅原为一正两厢,后来厢房相继拆做他用,单独留下的正房在周围的低矮建筑中显得尤为突兀。较为显眼的二楼板壁上,赫然留着斗大的"毛主席万岁"等标语,褐红色字体方正规范,一丝不苟,老远就能看到。

"哎哟,领导们来了,快进屋坐!"刚走近石阶边,一个盘螺背高髻、着矮领红毛衣搭配蜡染裙的中年妇女笑吟吟地迎了出来。我们走进办公室,通过公社领导的介绍,得知中年妇女是金盆公社的妇女主任,是当地"小花苗"屈指可数的女官,虽不识字,却办事果断,能说会讲,大家都热情地喊他"老大姐"。老大姐不慌不忙地为大家倒上热茶,不时与我们打趣说笑,很快便和素未谋面的我们混熟了。

看着老大姐潇洒的性格,我将手中茶杯放在一边,掏出纸笔,请她坐下,很快画了一幅速写。老大姐笑眯眯地凑过来,我将画像奉上,随口用这几天刚学会的简单苗语和她交流:"阿哩,恭鲁咯像若知若?"①老大姐接过画像,高兴得直说"若"。

几句现炒现卖的苗语使老大姐颇为惊奇,便问我是不是苗族。我请她猜猜,老大姐瞅着我上上下下一顿打量:"你这样子是我们苗家人,打不脱嘞!"我笑着点点头顺水推舟,哂着烟的杨老组长也嘿嘿帮腔:"老大姐好眼力,小汪这'嘎姆'②样子,你一眼就认定了,'阿撒'③想抢也白搭了。"老大姐很得意,随即用苗语连连向我发问。我难以招架,只好求饶:"老大姐哟,还是讲汉话吧,我从小在城里长大,苗话只会简单的,其他的还不会呢。"

"我是问你多大年纪,讨媳妇了没?""二十好几了,对象在哪都还没谱呢。"我觉得好玩,便应承着老大姐说:"大姐见多识广,有合适的介绍 个。"

"你会写会画本事好,白白净净的小伙子,又在城头当干部,咋会说没对象?""我从小到大在城里读书,周围汉家姑娘倒是多,可生活习惯不一样。接触的苗家姑娘少,好点的早就有主,一般般的我不愿,所以就拖下来啦。"

老大姐信以为真,便热情为我推荐。她说纳雍县有个老区长家的独生女长得很是标致,蜡染挑花样样会,吹叶弹弦数第一。年纪轻轻眼光高,本事强,跨过七道门坎甩掉七个男人,至今还单身待嫁。

"啊?离过七次婚?"我大为惊讶。

① 苗语意为:"大姐,我给你画的像好不好?""若"即"好"。
② 嘎姆:"小花苗"支系的苗语自称译音。
③ 撒:对汉族称谓的苗语译音,"阿撒"相于于汉人、汉族。

"不是离婚,是甩!"老大姐加重语气说:"男强男甩女,女强女甩男,能力好有本事的人才敢这样呢。"看着我懵懵懂懂的样子,老大姐觉得好笑:"我们苗族男女结婚不得哪个敢强迫哪个,敢吃千家饭的女人才算得上是真有本事的好女人咧。""随便甩能行吗?"我还是有些疑惑。"我们苗族地区大多依照千百年的老规矩行事,没几个办结婚证的。"

"还依老封建?"一直旁听的聂组员也来了兴趣。"不是老封建,是民族习俗。"杨老组长接过话说:"比起汉族的婚姻,苗族的老习俗更符合婚姻法哩!"

话题一下子集中到苗话婚俗上,杨老组长和老大姐相互补充着向我们介绍:当地苗家传统观念和汉族大不一样,双方结婚讲的是情投意合,谁对谁不满意了都可以离开,不像汉族男人嫌妻一张纸,女人嫌夫只有死。只要没得娃儿,男女不愿坐家都可以经过一定的形式表达意愿后甩开对方另找自己的归宿。

"用什么形式表达?"我好奇心陡起。"女方甩男方较为简单。"老大姐笑着回答:"回娘家住上三个月,男方家人来接也不回去,爹妈也找个借口表明态度男方家随即会请人来劝和赔罪,如果接连三次都接不回女方,便只好收起退回的聘礼独自回家,双方便可各自另找对象,互不干涉了。""如果男方不来接呢?""更好办,那就表明男方也不愿再和女方坐家,三个月或半年后女方便可轻松另嫁,原先所得的聘礼也不用退。""男方不来接,女方又不想甩对方咋办?""那就错在男方,女方便可请家族中长辈或寨老到男方家质问,男方家要以酒相待并赔礼说明缘由。若愿意和女方和好,便要亲自提酒到女方家拜见女方爹妈并将其接回;若不愿意也要当场赔礼,表明态度并不得索要原先所送的聘礼及经济赔偿等。"

正说得有趣,公社领导走进门来,客气地喊大家吃午饭。走进离办公楼不远的食堂,一股肉香袭来,只见灶头上的大铁锅里正炖煮着诱人的全羊汤。

就餐时有人提出一大壶土烧酒,由老大姐为大家一一斟上。轮到我面前,我赶紧用手捂住酒碗,直说不会喝酒。老大姐不依,说哪有苗族人不会喝烧酒的道理。我忙笑着解释刚才冒充"嘎姆"是开玩笑,我是个地地道道的"阿撒",并向杨老组长求助,让他给我证明。杨老组长哈哈一笑:"小汪啊,这假'嘎姆'不好混哟,不过吃这全羊汤锅不喝点酒就算白吃了,还是多少接点吧!不要'喝的扒一,不喝的扒二',你就钻进套里了。"

"啥叫'喝的扒一,不喝的扒二'啊?"我有些迟疑地松开手,老大姐趁机把酒倒进碗里:"就是会喝酒的出一份份子钱,不会喝的罚双份,亏死你!""这好像不公平啊!"我嘟哝着摇头。"公平的嘞。"杨老组长笑眯眯地对我说道:"喝酒喊拳不也是赢家不喝输家喝吗?这可是喝酒场中的规矩哟!"输的喝酒,赢的自然要多吃下酒菜填补,何况这下酒菜还是难得一见的全羊汤锅!

全羊汤锅是当地的美味,羊肉是当地农家放养的黑山羊。羊肉现宰现卖。洗净后配上适量生姜、蒜苗、花椒、干辣子、盐巴等,用木柴火慢慢炖熟熬香直至"筋酥脱骨不离骨,皮透连肉不离肉"为最佳境界。起锅时再加入薄荷、芫荽、葱花、姜末,汤浓肉鲜,令人食指大动。

这是我终生难忘的一顿美食,那种醇香鲜厚是其他美食所不能替代的。羊肉的鲜香、羊皮的软糯、羊肚的脆实、羊肠的肥绵、羊肝的醇香,以及羊蹄的劲爽,不腥不膻,原汁原味,尝一尝唇齿留芳,闻一闻堂房飘香。

吃到最后,老大姐又分别为我们端上一碗羊汤。我啃着半截羊蹄推托着不想再接,杨老组长却对我谆谆诱导:"小汪啊,看来你不太会吃好东西嘞!快伸手吧,一只羊的精华全在这碗汤里头,香得很哟,不喝你这顿羊汤锅就算白吃啦!"

羊汤面上透着一层明亮亮的膜，吹开汤面，略带茶色的浓汤冒出些许热气。我学着杨老组长的样子晃头撮嘴，沿碗边"吱溜"几声将羊汤嗫进嘴中。羊汤满载着无比鲜美顺喉而下，特别的味道大大的刺激着我的味蕾。我心舒意畅，接连喝了两大碗，总算领略到了这餐苗乡全羊汤锅独特的美味。

临行前我老老实实地找金盆公社领导"出份子钱"，公社领导哈哈大笑，说"份子"全算给杨老组长了，让我们自己找杨老组长结账。杨老组长笑着说既然算他头上了，我们就算"白吃"。

回到水城家中，我好几天吃东西都没滋没味，心中老惦念着肥美的羊汤锅。后来的几十年中，我南来北往到过许多地方，也吃过不少羊汤锅，却再也没找回当年在金盆公社吃羊汤锅那种美妙的感觉和味道。

走进戛姆底

汪龙舞

一、能人作向导，苗寨识初交

1987年10月，水城特区文化局普查采访"民间文学三套集成"资料任务分定，我独自负责南开东半区几个苗寨的资料收集任务。一个晴朗的日子，我在向导祝文华的陪同下，走进了深嵌在乌蒙山东南部的戛姆底。

水城特区南开区坞铅乡政府驻地对面有道横贯东西的大长岩，峻险陡峭，紧咬云天。戛姆底村就在这道大长岩后面的凉山上。"戛姆"即当地苗族"小花苗"支系的自称，"底"为地方、地点之意，翻译为汉语就是"小花苗居住的地方"。祝文华是本寨人，四十多岁，生得高额仰鼻，深目黄瞳，略向前伸的下巴上托着个弯月一样的阔嘴，薄唇翘口，牙齿略黑却整整齐齐，一双大眼总是半眯着，眼角的皱纹和上翘的大嘴配在一起，笑眯眯的满透着精明。他上过学教过书，能讲会说，是当地出名的"苗秀才"。他到乡里办事，正巧碰上乡长帮我找到戛姆底的人，于是便顺理成章成了我的向导。临走之前，为表示谢意，我将他随身带着的空酒壶灌满了烧酒。从乡政府到戛姆底村全程都在爬山，山路崎岖，没走多远我便满头大汗。

祝文华将我装着相机和录音机的背包抢过去,拴在麻布长衫的腰带上,上身前趋,臀往后翘,步伐小而轻快,没把这不算轻的挎包当回事。他不时地放慢脚步等着我,我费尽力气才勉强跟得上。一路上祝文华一口一声"汪局长",我告诉他,叫汪局长显得生分,叫汪同志最好,又平常又亲近。他笑着改了口并告诉我,戛姆底满寨子的人都沾亲带戚,能说会唱的大有人在,他是寨中的"理老"①,精通苗族的习俗礼节,说话人人信服,保证我的采访没问题。

秋日的阳光倍显温暖,山里的田地刚脱下夏天的碧绿,苞谷棒子早已焉了须,带状的长叶开始尖焦枯萎,芸豆秆上悬挂着一串串熟透待收的芸豆荚。山湾坪地间不时显现出一块块刚收割过的荞麦地或苞谷地,寨中房子稀稀疏疏地掩映在绿竹树荫之中,房屋有新有旧,多为土墙斜山草顶,鲜有石墙木柱瓦屋,大都配有关牲口的木栏圈房或叉棚厕所等。祝文华家坐落于寨边,是常见的单门独窗悬山草房,旁边是一间石垒牛圈,圈门钩挂在一块大坠石上。一只大黄狗摇头摆尾地迎上来,跳着吠着将我和祝文华引进家门。堂屋放满一大堆洋芋,里屋靠墙放着一张床,床头横放的木柜,床前的泥巴火炉,靠上摆着的桌子以及上面凌乱放着的锅瓢碗盏皆一目了然。一个中年女子腼腆地微笑着从火炉边站起,左手拉着一个眨着大大的眼睛的小儿娃,怀里还抱着一个一岁多的孩子,褪色的花背和蜡染长裙随意地扎在一起,脸上满是红晕。不用说,这就是祝文华的妻子了。

祝文华用苗语和妻子嘀咕了一番,然后笑着揭开桌上的砂锅道:"才煮的酸汤荞疙瘩,还热和呢,汪局长——嗬,汪同志,你一定饿了,干两碗吧!"我没有客气,酸滑适口的荞疙瘩面汤正解饥渴,就着凉拌的野蒜烧辣子,三碗下肚后胃舒腹饱。祝文华更随意,搁下碗筷后又提起木瓢将锅底刮了个精光。

---

① 理老是苗寨中为人说理、评判、解决纠纷的权威人士。

太阳才偏西,时间还早,我提出找人采访。祝文华又用苗语和妻子交谈了几句,接着点头说:"正好,老乡长黄登明在家,咱们就去看看吧。"黄登明说唱摆古远近闻名,是当地"小花苗"最有权威的老歌师,中华人民共和国成立初期当过乡长,现在退休了,是我此行采访的重点对象。祝文华告诉我,黄登明膝下无子,两个姑娘早已出嫁,如今只剩俩老居家。又说他虽然满肚皮都是货,但不识字,人倔脾气怪,一般人他不理睬。

二、倔坳歌师释疑献宝,古歌故事演绎英雄

我十分高兴,提起背包催促着祝文华走。在苞谷林和沟坎中左拐右绕,时上时下,一路上我紧跟着祝文华,既要避开苞谷叶又要紧盯着路,只觉得他满是褶子的麻布裤半卷半放地不断在我眼前晃动。走了好一会,随着一阵狗叫声,一座有些歪斜的老木架房出现在眼前。祝文华用苗语大声喊了几句,一个头发花白的老妇走出门来将狗撵开,把我们迎进了家。黄家堂屋里堆了一堆刚掰回来的毛壳苞谷,火炉安在套间里,黄登明缓缓从火炉边站起身,一手拿着一根约一米长的乌木烟杆,一手将旁边的板凳拉过来让我们座。他脚上穿着一双老胶鞋,往上是一条蓝布裤,一件青色半旧绵中山装,戴着有些脱毛的兔皮护耳帽,紫棠面皮,灰鬓白胡茬,高额宽鼻,微凹的双眼显得有些冷峻漠然。

落座后,我迫不及待地讲明此次开展"三套集成"的重要性及采访他的目的,没曾想他却满口拒绝:"我那几本谱子好多人都晓得,你另找他人吧! 我的苞谷还没收完,忙着掰呢。"说着,把乌木烟杆往床头边一搁,站起身就要走。

事情一下子进入僵局。能说会道的祝文华尴尬地跟着站起身:"老乡长说的也是,收庄稼搁不得,汪同志,下午你在我家休息,晚上再来找老乡长谈吧!"。

事情可不能就此结束。我想了想说："农忙季节难得碰到个好晴天,大家都忙,这样吧! 祝老师你赶快回去忙你的事,我走来走去的也麻烦,下午就赖在老乡长家歇脚啦! 老乡长啊,你该不会放狗撵我吧!"

祝文华放下我的挎包走了,黄登明满脸的不快:"既然汪同志不嫌弃,那就在家休息吧,我可要带着老奶下地了。"

我笑了笑,跟着他往地里走:"闲着也是闲,我去帮帮忙吧。"黄登明不再搭理我的话,自顾自地加快了脚步。

苞谷地在黄家不远的山沟边,我舒臂伸腰,准备下地掰苞谷。看着我并不外行的卖力样子,黄登明脸色渐渐有了好转。

背箩很快满了,我抢着要把掰下的苞谷背回去,黄登明终于发话了,要我回去休息,说哪能让上边来的领导帮他干活路。我告诉他,我种过地下过乡,收苞谷对我来说一点都不陌生,并且我年轻,帮帮老人完全应该。"何况你是老乡长,我还要采访你呢!"我说。

"唉——"黄登明长叹了一口气,拍了拍手,"不为这菟草,咋会倒死你这头牛啊! 算了,回家吧,我把知道的讲给你。"怪脾气的老乡长态度由阴转晴,我十分高兴,忙说:"还早呢,把这块地掰完再走。"

"走吧,我这活儿早一天晚一天没关系,公家事不好耽搁。"我还要坚持,黄登明却一下子板起了脸:"你要不走,晚上你另找别人,别怪我不陪你。"说罢,朝老伴一挥手,把背箩往背上一背就朝家走。我只好抢过他老伴跨着的提兜跟上。

走进黄家,黄登明将苞谷倒在堂屋里,放下背箩说:"年纪大了,那些个老古东西难得记,好多都扯不清了,我不一定比其他人清楚,只有慢慢来喽。""不着急,老乡长说唱摆古远近闻名,咱慢慢来。"

经过一番协商,我们三个坐在苞谷堆边分配了各自的任务:黄登明边撕苞谷叶边摆古,我边听边记录,他老伴烧茶递水和弄吃的,还要负责装背篓。背篓满了,由我爬上楼将苞谷倒在楼笆上。采访收粮两不误,皆大欢喜。

这是一个奇妙的下午。夕阳的余晖透过山花上的竹夹篱笆地洒进来,四周一片宁静,伴随着窸窸窣窣的撕苞谷声,一个个古老、奇幻、有趣的传说和故事从黄登明口中缓缓而出。太阳和月亮的来历,褚鲁米和洪水滔天的传说,苗王留连的传说,公鸡冠子为啥冠齿朝天,牛为啥两瓣脚没有当门牙,鱼为啥不会说话……黄登明背对斜阳,黝黑的身影踱上了一道微黄的亮光,盘着腿坐在草垫上,像个佛国布道的金身罗汉。他边撕苞谷叶边讲,不断为我讲述着一个个或优美、或凄惨、或神秘、或诡异的故事,听得我满脑子都是些随着故事情节而出没的人神鸟兽。

黄登明家火炕头上的楼笆是用细树条扎排铺成的,树条粗细弯直不等,空隙也宽窄不一。我背着背篓爬上楼,没提防一脚踩到空隙上。我大叫一声,右腿卡在了楼笆缝隙中。黄登明连忙爬上楼,两手扒开卡住我腿肚子两边的树条,我才得以把右腿拔出来,被树条挂破了皮的伤口鲜血直流。黄登明满脸歉意,从炕上采下一束晒干的烟叶,走到床边撕开被子,掏出一团棉花裹着在火上点燃,烧成灰烬后捻成粉末撒在我的伤口上。血很快被止住,疼痛也随即消去,拂去多余的灰粉,只留下几条长长的黑痕,连包扎都用不着,根本就不影响我继续运苞谷。黄登明告诉我,在这样的楼笆上走,脚要横着来才行,顺着就容易陷入空隙。我不得要领,自然要讨教训。

一场虚惊后,撕苞谷叶和采访照样进行。我和黄登明很快又各自进入角色,继续沉醉在苗族故事的陈酿浓香之中。

晚饭是一大锅水煮苞谷和青辣椒炒洋芋,我不会喝酒,只拿着苞谷啃。黄登明嫌煮苞谷嚼起费事,就着一锅炒洋芋把半葫芦烧酒干了个底朝天,喝完酒满脸直放红光。

饭后，天完全黑了下来，昏黄的煤油灯下，黄登明说要为我讲述"小花苗"最长、最好听的攀虎夺亲的爱情故事。我十分高兴，这是我在采访过程中许多人都会提到的一个古老传说，被采访者都说不好记，只讲了个大概，没曾想黄登明主动提出。我顿精神大振。

攀虎夺亲的男主人公叫瑙盖夺推饶，女主人公叫此村谷玛窦。黄登明认真地告诉我，苗语中的"瑙盖"就是"小花苗"支系中的龙家，"此村"即陈家，翻译为汉语就是龙家小伙和陈家姑娘之意。推饶和玛窦相亲相爱，老虎在赶花场途中偷听到玛窦十分美丽的消息，就装扮成推饶的样子强行骗婚。推饶为了夺回玛窦，历尽千辛万苦去追赶老虎，终于在虎窝里杀死了老虎，夺回了属于自己的幸福。讲到热闹处，黄登明竟忘情地用苗语唱起来。他告诉我，这些老故事好多都是用古歌唱着传下来的，唱起来比讲的还要好听。我连连点头称是，告诉他想唱的地方就随便唱，只是唱过后把唱的内容翻译一下将故事补全就行。故事跌宕起伏，黄登明声情并茂，又说又唱，略带沙哑的声音将古老的传说娓娓道来。我仿佛身临其境，亲眼看着瑙盖夺推饶在千山万壑中飘飘荡荡，执刀寻仇，经历着各种磨难，发泄着他的爱恨，苦苦寻找他的爱人。

灯油换了两次，毛壳苞谷堆逐渐小了下去，黄登明精神依旧，我坚持洗耳恭听。夜深了，黄登明老伴熬不住，开始东倒西歪地打起瞌睡，黄登明笑着刹住话头推了推老伴："别睡了，马上就讲完了，去收拾收拾准备睡吧！"我一看手表，嚯！好家伙，都快凌晨两点了。

攀虎夺亲这个故事终于讲完了，黄登明老伴不声不响地抬来热水，我和黄登明稍加洗漱，便上床睡觉。我俩各睡一头，床上铺的是黄登明自制的褥子，滑滑的又软又暖和，我很快入睡，迷糊中似乎听到有人在外说话，又感到有人不时为我拉被子盖脚。

三、"酒歌"难得一闻，"饭令"稀奇罕见

我睡得很香，起床时已近十点。太阳早已升起，早饭是黄登明老伴刚煮好的新苞谷闹四季豆疙瘩汤。疙瘩汤又香又甜，我一口气吃了个饱。搁下碗后黄登明告诉我，昨晚祝文华来看我，见我已睡下后又回去了，约好今晚来带我去另一家采访。

按照我和黄登明的约定，今天主要是听他为我演唱苗族传统歌谣。为了保证原汁原味，歌谣都要先录音后翻译、整理。我从背包里拿出录音机，装好磁带和电池。黄登明二老没见过录音机，觉得很是稀奇。见刚讲过的话马上能录下并重新播放，黄登明一下子兴趣盎然，全没了我所担心的疲倦感。他边裹叶子烟边说："我们苗族歌谣多得很啊！什么都可以唱，天地祖宗，牛马鸡鸭，婚丧嫁娶，干活玩耍都有，长的几天几夜唱不完，短的三五句话，不知汪同志要的是哪种？"

"长的古歌下次再说，这回想请你唱那种不是很长又好玩的酒歌。"

"那就先唱个媒人厚着脸皮说亲的酒歌吧。"黄登明想了想，把黑亮沉重的乌木烟杆放在一边，另外拿出个精致漂亮的竹錾花镶铜"老吧斗"，将裹好的叶子烟装进去点燃，放进嘴里痛痛快快地，然后眨眨眼睛，慢慢悠悠地唱了起来。

> 锥子尖尖又锋利，
> 穿透九十九张黄牛皮。
> 你说亲路不得，
> 我说亲路多得很，
> 从杨鲁家起就是这样兴的……

酒歌曲调平和，音节也不复杂，黄登明连说带唱，边唱边译，点头啄脑，手舞足蹈间充满着诙谐。

锥子尖尖又锋利，

穿透九十九张黑牛皮。

你说媳妇不得，

我说媳妇多得很，

从杨鲁家起就没叫男人打过单身……

黄登明告诉我，这两段说亲酒歌叫"酒令"，是酒歌中的一种。前一段是媒人到女方家去说亲时所唱，后一段是到男方家做媒时所唱，所唱的内容包揽一切，不方说方，不圆说圆，足见做媒人的嘴甜和厚脸皮。我问他"杨鲁家"是什么人，他说"杨鲁家"就是他们"小花苗"，"杨鲁"是他们这一支苗族的祖先王，无所不能，好多古歌、酒歌都要唱到他。我说难怪媒人连说亲都抬出祖先王来鼓舞士气，使歌词里充满自信和霸气，这桩亲事没有不成的道理。黄登明大笑着直点头："对对对！所以说我们娶亲嫁女都要唱这首酒令。"

"不是说苗族婚姻比较自由吗？怎么还是要媒人说亲呢？"我有些疑惑地问。"自由是自由，但最终还是要征得老人的同意和认可，媒人在中间说成的也不少，带着姑娘私奔的最后都要请个假媒人去赔礼，这样大家才有面子嘛！"黄登明笑呵呵地解释。

"那些自由恋爱的内容，酒歌里有吗？""有啊！思的、恋的、逃婚的都有，三天三夜也唱不完。"

"三天三夜无法等了，你就把不同场合、不同阶段的挑几首好听的唱给我录就行，然后用汉语翻译出来。"

黄登明应了声"要得"，便重新开始了酒歌的演唱。他时唱时说时译，在苗语与汉语之间转换自如。唱完了我所要求的几种不同场合下不同内容和形式的酒歌后，黄登明突然问我："酒歌差不多了，再唱几首"饭令"要得不？"

饭令？我还是头一次听说。黄登明告诉我，苗家礼节多，坐夜要唱古歌，喝酒要唱酒歌，吃饭要唱饭令，都是老祖宗传下来的规矩。我很高兴,连忙说好。

我"咔嚓"一声按下录音键,黄登明得意地摸了摸下巴,眉飞色舞地咂巴着"老吧斗"又开了口:

> 饭令你唱我唱,
>
> 像藤子你缠我缠。
>
> 客来要用马勺舀饭,
>
> 主人高兴得忘了取,
>
> 马勺自己飞出花篾蔸,
>
> 跳进客人怀抱间……

啊,这就是饭会,一个尚未听人说起的歌谣类型哪! 黄登明无意间向我开启了一扇新奇的民族民间文化之窗啊! 我强压住激动,请他继续演唱。黄登明随后腔调一转,连唱带诉,歌声由欢快变为深沉:

> 黄狸儿养在洞口,
>
> 谁见到谁就羞。
>
> 都说它长得好丑!
>
> 黄狸儿长大后,
>
> 蒙撒①家开亲请吃酒。
>
> 嫌它没有马啊——
>
> 不让它走前头,
>
> 把它丢在后头……

录音机悄无声息地转动着,黄登明本来就有些沙哑的嗓音满透凄凉,我没想到饭令也会有这样的感染力。歌声逐渐变慢,一直在默默撕苞谷叶的黄登明老伴竟然停下了手中活儿,低下头抹起了眼泪。黄登明止住歌声,放下"老吧斗",有些歉意地笑了笑:"我这个老婆子啊,就是眼泪浅,听不得伤情歌。"黄登明老伴没答话,站起

---

① 蒙撒:苗语音译,黔西北苗族对"歪梳苗"支系的称呼。

身把撕好的苞谷倒进背箩。黄登明继续唱：

> 黄狸儿伤了心，
>
> 要借宝马骑起跑朝前……

随着几声狗吠，祝文华推开门走进来。我向他摆手示意，他没吭声，在黄登明旁边就地坐下帮忙撕苞谷叶，随后也加入黄登明的唱述中。祝文华的声音比黄登明清亮些，两人一唱一和，韵味顿添，歌声随之热闹激昂起来：

> 黄狸儿狠了心哪——
>
> 东边去找马，
>
> 西边去找鞍。
>
> 东边借得风云马，
>
> 西边没有鞍。
>
> 黄狸儿横了心啊——
>
> 跳上马背飞上天，
>
> 飞到蒙苏①家大江边。
>
> 渡过大江后，
>
> 湿脚不湿手，
>
> 黄狸儿只打湿一片小毛毡……

黄登明和祝文华你接我唱，还不时扯着苞谷在地上击打拍子，完全进入了他们的世界，好像旁边的录音机和其他人根本就不存在。堂屋中的毛壳苞谷已全部撕完，两人却越唱越带劲。

> 哪个会栽瓜？
>
> 姑娘会栽瓜。
>
> 瓜秧栽在田坎上，
>
> 结的瓜儿像牛样。
>
> 你们谁说菜寡饭少？

---

① 蒙苏：苗语音译，黔西北苗族对"木梳苗"（他称）支系的称呼。

> 我说饭有九大甑，
>
> 肉有九大盆，
>
> 汤有九大锅……

饭令跌宕起伏，韵味悠长。黄登明老伴起身离去，不久满屋弥漫起浓烈的腊肉香味来。

太阳落山，我终于关上了录音机。黄登明老伴已摆好了饭菜，桌上是刚刚炒好的辣椒炒腊肉、炒洋芋和炒瓜儿。黄登明笑着对祝文华说："你运气不好，昨天晚上我一高兴就把酒喝光了，今天只有将就啃干饭了。"祝文华说："将就？老腊肉都割来煮了，还是我有口福。"黄登明说："我这是招待汪同志的，偏被你赶着了。"我连忙道谢，黄登明却说该谢的是我帮他干活。

吃完晚饭，我和祝文华起身告别黄登明。黄登明意犹未尽，说按苗家唱饭令的规矩，吃完饭后还要有个收尾。于是，不待我答话，便抓住我的双手，敞开嗓子唱了起来。我来不及打开录音机，祝文华便逐句为我翻译。黄登明边唱边两眼直盯盯地看着我，大有不舍之意。我眼眶润湿，牢牢记住了歌词：

> 客人来了才唱饭令，
>
> 饭令的道理又长又深。
>
> 吃好唱够走出门，
>
> 月亮已爬上了主人家的房梁顶。

四、夜探"喊歌王"，巧遇"头子货"

伴着傍晚的残霞，祝文华带着我开始了此行嘎姆底的第二个采访。采访对象是一对年龄悬殊、刚结婚不久的夫妇。男的叫熊兴文，是周围有名的说唱人，四十多岁后才找了个二十多岁的媳妇。熊兴文的媳妇名叫李学英。李学英是当地有名的唱"喊歌"高手，人称"唱不败"，因为歌唱得好也爱听歌，硬是被比自己大得多的熊兴文连说带唱哄到了手。婚后的熊兴文对李学英视如珍宝,两人走哪儿寸步不离,尤其不喜欢别的男人和李学英搭讪。为了安心和李学英相守,熊兴文把新房修在了远离寨子的一道山岩沟边,还养了一条大狗,免去了许多串门逛寨惹来的麻烦。

还没走到熊兴文家房前,一连串狗叫声让我心惊肉跳。祝文华一边将电筒光直射过去一边大声斥吼。随着李学英的一阵呵斥,大狗才停下叫声让我们进门。熊兴文的新房是土墙垒成的茅草房,一屋两间,单门独窗,比祝文华家的矮小了许多。火塘边一个高颧骨、唇边留着八字胡的瘦老头正在抽着叶子烟,他满脸木然,既不讲话也没让座。不用说,这就是熊兴文了。祝文华走上前为我们做了介绍,我随意拉了个矮板凳坐下,随即向他们讲述了一番采访的目的和意义,祝文华又用苗语向他们解释,说主要是请李学英唱几首最好听的"喊歌",录下来带到城里去"出书",使苗族的文化得到保存和流传。熊兴文终于卸下防备,把老大的乌木老烟斗从嘴边移开,招呼我们烧茶。

李学英长得玲珑小巧,裙子、花背干净整洁,头上盘着青丝叠裹的高髻,耳朵上挂着一对铜钩耳环,一双好看的丹凤眼灵活地在细长的柳眉下转动,白白净净的鹅蛋脸堆满了笑意。听说要用录音机采访,李学英既高兴又扭捏,拿眼瞟向熊兴文却故作推辞:"唱歌他才唱得好嘞,我唱不好,你请他吧!"几番假意推辞,熊兴文不耐烦了:"上头来的领导请你唱你就唱,整几首好听的出来给人家听才像话,推推托托的像什么样?"李学英不言语了,祝文华努了努嘴,我忙笑着把录音机取了出来。

喊歌属于山歌的一种,又叫"尖声山歌",即隔山相互喊唱,多以假嗓用最大最高音量唱出,为青年男女恋爱时远距离试探和联络情感所用,只能在山坡野外演唱,不能在房内家中应答。我们一行人打着手电筒,走到熊兴文家后面的小路旁停下。李学英不慌不

忙,双手松了松领口,然后将右手拢在嘴边,对着秋夜中的空旷群山放开了声腔:

啊喂——

半夜三更,

陪着月亮走来啰

底畏的好哥哥……

"扑喇喇"一串声响,树上早已安歇的一窝喜鹊惊飞而起,随即又消失在迷蒙的夜空。好高的假嗓尖音哪!我似感觉到一片细薄的钢片被撕裂分开,一下子钻入高空,随着飘飞的云彩上下浮沉,左右晃荡,连星星也随之颤动。

安正谷乃都阿妈哟——

你养的儿子像条龙,

金花亮在胸。

安正谷乃都阿妈哟,

你养的姑娘像只凤,

花艹香蓬蓬……

李学英的手像翅膀一样在嘴边缓缓扇动,歌声时高时低,悠长、遥远而又略带些许凄迷。大狗趴在李学英脚边转动着耳朵,周围一片寂静,只有熊兴文的老烟斗偶尔闪现出点点星火。我完全陶醉在李学英的歌声中,只觉得一架沉重的石磨在我面前不紧不慢地推动,旋转的磨担钩相互啄擦,吟唱出一首首欢快的歌。哦,这就是苗族民间久负盛名的"啄磨担钩"了啊!

好树才能开好花,

好儿才会当好家。

底畏的好哥哥啊——,

你我是对金戒指,

左手戴一个,

右手戴一个。

半夜三更来的哥哟

桫椤树上歇金雀，

雀毛沾树成鸟窝啊……

又尖又清脆的嗓音穿山越岭，在戛姆底村上空不断翻滚，并传向远方。远处不时划过几道稀疏的手电光，不知不觉中，我旁边站拢了好几个人影。看来李学英的歌声魅力不小，村里山一家水一家的竟然循声赶来了听众和歌迷。来人们小声地和祝文华嘀咕着，为不影响录音，我向他们摆手示意不要出声。

一曲歌罢，祝文华拉过来一个壮实的小伙子向我介绍："这是我们戛姆底村的村长（村主任）罗银友，唱喊歌也是个厉害的！让他来两首如何？"我惊叹于李学英的演唱，正愁没有个适合的男子与之对唱呢！罗银友的出现使我大为惊喜，我连忙安排李学英稍做休息，请罗银友上阵按喊歌的规矩接着唱。

罗银友成竹在胸，清了清喉咙，往录音机旁一站便拉开了嗓门：

木呃——

夜半三更了。

那娄伢的妹哟，

没得鱼不麻烦水，

没得鸟不麻烦林……

同样的穿云透石，罗银友的假嗓一下子把我的心提到了云霄上，我真担心他的嗓音会在高尖顶头突然坍塌崩断。然而，他竟能在顶尖之处将长音拖过，然后一个自然下滑将尖利的高音降到浑厚的中音，稳稳地平拖一段后再转调下降到低音便戛然收尾。整个唱腔随着唱词情感的变化大起大落，委婉缠绵，简直就是天籁之音，古朴天成。

那娄伢的妹哟，

新采的茶叶味道不差，

新编的草鞋走路不滑。

嚼过的苞谷秆不再甜，

结果的梨树不再开花。

那娄佝的妹哟，

你诓我九十九种花样是假，

你专心专意为别人去当家。

你的男人就住在凉山垭，

那娄佝的妹哟，

你假言骗我骗得啊……

　　罗银友和李学英一个唱完一个接，完全进入角色。

　　喊歌虽是"小花苗"支系男女交往时唱的传统山歌，但其内容却要根据演唱的环境需要来确定。歌词有许多比兴句段，也有演唱者临时即兴发挥自编自创，内容较为灵活多变，是体现演唱者聪明才智的具体表现。喊歌以情感人，要唱得进对方的心里，让对方佩服才算是好的歌手。祝文华轻声告诉我，罗银友和李学英唱的喊歌，词用得好，声音唱得美，当地苗族没人比得过。我连连点头，承认他们确实唱得好，让我大开眼界。

　　两个多小时过去，罗银友和李学英的对唱告一段落。我请熊兴文和祝文华接着来一首，两人脑壳摇得像个拨浪鼓，连声说不行。二人推辞说年纪大了，提不起尖音了，"玩"喊歌早就"过了气"，再唱就只有"丢老脸"了。还说坐着聊或唱点古歌酒令还行，实在要唱等会回屋去给我来两首平声"坐歌"。

　　正说呢，一道手电光从对面山梁上晃过来，有人用苗语大声喊叫着什么，罗银友侧耳听了听，答应了几句，回过头来对我说，家里刚来了亲戚，要回去招呼，陪不了我了，明天再约我去他家玩，我说不用约，我一定会上他家拜访。说完，罗银友便和几个小弟兄亮起手电筒逐渐消失在黑暗中。

五、"鬼老者"花哨"麻"人,说唱客"摆古"抢眼

我们重新回到熊兴文家中。熊兴文一改原先的戒备态度,将火塘扒开,添上一些柴火。李学英忙着给我和祝文华各倒了一碗茶水,然后将只剩半边的砂锅放到柴火上,为我们炒苞谷花当夜宵。茶水是我们刚进家时所泡好来不及喝留下的,茶叶系当地的苦茶,味道苦辛中略带甜香,凉悠悠地十分解渴。苞谷花则是用新剥的糯苞谷粒干炒,软软的又香又粘,耐咀耐嚼。我重新拿出录音机,请熊兴文和祝文华演唱坐歌。

坐歌即坐在一起所唱的山歌,多为苗族青年男女正月、二月、八月上山"游方"逛花房时对唱。祝文华告诉我,坐歌除了少部分诉苦情、讲根底的传统歌词外,大部分为情歌内容。由于演唱者双方距离较近,所以皆用原嗓轻声歌唱,声音平和,娓娓唱述,故当地苗族又称其为"平声山歌",而将以假嗓高音演唱的喊歌称为"尖声山歌"。山歌不能在屋里唱,我问唱坐歌是不是再上山。祝文华说家里没有老人了,在家里唱两首也无妨。熊兴文说坐歌的内容很多,问我喜欢哪种。我说就选有独特性和比较经典的那种就行。熊兴文听后略一思索,长长地吸了一口烟,将乌木烟杆在火塘边的石块磕了磕,然后双眼微闭,吐出烟气,缓缓地开了口:

有一天啊乌鸦噪,

妹妹长大堵门了。

和门一样齐,

和门一样高。

妹妹呀!

从小阿妈不吃给你吃,

从小阿爸不穿给你穿,

如今长大了，

你却悄悄离家走远了……

这是一首逃婚歌,叙述的是姑娘和自己心爱的人走了,阿妈十分伤心,要两个兄弟去将逃婚的妹妹找回。两兄弟到处访问打听,历尽千辛万苦,终于在纳雍县找到了已和心上人成婚的妹妹。看到妹妹生活得快乐幸福,两兄弟放心了,赶回家告诉阿妈别再思念姑娘。唱词分段推进,舒缓平静,叙述性强。整首歌的音阶只在高低八度之间跳跃,远没有喊歌的宽广多变,但节拍轻重明显,速度也较为均匀。熊兴文如僧人诵经似的平推稳进,脸上一派严肃漠然,如泥塑石雕般一动不动,要不是那不时翕动的嘴唇和胡须,我还以为他睡着了。

一曲唱完,我们几个像被催眠般昏昏欲睡,熊兴文见状,不好意思地连声说自己唱歌不好听,提不起大家的劲。我回过神来,乘机要熊兴文讲两个好听的故事来醒醒脑。熊兴文苦着脸说:"实在是对不起,找不到啥值得讲的。""李大姐这样聪明漂亮的歌手都被你哄成一家人了,咋就哄不来我高兴高兴?"大家都笑起来,熊兴文终于来了兴趣,重新燃起叶子烟,为我讲述了一个安山匠郁罗多智斗邪魔和野兽的故事。

我惊奇地发现,唱歌平平的熊兴文竟然是个讲故事的天才。他那苗腔夹着浓浓乡音的汉语恰到好处地让我听懂了整个故事。随着故事情节的展开,他与故事中的主人翁同喜随悲。他拿捏着故事中各种人物的性格,抬脚舞手,眼动眉飞,将整个故事讲述得异常生动。熊兴文讲起故事来与唱歌时的严肃不同,完全改变了刚才的冷漠形象。他童心陡起,"哄"劲大发,两撮微翘的八字胡在他的薄唇上不停抖动,游刃有余地铺排着故事的情节。讲到山邪魔被郁罗多捉住变成个"苗大姐"后,朋友劳戴来设计哄"苗大姐"吃饭,假装说要去摸"苗大姐"时,熊兴文竟然转过身装着劳戴的样子,弯着腰眯起眼,把手伸到了站在旁边的李学英身上。李学英没好气地一巴掌将熊兴文的手打开:"你乱摸什么哟! 我又不是山邪魔。"熊兴文若无其事地转回身:"'苗大姐'也是这样说的,'你乱摸什么哟! 我不会饿死的'。"我和祝文华哈哈大笑,熊兴文却没笑,含着乌木烟杆一本正经地继续把故事讲下去。

讲到郁罗多设计将山邪魔及一起来报复的野物用九十九把火烧死在石头城时,熊兴文憋着嗓子,从喉咙底下震颤着发出一阵低沉的超低音调,学着邪魔野物们的呻吟和哀号:"菩萨哟! 我们一个都逃不掉……"声音气断落肠,屋里煤油灯光也好像在随之簌簌跳动,听得人直起鸡皮疙瘩。

郁罗多的故事讲完了,我放下记录本,从李学英手里抢过杯子为他续上一碗苦茶水,由衷地称赞他讲得好。李学英提来几个干树疙蔸加在火塘里,为黑漆漆的土茶罐重新灌满水烧上,端过刚才没吃完的苞谷花放在近处。我抓了两颗放进嘴里,苞谷花早已变成了又冷又硬的铁疙瘩,哪里还嚼得动? 精瘦的"熊老头"完全变成了个朝气勃发的老小孩,边和祝文华"咯嘣咯嘣"地磕着冷硬的苞谷花,边给我讲儿时听来的美妙爱情故事《虫包姑娘》。

《虫包姑娘》讲的是天神王诺吐家的小姑娘爱上了孤苦无依的孤儿戛鲁吒,变成了一只谷秧虫包来亲近他并嫁给了他。财大势大的土目官爷看上了漂亮无比的虫包姑娘,在下人的怂恿下将自己的九寨太太与虫包姑娘调换。虫包姑娘设计处死了土目官爷和作恶多端的下人,让戛鲁吒当上了九寨寨主后便回到了天上,生下了戛鲁吒的儿子奴港扎朵,并将其送到凡间给一对孤老抚养。奴港扎朵从小聪明好学,苦练本领,长大后上天寻母,智斗不喜欢自己的外公天神王和九个娘舅,救出了被压在大山脚下的虫包姑娘。凭着当年虫包姑娘和戛鲁吒分手时留下的半截木梳,奴港扎朵与父亲相认,一家人得以团聚。奴港扎朵接替戛鲁吒当了九寨寨主,并在九寨娶妻生子,生活幸福美满。整个故事讲述过程中,熊兴文思路清晰,口齿清楚,始终保持着旺盛的精力。时而天上,时而地下,时而神仙,时而凡人,他把内容曲折、层次多变的苗族故事用汉语交代得清清楚楚,明明白白。他仍然声情并茂,亦庄亦谐,绘声绘色,使我堕入故事的虚幻空间而不能自拔。这个貌不惊人的"熊老者"啊,谁能料到他那干瘦单薄的身躯里,竟会蕴藏着如此强大的魅力呢!

《虫包姑娘》讲完,时间已经是大半夜。祝文华请我到他家安歇,我只好起身收拾东西,意犹未尽地向熊兴文致谢,告别了这对老夫少妻。

走出熊兴文家,一弯新月已高高悬挂在西边天际,露水凝结草木树叶上,夜间已泛起阵阵寒意。我们打着手电筒穿行在戛姆底村,不时引起几声狗吠。路上祝文华告诉我,熊兴文开头给我唱的逃婚歌其实是酒歌,不是坐歌。真正的坐歌是男女对唱的情歌,调子也新鲜好听得多。他不愿李学英再开口唱,故意答非所问,用又长又闷的酒歌打发我,就是想让我们早些厌烦早些离开。我恍然大悟,"好在他后面拿出真本事,两个故事都讲得很精彩,还算够意思。"好个熊兴文啊,"打发"我时竟然声色不露,之后讲故事时又激情迸射,尽显本事,"熊老者"真是个"鬼老者",不简单!

六、夜半难眠就火琢玉,清晨放牧上山觅珍

我有些遗憾没有听到真正的坐歌,祝文华说不要紧,他就是唱坐歌的行家,我想听多少他都无条件地给我演唱。他说还有几个好故事,准备讲给我听。我一听大喜,忙问什么时候能给我露一手,祝文华说明天他要放牲口,到时我和他一起上山,保证让我听个够。

说说走走,祝文华的土墙房出现在眼前,大黄狗欢跳着迎过来,对我也表示出亲热的样子。门没有闩,祝文华点上灯,从火炉顶拿出个熏得乌黑的水壶,将里面的温水倒进木盆请我烫脚,然后招呼

我上床睡觉。床是祝文华的妻子专门让给我睡的,她带着娃儿蜷曲在临窗墙下的麦草地铺上睡得正香。待我上床后,祝文华在妻子旁边的麦草上和衣躺下,胡乱将妻子所盖的裙子拉出一角搭在身上,然后隔老远将放在桌子上的灯吹灭,随即呼呼入睡,打起了鼾。

我脱掉衣裤,拉过被子,用电筒晃了晃——啊!那是一条什么样的被子哪!是花是白早已分辨不出,被里被面一个样,早已染成一片乌黑,里面所絮的棉花成块成坨。被子曾破开过几道大口,被粗针大线随意的缝合在一起。床上所铺的一床草席中间已经破了一个大洞,上面另铺了半床破损的羊毛毡,羊毛毡上印迹斑斑,沾满了灰尘和草屑。

我赤裸着上半身刚躺下,一股汗酸奶馊味在我鼻间挥之不去,熏得我透不过气来。我将被子紧紧捂在脖子上,使劲把头往后仰,咬牙闭眼强行入睡。被窝湿润润的像涂了一层油。

入睡没多久,我便感到不对劲,开始是右腿上结痂的伤口有些微痒,随后便这里麻麻,那里痒痒,浑身难受起来。我七搓八扭,这里挠挠,那里摸摸,不时从麻痒处抠出个尖脆的草屑、细硬的砂粒,或者是肉肉的臭虫和虱子来。凭着感觉,我将草屑、砂粒丢出床外,臭虫和虱子一律捻死,不一会,我的几个手指满是虫腥血臭味。更要命的是几只抓不着的蚊子,呜呜嗡嗡地老是围着我脑袋飞,时不时在我脸上叮上一口,弄得我很是烦躁和不舒服。好不容易忍着奇痒在被叮处拍死一只蚊子,很快又来了新的。静夜中,祝文华和他的妻子鼾声此起彼伏,偶尔还伴有孩子一两声噙奶声,好像地铺那里别有天地,根本就没有蚊虫叮咬。

我辗转反侧,实在是睡不下去了。我打开手电筒翻身起床,穿好衣裤袜鞋,走到火炉边,打开封火盖儿。很快,一股蓝色的火苗冒了出来,我顿时感到一片温暖。离天亮还早,我点亮祝文华家的煤油灯,拉来个小矮凳在火炉边坐下,摸出钢笔和笔记本,开始整理前面听来的苗族故事。我把煤油灯拨小放到面前的板凳上,让背影和火炉挡住照到地铺那边的灯光,以免干扰祝文华一家睡觉。我沉浸在故事里,忘记了时间的流逝……

一个故事还没整理完,祝文华的声音已在耳边响起:"汪同志啊,你咋起得那么早,没睡好觉吧?"

我抬头一看,天已大亮,忙吹灭了灯,有些语塞道:"哦,不,不早,睡了一觉,有些故事没记全,趁还记得清,得抓紧时间赶紧整理哩!"

祝文华的妻子将孩子抱起来坐在地铺上,走过来捅开火炉,给我们烧水洗脸,随后又端出半砂锅稀饭热上。我和祝文华洗完脸后匆匆喝了两碗稀饭,按照昨晚的约定上山放牲口。我将挎包中的水杯灌满开水,祝文华把地铺上的羊毛披毡给我披上,然后自己披了件大蓑衣,顶着个篾帽子,拿着把弯刀,扛上小半麻布口袋洋芋就出了门。

祝文华的妻子早已把圈门打开,两头带着嘴笼的黄牛和两只半大的黑猪先后走出。祝文华吆喝着把猪、牛赶上路,我挎上背包紧跟在后面。走过几家住户,祝文华隔老远就大声呼唤,一些牛、羊陆续从住户家走出,牲口队伍里不时添上新的成员。祝文华告诉我,他们几家挨得较近,每天轮流放牲口,今天该他家当值上山,他一个人要照看好几家人的牲口,明天再轮到别的人家照看。

走出寨子,牲口已扩增到近二十只,牲口队伍除了原先的两头猪和两头牛外,还加入了几匹母子马和几只羊。大黄狗跳跃着追了上来,祝文华用苗语大声呵斥着命令它回去。我说何不将它带上山,祝文华说屋里还需要它看家,离不开。转过山梁,大黄狗还走走停停地在后面跟着,祝文华接连向它抛出几颗石子,它才极不情愿地停下脚步,按原路返回。

牲口群在山道上排成了一列不算短的队伍,不紧不慢地向云雾深处的高岭走去。祝文华左手抓住肩上的洋芋袋口子,右手挥着根竹条鞭窜前走后地招呼着牲口。一头牯子只顾和前面的稚牛嬉闹,打乱了前进的牲口队伍。他将竹条鞭并到左手,弯腰拾起一团泥土朝它们甩去,随着"噗"的一声闷响,相交的犄角便炸开一团泥粉,两头牛吓得赶快分开,朝前急跑了几步后就规规矩矩地重新走进队伍。

山道两边的树丛里不时飞出不知名的鸟雀,伴随着阵阵欢鸣喜唱,祝文华愉快地吆喝着。晨风不时翻动着他的篾帽和蓑衣,衣角轻轻地飘飞在略带寒意的晨光里。我一直紧跟在最后,挎包将背上的羊毛披毡高高顶起,笨拙得像只翘着屁股的甲壳虫。

七、斗"喊歌"作弊败阵,品"坐歌"烧烤尝鲜

晨曦渐朗,开始还觉得有些冷,后来便热了起来。山道逐渐升高,远处的山岭慢慢变矮,林间染上一片蒙蒙雾气。踏着晨光,我们终于来到了戛姆底村后的坞铅大岩凉山顶上。

钨铅大岩东西相贯,凉山顶像一对凌空铺开的蜻蜓翅膀。祝文华告诉我,过去这一带山深林密,岩陡坡险,清朝时有位苗大王造反,曾在这里安营扎寨,驻扎过人马。中华人民共和国成立前这里也常有土匪聚集,是个没人敢来的地方。后来炼钢铁砍光了山上的大树,如今倒成了放牲口的好场所。这是一个条件极好的高山牧场,东面和西面相隔五里远;两座石山连坡接岭,在南面挽手相交;中间是一片舒缓略凹的坡地,坡地上丛林卧石遍布,到处是草铺青苔;北面则是环围了十多里的长崖绝壁。真没想到,几天前我还在坞铅乡政府门口看着这座横贯南北的巍峨大岩遐想,现在居然会披着披毡到这岩顶头上和祝文华放牧,真是不可思议!

我们从南面缓坡口走进中间的坡地,祝文华将戴在牲口头上的嘴笼逐一取下,得了自由它们便自行觅食,慢慢隐没在周围的石包

林中。我担心牲口走远丢失,祝文华说只要看住南边的这片缓坡口子,随牲口咋跑也不会丢。我们只管做自己的事情,该收工时再把它们聚拢了往回赶,根本用不着东撵西跑地追着牛屁股。

在一块平展的卧石前,能干的祝文华很快燃起了一堆篝火。火烟袅袅,随风飘荡,很快就与山风雾气混合在一起,化成一缕青灰。远山若隐若现,像罩上了一层稀薄面纱,我看着眼前的景象,顿觉心旷神怡。

忽然飘飞的面纱中透出几个白点,缀着点点殷红与金黄,摇摇晃晃地在对面山梁上移动。祝文华告诉我,那是附近寨子中前来放牧的几个苗家姑娘,比我们来得还早。姑娘们穿着比较讲究,白色的披肩搭配黄布条镶嵌的五彩花背,与火红的头饰相互映衬,在一片灰蒙中尤其显眼。

祝文华将蓑衣和披毡铺在篝火边当坐垫,我取出录音机,正准备请祝文华演唱坐歌,突然一声高亢的"啊喂——"划破雾纱,连着一串假嗓尖音从对面传了过来。是喊歌!我一下子兴奋起来,忙侧耳敛气静听。祝文华边听边笑着对我说,对面的几个小姑娘把我们当成了小青年,在"逗"我们和她们对歌呢!

"逗"我们的喊歌我听不懂,只感到稚嫩的声音悠远柔和,传递着无比的愉悦和亲切,隐隐约约地沁人心脾。一曲歌罢,我要祝文华赶快对一首,祝文华满脸是笑从我手里拿过收音机:"有现成的高手在这里,还怕她们?"才看我操作几次,聪明的祝文华早已将收录机的简单原理牢牢记住,我协助他将磁带倒回昨晚所收录的喊歌处,祝文华把录音机开成到大音量,高高举上头顶,顽皮地对着对面山上的几个姑娘放起了罗银友昨晚唱的喊歌,用以和对方"对唱"。放完一段,对方没了回应。祝文华说,对方的歌没有李学英和罗银友的歌唱得好,被镇住了。我说是不是对方听出我们用录音机"作弊",不理我们了?祝文华连声说不会,说对方根本就不晓得会有录音机唱喊歌。过了一会祝文华又故技重演,洋洋得意地放开了第二首。李学英的喊歌颤悠悠地传过去,对方毫不知情,我和祝文华喜滋滋地希望对方能上当。

没曾想第二首喊歌播音刚停,对方就对我们大声喊了几句。几个小姑娘你说我接,全是苗语,声音又尖又细,隐隐约约地随着山风传递过来,弹银敲铃般清脆悦耳。我听不懂,两眼直盯祝文华。祝文华侧耳静听,然后放下录音机哈哈大笑。我莫名其妙,忙问咋回事。祝文华笑得眼泪直淌,看向我道:"对方说我们歌唱得好,就是唱错了,骂我们是疯子,脑筋不管事,'抬脑壳看看嘛!太阳都晒屁股好半天了还喊夜半三更'。"

"啊?"一番解释之后,我终于明白过来我们放的喊歌时间对不上,想让对方上当,结果放了"半夜歌"去瞎对。投机取巧却被对方揭短露丑,也难怪要受一番责骂奚落了,真是活该!

几个小姑娘骂了几句便转过山梁不见了,笑够了的祝文华往火堆中添了几根柴疙瘩,还禁不住偷偷直乐。想象着几个小姑娘生气的样子,我也觉得好笑。

篝火堆不断窜起跳跃的火苗,伴着缥缈的火烟与不时轻爆出闪亮的火星,一阵倦意向我袭来,我感到眼皮变得沉重,这是昨晚熬夜的缘故。我把铺在地下的羊毛披毡拉开一半靠在旁边的石包上半依半躺,极力打起精神,将录音机重新换上磁带在石包上放好。

祝文华收敛起笑容,在蓑衣上盘腿而坐,不用我说,便对着录音机抑扬顿挫地唱了起来:

　　　　人人讲我们两个好哟,

　　　　要走才好,不走不好。

　　　　太阳升起挂高山,

　　　　妹送哥爬到山顶上。

　　　　哥妹转脸回头望,

一个獐子在岩上。

獐子踩泥跳下岩，

压弯岩下嫩马桑……

这才是真正的坐歌，声调柔和平缓，亲切优美，曲子调式比酒歌、饭令多，旋律也增添了不少转合变化，音阶起伏不大，但却婉转多变，说唱叙述中唱的成分大大增加，听起来十分舒心悦耳，果然和熊兴文唱的大不一样。祝文华不愧是高手，每首坐歌的演唱都要换一个新调，每段唱完后都将歌词用汉语翻译一遍。他两手抱拳放在胸前，头往前倾，双目深情地望着录音机，唱得专心致志，仿佛回坐到了少年时的花坡上……

我强睁双眼，看着祝文华的脸越来越模糊，逐渐和篝火中升起的淡淡青烟融成一片，飘飘忽忽，越来越模糊……朦胧中，祝文华的歌声幻化成无数光点渐飞渐远，我终于抵抗不住瞌睡的诱惑，在一片祥和中沉沉睡去。

直到太阳偏西，我才从酣睡中醒了过来。四周一片寂静，我身上盖着祝文华的蓑衣，录音机静静地和挎包放在石包顶上，上面盖着祝文华的篾帽子。我看看表，已是下午三多钟，好家伙！我这一觉竟然睡了五个多小时。祝文华不知干什么去了，篝火已经烧尽，几颗炭火在中间散发出余烟，仍然保持着热度。我拿开蓑衣从地上坐起来，惊奇地发现火塘边摆着十来个熟透的烤洋芋。烤洋芋被精心地剥去了皮，下面垫着些许木叶，排列得整整齐齐，像一队等待检阅的士兵。

我食欲大振，伸手抓过"派头兵"，几大口就吞到了肚里。好香的烤洋芋啊！热腾腾地又焦又软，我顾不得狼吞虎咽，一路风卷云残，很快就将整个"队伍"收入腹中。从小到大，我不知吃了多少烤洋芋，但从来也没有吃得这么多，这么香，这么爽！

我打开录音机，才"唔噜"了几声便没了气息，一检查，四节电池已消耗完了。我换上新电池,查了查录音带,还好,祝文华录的坐歌都还清晰。

口有些渴,我从挎包中取出水杯一连喝了好几口。我站起身正准备到周围走走看看,祝文华却笑眯眯地提了只灰褐色的鸟回来了。

"汪局长啊,风大地硬,睡得好吗?""不但睡得好,而且吃得饱,你这柴火烤洋芋整得香,被我一扫而光了!"

"我还怕留得少不够你吃呢,口袋里还有,再给你烧几个?""不烧了,我肚儿装满,啥也不想吃了。"

"不想吃?我这里还有个'小香香'呢!"祝文华把手里的鸟举了举。祝文华的幽默引得我哈哈大笑。他告诉我,我睡着后他一直录着坐歌和故事,后来录音机没电了,他就开始烧洋芋吃。看我睡得香,知道我昨晚没睡好,想让我多睡一会,就没喊醒我,先填饱了肚子。第二拨洋芋烤好了,我还是没有醒,他将洋芋逐个剥皮摆好,然后去看牲口,顺便也想寻个野兔什么的给我尝鲜。转了半天,野兔没碰上,一只在树上歇气的灰斑鸠被他一石头打个正着,于是就提了过来,要请我吃烤斑鸠。

"'斑鸠扳四两,鸽子各半斤',这只灰斑鸠又大又肥,咋说也少不了半斤呢!"祝文华边说边动手,将斑鸠毛拔干净,随即用弯刀开膛破肚,掏空内脏,用我喝剩下的凉开水冲洗血迹,然后添加柴火,用树枝叉着放到柴火上烤起来。他熟练地转动着树枝,斑鸠肉很快散发出阵阵焦香。

祝文华把烤好的斑鸠递到我面前,我说按苗族的老规矩,追山打猎,见者有份,我不能独占。祝文华眼珠转了转,笑呵呵地撕开烤斑鸠,将肉少的部分留下,将冒着热气的大半边肉给了我:"按苗族规矩,客人要听主人安排。"我不再推辞,接过烤斑鸠便大咀大嚼,两三下就将烤斑鸠吞咽入肚。

八、应邀做客意外逢高手,解除误会开怀取真经

太阳落山,我和祝文华将散布在各处的牲口聚拢,准备赶回住处。才到村头,祝文华就用苗语大声吆喝。放牲口的人家听到喊声后随即打开圈门,等着牲口各自返回。别人的牲口遣送完后,祝文华才将自家的牛和猪关进圈。

走进家门,祝文华媳妇用苗语和祝文华交谈着什么,祝文华边听边应答着从我手里接过披毡,和蓑衣、篾帽一起挂在大门边的墙壁上。祝文华的妻子提着一大壶热水和一个脸盆走过来,倒上水让我擦汗洗脸。祝文华告诉我,他老婆说村长罗银友中午来过他家了,想约我去他家玩,得知我和祝文华上了山,留下话让我们回来后要祝文华带我去他家,他在他家等着我。"我们擦一下脸就去他家,免得他一直等。"祝文华边说边为我倒水:"罗银友这人十分仗义,说一不二,人也好玩。"我十分高兴,加快了洗漱速度,很快就清除了满身的汗垢烟尘。祝文华洗漱后还特地另换了件半新半旧的麻布长衫,领着我往罗银友家走去。

罗银友家坐落在一片竹林边。一座茅草掩盖的木房背山而立,檐窝石坎砌得规整平实,房前屋后及竹林边栽满了核桃树、桃树、琵琶树、香椿等。旁边是个依坡建成的牛圈,下半部分是石墙,上半部分是土墙,牛圈楼上堆满了荞草。

一阵狗吠声响起方额大眼的罗银友笑着迎出门来,将狗撵开,引着我和祝文华进了家。屋里弥漫着一股烟味,火炉边几个老壮不一的苗族汉子客气地站起来让座,罗银友说这三个亲戚赶场路过他家,正好碰到他约我玩,就留下他们来陪我喝酒。祝文华和他们相互打了招呼,显然是老熟人了,他指着其中一个对我说:"这是坞铅新发民族小学的陶敬刚老师,和我一起教过书,满肚子的文章嘞!摆古说事可是个好手。"陶敬刚三十出头,个子不高,穿着一件略微

褪色的蓝色中山装，扣着封领扣，留着个规规整整的"偏偏头"，尖颌宽额，胖瘦适中，说话一板一眼，不时抿着嘴唇，抬头挺胸满透着谦和："我晓得的都是些哄娃儿话，摆古可不敢在祝老师面前张嘴。"我一听十分高兴："我爱的正是哄娃儿话，陶老师，我们有缘啊！"

大家谦让着坐下，祝文华说家里有事，站起身要走，罗银友一把按住他的肩膀："走？水淹田坝我堵，火烧牛圈我赔！甩开汪同志想跑，你不怕我不答应？"祝文华一下子没了词，只有无奈地点着头坐回原位。

主人家很快就摆开饭菜，除时鲜的炒瓜儿、炒洋芋外，还有难得一见的新鲜猪肉炒豆腐。罗银友提出个塑料酒桶，先从摆在我面前的碗开始斟酒，我捂住碗口告诉他我不会喝酒，其他的亲戚朋友们尽兴就行。罗银友不依："汪同志从上面来我们戛姆底村做采访，昨晚我唱的喊歌都录音了，今天又看得起我，肯来我家玩，我要敬你三碗酒，不喝我不依。"我再三解释，我真的不会喝，莫说三碗，一两也拿不下。罗银友说他这是当地土酒，度数不高，无论如何也要给我斟半碗。最后祝文华出面替我说话，让我抿一抿表示意思，其他人随意。我勉强同意了，刚松开手，罗银友桶口一偏，酒便喷涌而出，我忙伸手挡住，酒已经有了小半碗。

大家边喝边吃，三两口抿下去，我已满面绯红。看着我脸红筋胀的样子，罗银友笑着直摇头，相信了我真的不会喝酒，把"矛头"转向了他人。几番寒暄之后，大家渐渐没了拘束。趁着兴头正盛，我向他们宣传起了这次收集"民间文学三套集成"的重大意义，说明抢救、保护民族民间文化遗产是如何的重要和刻不容缓。我感叹重重，百感交集，想激起大家听讲的兴趣："别看不起这些哄娃娃的故事、歌谣、谚语什么的，这都是我们民族世代相传，祖祖辈辈的宝贝啊！它是我们民族创造的，是我们所特有的！这就是历史，这就是文化,这就是我们民族的根本!"我环视一圈,他们全都停下吃喝,认真地听我讲。我有些激动:"可现在呢?年轻人爱看的是电影录像,爱听的是洋歌新曲,都不爱听说唱摆古了,我们的许多宝贝已经很少有人能记得全了,照这样下去,我们的根就没得了啊!"大家紧盯着我,表情庄重而严肃。"这些宝贝经过千百年才传到我们这一代,不容易哟!所以,国家要抢救,我们文化部门来采访搜集,就是要将你们讲的故事、唱的歌谣、说的谚语用文字记录下来,把优秀东西的汇集成出书,以便将来继续流传下去。"我顿了顿,提高了音量:"出书时,哪个故事是谁讲的,哪些话是谁说的,哪些歌是谁唱的,什么民族,多大年纪,是哪个地方人,通通要如实记录,讲述的人和演唱的人将会随着这些宝贝一起名传千古!希望罗主任和大家多支持!"

"好!"罗银友举起酒碗对着在座的人一晃:"汪同志说的对,我们一定支持,干!"

"干——"在座的人都举起酒碗。

晚饭过后,我正准备请陶敬刚讲故事,罗银友却兴致勃勃地讲起了昨晚和李学英对唱喊歌的趣事。他连连称赞李学英唱得好,说他拼命地吊高嗓才勉强追上她,要是再多唱两首他就不行了。他向我透露,说我来夏姆底村后,有人向他反映,说祝文华家来了个矮胖汉人,两三天了都没走,专门找老年人和妇女们唱歌玩耍,怕是个骗子,要不要找几个民兵来抓了送到乡政府?罗银友对那人说不忙,先摸摸底再说。昨晚隔山听到李学英唱喊歌,怕李学英被骗了,才带了几个小伙去探虚实,没曾想祝文华也在。后来听祝文华介绍,才知道是六枝特区文化局的领导来采访。"回来后我又想,不对呀?既然是局长来采访,怎么会一个人都不带?"罗银友心里又疑惑起来,想想不踏实,天一亮又趁赶乡场买东西的时机到乡政府问真假。乡长一听笑着说:"哪会有假!确确实实是六枝特区来的汪

凉都撷彩(三)——六盘水市民族民间文化资料选辑

276

局长啊,幸好你没把人拴了,拴了可就麻烦了! 快回去好好配合人家的采访工作!"

"所以啊,今天我特地把你请来要向你道歉的。"罗银友笑着打趣,"差一点你就要被我们拴起来了呀!"

"该道歉的是我,一来就忙着找人采访,没有把介绍信交给村干部。"我开始认真检讨。"真被挂起来也活该。"大家全都哈哈大笑起来。我从挎包中掏出笔记本,罗银友忙站起身点亮灯。陶敬刚十分开心,讲起了他最喜欢的故事。

他先讲了一个《灯草心和石头心》的故事,用的完全是老师给学生讲课的方式和口气,讲述平和舒缓,朴实简明,连一些语气助词也认认真真发出响亮的读音来。他将苗语翻译成汉语来叙说,还尽量用不太标准的普通话去规范语句,没有半点模糊和含混,就像是在读一篇预先准备好了的发言稿件。我快速记录着,没有提问和打岔,他这种讲法十分便于我的整理。

《灯草心和石头心》讲完了,大家都听得津津有味。我继续作业,陶敬刚接着报了几个故事,可惜我已经在其他地方采访过了。他想了想又讲了个《谷牡差打》的故事。最后他搜肠刮肚才又想起了《郁凯叨种荞》和《雷打岩的传说》两个没听人讲过的古老故事。

讲完《郁凯叨种荞》和《雷打岩的传说》,祝文华站起身告辞回家,说明天再来陪我。没想到始终谦让着的陶敬刚不依了:"祝老师啊! 我的几个看家故事都兜底了,你是出了名的'理老',不吐点宝献出来就要走,对不起汪同志和我哦!"祝文华说:"我晓得的都被黄老乡长和熊兴文讲完了,要不还等到现在? 实在是想不到了。"罗银友说:"再想想! 这么早就想回家?"

"还早? 都快半夜了啊!"祝文华左右为难。我笑着鼓励他:"再仔细想想吧! 讲个像样的故事出来,争取能上书留名。"祝文华只好坐下,双手扬过头顶,十指弯曲着插进头发,低头想了好一会才仰起脸:"这样吧! 古歌里有一个《苗爹苗妈的传说》,我当故事讲出来,行不行?"

史事传说我求之不得呢! 我连忙催他快讲。

这是一个历史传说故事,祝文华轻车熟路,讲得轻快流畅,将起祖的苗爹苗妈如何从河南迁徙而来,如何分居失散,如何杀虎灭妖,如何婚配团圆,以及传下的风俗、规矩禁忌、习惯等的来由交代得明明白白。时间已是深更,罗银友和几个旁听的亲戚都困了,其中一个竟坐着打起了呼噜。

这个传说终于讲完,祝文华也摸黑回家去了。他白天干活晚上还陪我采访,又当向导又被采访,真难为他了。三个亲戚都说农活很多,要连夜赶回去。罗银友不答应,起身安排我们几人的住宿问题。妻子早就带着娃儿去和老母亲挤一张床了,剩下两张床,他让我单独睡一间,三个亲戚睡一间,他自己抱了件军大衣要去睡牛圈楼。

我笑着从他手里夺过军大衣:"我来帮你安排! 我睡牛圈楼,你和三个亲戚正好两两睡一间。"罗银友说哪有安排局长睡牛圈楼的道理,我说:"牛圈楼草软通风不闷热,比睡床还安逸,你该不会是舍不得吧?"罗银友笑着同意了,招呼我们洗脸洗脚,然后用手电筒引着我爬上了牛圈楼。他热情地帮我铺平荞草,我问他能不能帮我留陶敬刚一天,请他和祝文华一起帮我翻译整理一些资料,他说没问题。

九、人牛相邻"滚草窝",主客同作惜离别

树遮竹掩的牛圈楼真是个好地方。我将脱下的鞋放在一边,盖上军大衣和衣而卧,躺进了松软的"草窝"里。牛圈楼两边山林空敞,晚风挟裹着竹林的清香不时从中拂过,将秋日的余热和圈中的异味吹淡了不少。楼上厚厚的堆积着新的荞草散发出微弱的鲜香,淡淡的月光从山的右面照了进来,月钩比前两夜宽大了许多,星星也增加了不少。天空一汪深蓝,周围的山和树全罩上了一层蒙蒙的

银灰,透出一片梦幻般的青紫。我闭上眼睛,静听着楼下老牛隐约传出的反刍声和偶尔出现的喷鼻声,不知不觉进入了梦乡。为防蚊子骚扰,我将军大衣的毛领翻平盖过头顶,偏着头将脸侧埋在纤细疏松的荞草里。不知是这一招管用还是其他原因,我耳朵边再也没有出现过蚊子的"哼哼"声。

这是我在戛姆底村睡得最舒坦的一夜。天亮了,我从沉睡中醒了过来。牛圈楼的杈柱顶住房梁,两边椽条密排桁上,交叉着在我头顶上空搭成个大大的人字形斜面。斜面上和夹角之间布满了大大小小的蜘蛛网,附着在椽角的茅草上,像灰白色的兜肚口袋——望着这些"杰作",我恍然大悟,明白了昨晚我没听到蚊子"哼哼"的道理。

爬下牛圈楼,罗银友端着热水迎上来给我洗脸。罗银友的妻子已准备好了早餐,是可口的酸菜豆汤煮荞疙瘩。吃过早餐,罗银友妻子放牛上山,陶敬刚应约留下陪我,其他两个亲戚则起身回家。不一会,祝文华手里提着个黑色塑料袋过来了。他走进屋,藏藏掖掖着把塑料袋放到了水缸脚。塑料袋一松开就耷拉下来,露出了个黄灰色的东西。我一眼就看出,那是我在供销社为他买烧酒的塑料酒壶。

罗银友在堂屋外檐摆开张小方桌,泡上苦茶,祝文华和陶敬刚在小方桌一边坐下,我掏出笔记本和录音机,将用苗语录音的喊歌、故事等调出,请他们和我一起逐句翻译、对比,重新整理记录下来。录音机放放停停,我们商量着,争论着,认真地挑选出符合本意的词文。祝文华冥思苦想,陶敬刚字斟句酌,罗银友则大大咧咧地赞同着这个、反对着那个。我仔细地对比着他们的观点,诘问着怀疑之处和盲点,希望能将有分歧的地方统一成共识。能与两个"苗秀才"机缘相遇,实在是我的运气。他们能在大忙时节丢下农活陪我采访,这是多大的恩惠!我加快记录,恨不得多长出两双手来。秋日的戛姆底村天清地爽,我额头上却沁满汗珠。

太阳斜照着将光芒探进檐窝,暖暖地飘洒在我们的裤腿衣服上,慢慢地移动而来又缓缓地移动过去。罗银友不时地添加着茶水,罗银友爱人什么时候回来的我都不知道。直到喊吃饭,我才知时间已到中午。饭桌摆好,祝文华将自己的酒壶从水缸脚提出,罗银友乜斜着眼睛:"祝老师,你搞什么名堂?嫌我的酒不好喝?"祝文华忙解释:"这是汪局长买的酒,我舍不得喝,提来大家热闹热闹,难道你不愿喝?"陶敬刚笑着接过酒壶:"既然如此,这酒非比寻常,我可是一定要喝的。"说着就往大家碗里倒酒。罗银友抢过酒壶说:"怎么说我也是主人,倒酒还是我来。"

喝过酒吃完饭,我们继续翻译,直到太阳西下,才将这几天来所录的苗语资料翻译核对完毕。我大获丰收,笔记本记满了翻译、整理的资料,远远超过了我预想的结果。

看看天色还早,我向罗银友致谢告辞,准备赶回坞铅乡政府安排下一阶段的采访。罗银友要我歇一晚再走,我说趁天气好,得赶快多跑几个地方,陶敬刚站起身也说要走,罗银友只得作罢。我收拾东西,才想起手电筒还在牛圈楼上。我爬上牛圈楼,左翻右扒没踪影。罗银友说,可能落到下面牛圈里了,他钻进牛圈,手电筒早就被牛踩成了"废物"。罗银友把他的手电筒塞进我的挎包,要送给我用,说在乡下搞采访没个手电筒不行。我将手电筒取出强行还给他,说到乡里马上就能买个新的,多谢他的美意。临行前,罗银友又将中午喝剩下的酒提出来,分别倒在四个碗里,要大家干了才准走。大家端起酒碗,我说我只能喝一小口,罗银友爽朗地将我那碗酒分别倒在他们三个的碗里,把余下的递给我。

我没有再推辞,一大口将碗里的酒全喝了下去。我们在罗银友家路边挥手告别,我往西,陶敬刚往东。我给陶敬刚留下了地址,让他回去后再写点传统歌谣和氏族故事寄给我。陶敬刚满口答应着走了,后来,他果然给我寄来了好几篇极有特点的苗族民间故事稿件,其中一篇还选进了"省卷本"。祝文华和我顺路,他抢过我的挎包,坚持要送我一程。

我们刚出寨口,便碰到黄登明犁田收工回家。他吆着头黄骟牛,肩上扛着犁头,招呼我到他家歇一晚上再走。我连忙感谢,说已经来戛姆底村打扰了好几天,现在已采访得差不多,还忙着赶到其他地方去。他问我脚上划破的伤好没好,我挽起裤腿给他看,几道细长的疤已经淡去,也没有发炎,说想不到他的烟叶棉花灰竟然赛过云南白药。他"嘿嘿"笑了见我忙着赶回去,也没再挽留。

别过黄登明,我们继续上路。说起陶敬刚,祝文华赞不绝口,说他如何好学多才,如何正直讲理,在附近苗寨是很有威望的人。我说这次运气好,怎么会在罗银友家碰着了呢?祝文华说陶敬刚是罗银友娘舅家的表亲,昨天是罗银友母亲生日,他们是来祝寿的。我责怪祝文华为什么不早些告诉我,让我也表示一下祝福。祝文华说是罗银友不让讲,他也不晓得,还是陶敬刚背地里透露给他的。他临时起意,才将我买给他的酒提了过去。"钱是你掏的,礼是我送的,酒是大家喝的,怎么说都是对的!"祝文华豪爽地笑着说:"反正大家心里都明白,玩得也高兴,这也挺好的嘛!"唉,这个精明义气的祝文华啊,叫我说什么好呢!

走到戛姆底村右面的山梁上,通往乡政府的公路已依稀可见。我收住脚,要祝文华就此止步,他却说再陪我走一程,送我到山下的公路边。我说送君千里,终须一别,何况家里还有好多活儿等着他呢。他有些怅然若失地停了下来,从肩上取下挎包帮我背上,我紧紧地握了握他粗壮的双手,说了声"后会有期"便转身走下了山梁。

走了好远,我回过头去,祝文华还站在高高的山梁顶。落日的余晖把天空的浮云映得通红,四周的景物全镶上了一层烁金。他静默地伫立,以夕阳为韵,与戛姆底明亮的蓝天深深的映在我脑海里,显得无比的清晰,瞩目。

遗落在大山深处的"芦笙王"

余漫江

一

第一次了解"芦笙王"张文友的事迹,是在参与《六盘水市志·文化志》一书的编校工作中,当时,我承担了《六盘水市志·文化志》一书的文字录入工作,在每日机械的文字录入过程,有一篇由汪龙舞先生执笔的民间艺人小传《乌蒙"芦笙王"张文友》深深地打动了我,我不禁停下了敲击键盘的双手,捧读起这篇字数并不算多的人物小传来……

"1973年,正当张文友心灰之际,突然接到上面通知,抽调他到六枝特区宣传队排练节目并参加全省会演,他那熄灭了的希望之火又燃烧起来。他兴冲冲地背上芦笙,赶了几十里山路来到特区调演小组,投入到了紧张的排练。当时'极左'思潮的影响还很深,有的人把民族民间的传统表演形式斥之为'陈旧',在最后审查节目之时,张文友的芦笙舞被取消了资格,他痛苦地返回家中后便病倒了。1974年10月,张文友病情恶化转为肝癌,这个遐迩闻名的一代'芦笙王'就这样在绝望中结束了生命,年仅46岁。"(汪龙舞《乌蒙"芦笙王"张文友》)

当我读到这一段时,竟然控制不住自己的情绪,潸然泪下。我为这位芦笙舞技艺超群,于贫病交加中,在不允许他登台演出的痛苦和绝望中,如流星般孤寂地陨落于家乡那高高的、荒凉的神仙坡脚下,而悲从中来。

源于对一个艺盖群芳的民间芦笙舞大师的仰慕,我不觉留心起关于张文友的一切介绍资料来。我找来了汪龙舞先生写的报告文学《芦笙王》,从贵州省和六盘水市汇编、出版、发表的有关文献资料中去寻找关于"芦笙王"张文友的相关信息。

张文友演出照　汪龙舞 供稿

于是,一个在二十世纪五六十年代名噪京华的苗族芦笙舞蹈家;在莫斯科第六届世界青年联欢节上以粗犷、优美的舞姿,灵巧的步伐,独特的"矮桩功夫"征服了外国观众的中国民间艺人;曾在中华人民共和国成立 10 周年大庆活动中,在人民大会堂的华灯下为毛泽东、周恩来、朱德等党和国家领导人做精彩表演而大放异彩的苗族人;一个被《真理报》记者阿·科仁称赞为"民间创作的天才大师";一个被著名的芦笙表演艺术家金欧称赞为"独一无二的芦笙舞大师"的"芦笙王"这样一个鲜活的人物,栩栩如生地朝我们走来……

二

2004 年冬,为了做村落民俗调查,我与课题组成员一行五人来到了张文友的家乡水城县青林苗族彝族乡。

青林苗族彝族乡的曹书记事先给张文友的儿子,时任青林苗族彝族乡人大主席的张少学打了电话，说市文化局的同志们要到他们海发村搞民俗调查，叫他这两天在家等着，不用到乡里上班了。曹书记还安排了乡里的文化专干小李给我们带路。

青林苗族彝族乡属于水城县的极贫乡，当时，全乡竟然没有一处集市，也没有一家旅店客栈，我们在中午时分到达乡政府时，正好赶上了午饭时间，乡里的工作人员全部集中在乡政府那间简陋的职工食堂用餐。曹书记叮嘱我们一定要吃了午饭再去海发村，因为错过了饭点，就不好找到吃的了，而且从乡政府去往海发村还有好一段路要走。

事后我们才知道，就连乡政府食堂饭桌上的蔬菜也大多是乡干部们自己种的，乡里的采买要到相邻的南开乡去，并且还要逢赶场的日子才有东西卖。如此艰苦的工作条件，恐怕全市也难找到第二家了，心里不觉对曹书记等坚持工作在最基层的领导们肃然起敬。

通往海发村的公路只有一条，为土石铺就，高高低低，很颠簸。沿途除了重重叠叠的大山，便很难找到一块平整的土地。一路上，我就想：在如此层峦叠嶂的大山里，在经济、交通、文化尚不发达的20世纪五六十年代，张文友是怎么走出这大山？怎么走到北京人民大会堂？最后，又怎么走向莫斯科大剧院的呢？

终于靠近了海发村，这个坐落在黔西北高原的崇山峻岭中的"小花苗"支系民族聚居的自然村落。

海发村村落聚居点位于海拔 1670 米～2100 米，全境为凉山半凉山峡谷地区，自然环境险恶，土地贫瘠，可耕地少，耕地主要分布在峡谷冲子、山间麻窝及四周的缓坡地带。全村 200 余户人已传至20 代，全为苗族中的"小花苗"支系民族，村中主要有张、李、祝、王等十个姓氏。

进入村中，脚下的路全变成了黄土路，因为是冬季，村子四周满目枯荒，一片苍凉，一处处土墙草顶房，低矮矮地矗立在冬日寒冷的阳光下。

三五个背着沉甸甸的柴火晚归的苗族妇女,迎着晚霞朝我们走来。妇女们身上艳丽的服饰、背上背着的柴火、身后慢慢悠悠跟着的两头老黄牛与满目枯荒的村庄带给了我强烈的视觉冲击力。

这种冲击力是渐行渐远的农耕文明,留给我们这个快节奏的现代社会最后一抹温馨的记忆。

三

带着一颗敬谨的心走进了"芦笙王"张文友的家。乡干部小李为我们此行做了介绍,可张文友的儿子张少学主席看上去却不怎么热情,他只叫家里人端了凳子放于屋外,倒了些热茶让我们喝水歇气。

我理解张少学的冷淡。我想:张少学和他的家人们一定因为父亲张文友的关系,一年到头不知要接待多少拨像我们这样的调查组、采风团、采访组等所谓的文化人,而这一拨人,给他们眼前至关重要的生计问题是不会带来任何切身利益的,只会平添他们不少的麻烦罢了。

在来海发村之前,为了对我们此行的调查做好准备,尤其是做好"跨文化心理准备"。我先行走访了几个对张文友家情况较为熟悉的文化人,其中时任水城县文化稽查队长的王述康同志给我讲起了一则他们做调查时住在张少学家的事,听后我很感动。

王述康说,有一次他跟随汪龙舞老师到海发村做民间工艺美术调查,住在张少学家。进村之时,为了不给张家添麻烦,他们买了五十斤大米,打了一壶酒一同带到了张家。在张家借住期间,每顿饭张家上上下下七八口人中只有张少学陪着他们一起吃饭,而且吃的是白米饭。有一次,吃饭中途,王述康因为找水喝,推开了张少学家左边厢房的门,眼前看到的一切让他惊呆了,只见张少学的母亲

"芦笙王"张文友的妻子和张少学的妻子、儿女们正围着一锅煮熟的洋芋津津有味地吃着,那一锅洋芋就是他们的晚饭。王述康当即跑去告诉了汪老师,在两人的一再坚持下,以后不再与张少学的家人分灶吃饭,而是同他们一道每顿以洋芋充饥。

王述康说,当时他看见张家老母亲带着媳妇、孙子、孙女们围在那一口铁锅前专心地剥洋芋充饥的情景,时至今日,仍清晰地停留在他的眼前。这是 20 世纪 90 年代初的事,虽然过去好些年了,但是,每次一提及此事,总叫人不能轻松,也很心酸。

听了王述康的讲述,我能想象海发村的贫困是何等严重,那时,张少学正任青林乡的乡长,已身为一乡之长的张少学家尚且要靠洋芋充饥,那么别的村民的艰辛与不易更可想而知了。

20 世纪 90 年代的海发村尚且如此贫穷,我也就理解"芦笙王"张文友在 20 世纪 60 年代初果断做出的那一艰难而了不起的选择了。

1962 年,由于接连三年的自然灾害,张文友家中遇到了很大的困难,他牵挂着家乡的父老乡亲和自己的老母妻儿,返家探亲后就再也没有返回贵州省歌舞团,就这样结束了在歌舞团三年的艺术生涯。回到家后,张文友从弟弟身上接过生产队队长的担子,操劳起一百多家人的衣食住行。然而,他并没有忘记自己的芦笙艺术,随着农村形势的好转,他越来越惦念舞台生活,惦念着与自己朝夕相处的老师和舞蹈队的朋友们,希望有朝一日能重返歌舞团(摘自汪龙舞《乌蒙"芦笙王"张文友》)。

常人在面临人生的进退取舍之时,最难面对的是对名、对利的取舍。我不觉在心中自问:当年的张文友是如何抛却如影随形的鲜花与荣誉的呢?又是如何舍得放弃每月有着固定的工资收入的国家正式演员与贵州省"五好演员"等一系列名利场的呢?

今天,走进张文友的家乡,走近他的家人,走近他的族人,我读懂了上面的文字。一代"芦笙王"舍不掉的是一份责任,是一份苗家根深蒂固的有肉同吃、有酒同喝的令人肃然起敬的患难与共。

四

在张家小院歇足了气,我请张少学主席带我们去他父亲的坟上看一看。

张少学进屋提了一瓶酒领着我们出门了。太阳落山前,我们来到了张文友的坟前。

这是一座与周围的坟丘没有多大区别的普通坟墓,除了坟前那块简易的开了裂缝的墓碑上记载着一代芦笙舞大师外,再也找不见丝毫属于这个"芦笙王"生前的半点辉煌。

神仙坡下,寒风冽冽,荒草丛生。我所仰慕的一代"芦笙王",一个前无古人、后无来者的身怀"矮桩功""轻功"等绝技的苗族芦笙舞大师,就这样遗落在这重重叠叠的大山深处,无声无息……

张少学从怀中掏出了酒杯,倒满酒后,默默地洒于坟前的草地上,然后跪下去给他父亲磕头。

我请张少学再在杯中倒满酒,我依着他的样子,将酒洒于张文友的坟前,然后,想也没想就虔诚地跪了下去……

就在我朝一代芦笙舞大师张文友坟前跪下去的一瞬,张少学一改对我们冷淡的态度。我知道,这是因为我单纯而没有杂念,仅是一个对一代民间芦笙舞大师崇敬之至的跪拜礼打动了他,也消除了我们之间因文化差异而造成的隔阂。

就这样,张少学与他身后的海发村,接纳了我们……

五

从坟山回到张家,天已经黑了。张少学的家人们早已把丰盛的晚饭准备好了。抬上桌的是肥肥的切得如巴掌般大小的腊肉和一盆炖得红油油的辣子鸡。如今的张家早已不是张文友那时吃不饱饿肚子的年代了,也不是 20 世纪 90 年代靠洋芋充饥的年代了。

饭桌上张少学一家对我们很热情,很客气,一个劲地劝我们酒,他的家人们不停地往我们碗中夹肉、添米饭,直至米饭在碗中堆积如小山一般高了还不罢手。面对这份难以抵挡的盛情,同事王建华感慨地说:"苗族是最直意的民族,只要你看得起他们,真诚地对待他们,他们可以把心都掏给你。"

随后的调查十分顺利,张少学主席自始至终全程陪着。当我们调查到民间音乐舞蹈时,他还亲自上场作示范表演。

张少学主席是南开、青林一带"小花苗"支系中继其父之后,在苗族"矮桩芦笙舞"表演技艺中的出类拔萃者之一,他与南开乡的祝兴荣以苗族民间芦笙舞艺人的身份代表贵州省出访过美国、加拿大等国。可是,当地的苗族同胞们一直认为"芦笙王"张文友死后,黔西北一带的芦笙舞艺人中就再也没有超过他的人了。

张文友是永远的张文友,是前无古人、后无来者的张文友。可就是这样的一代民间大师,他的人生宿命却源于那场史无前例的文化浩劫……

正当他的希望越来越强烈之际,一场史无前例的浩劫打破了他对美好愿望的渴求:芦笙成了"四旧",花场也被封闭,甚至有人说他是"封资修残渣余孽",扬言要打倒他。他重返舞台生涯的希望破灭了,但他热爱自己的芦笙艺术的举动并没有减弱。为了改进传统芦笙"六管七音"的局限,张文友找到纳雍著名苗族芦笙匠杨罗德商量改进方法,没想到从纳雍回来后有人诬告他是去参加"反动组织",于是,张文友被叫到公社审问,然后又押送到区,关进了黑碉,成了"反革命嫌疑犯"。张文友感到无比的愤怒和冤屈,苦苦地向人们解释自己是去做芦笙,根本不知道啥反革命不反革命的事,可是没人相信他,待到区里查清所谓"反革命集团"与张文友根本无关时,张文友已被关押了二十多天,心灵和思想上受到了沉重的打击和摧残(摘自汪龙舞《乌蒙"芦笙王"张文友》)。

在那场浩劫中,在那个是非颠倒的年代,上至党的高层领导人、中国的精英栋梁,下至市井百姓,不知有多少蒙冤、受辱而抱恨九泉,更何况一个生于乡间的民间艺人呢?

转而又想,一个视芦笙艺术为生命的民间艺人,被剥夺了登台献艺的权利,他们被关闭了情感的集中释放地——花场,离开了舞台,离开了观众,他的芦笙为谁而吹?舞又为谁而跳呢?还有什么比破灭一个人的梦想与希望更让他感到绝望呢?

沿着神仙坡的山脊,我们一路爬上高高的神仙坡顶,俯瞰山下的海发村,平视海拔在2157米的位于村子左面的陡峭的拖佐楷梁子和右面的大官山、杨梅坡两道山梁。

那个平地弹跳达两三尺高,落下时听不到半点声响的芦笙舞艺人;那个赤脚走在铁锅口沿,边吹边舞却锅不歪、脚不破的自在而潇洒的舞者;那个舞时腾挪蹬跳、飞旋突转,轻捷如燕、急骤如风、快速多变,出神入化的"芦笙王"与那把伴随他短暂一生的芦笙和他演奏的《欢乐的舞步》已一同深深地葬在了这重重叠叠的大山深处,化作了神仙坡下的一抔黄土……

身后,热烈而欢快的芦笙舞曲响起,那是村支书王国民与海发村小学的张发喜、王贵明两位老师以及他们所带的孩子们奏响的《花场曲》,在他们飞旋的舞步扬起的尘土里,我分明看见了一个个芦笙王正朝我们走来……

最后的歌师

余漫江

一

在申报"布依族口传史诗——布依族盘歌"进入中国非物质文化遗产名录的工作中,我有幸走进了六盘水市境内布依族盘歌传唱最具代表性的一些布依族聚居村寨。

六盘水市境内的布依族主要居住在北盘江及其支流沿岸的河谷和丘陵坝区,村落聚居点海拔一般不超过 1500 米,年平均气温 16℃,降雨量充沛,无霜期长,土地肥沃,以水稻种植为主,农业为其主体经济。

布依族是一个逐水而居的民族,其聚居的村寨,依山傍水,林木茂盛,景色秀丽,气候宜人。特殊的地理环境、自然生态环境造就了布依族独特的传统文化表现形式。无论是其舞蹈还是音乐均像这个民族一样的温婉。从音乐形态上看,其曲调大多平稳抒情,音调清雅柔和、起伏较小,节奏舒缓。而舞蹈也极少大起大落,极少粗犷和苍凉。

二

在樱桃熟透的季节我们走进了盘州市羊场布依族白族苗族乡

的赶场坡村化家庄村民组。一进村子,映入眼帘的除了满目的苍翠外,村前村后,房前屋后全是伸手可摘的晶莹剔透的红樱桃。

今天是村子里的吴定超家为小儿子吴安排娶媳妇过礼的日子。经乡政府出面协调,吴家同意小儿子的婚礼按传统布依人家的婚俗举行。就这样,我们得以走近"布依盘歌"的传承人之一——布依"歌师"。

在羊场一带居住的布依人称男歌师为"报松",称女歌师为"亚松"。在婚礼上,男方家所请的迎亲男歌师"报松"和女歌师"亚松"与女方家所请的男女歌师要展开对唱布依盘歌的对抗赛,这也是布依婚礼中最为精彩的一个环节。在整个婚礼进程中,歌师们吟唱的布依盘歌婉转悠扬,声情并茂,给婚礼增添了无限的喜庆。

随着布依族聚居区经济社会的快速发展,以及城乡差距的日益缩小和现代人生活节奏的加快,如今,居住在村子里的布依同胞大多认为传统婚俗的礼仪程序过于繁杂、陈腐,所以,按传统布依婚俗举办婚礼的人家已寥寥无几。听说我们是做"布依盘歌"的抢救保护与申报工作的,而且专门为拍摄婚礼场合演唱的布依盘歌而来,吴家欣然同意协助拍摄,并且答应按传统布依婚俗的整个礼仪程序举办婚礼,我们也因此采录到了婚礼上"歌师"们对唱布依盘歌的精彩场面。

三

在羊场乡及周边居住的布依族的婚俗礼仪中,歌师是一个很重要的角色,这个角色几乎贯穿了婚礼的全过程中,男方请来接亲的男性歌师"松报"一般有两个,一个是大"报松",另一个是二"报松"。女性歌师"亚松"也是一到两个不等。早些年,传统婚俗盛行的时候,布依族人家常有请七八个歌师的排场,如今,男女歌师加在一起也不过两三人了。

吴家的婚礼请到了羊场一带最有名的歌师潘方林担任大"报松"，二"报松"是吴安选，而"亚松"请到的也是远近有名的女歌师吴定芬。下午，在男女歌师的张罗下，吴家接亲的队伍带上所有礼信出门了，我们也一路尾随前往。

去往赶场坡村化家庄坪地村民组接亲的路途上，几乎没有听到大歌师潘方林的半句歌唱，一路上只有二"报松"吴安选遇河、遇沟、遇桥、遇山头时要唱上几句，意思大多是给各路山神通报此行的目的，请他们让路，保家屋平安等。接亲的队伍几乎是一路吟唱着进到女方家居住的寨子里。

进了寨子后，女方家请的歌师们早在通往家门的路上摆下了三道拦路酒。男方家请的歌师必须在每一道拦路酒前同女方家请来的歌师对唱盘歌，并且在对答如流后喝下女方家敬的酒，接新队伍才能通关前行。假如男方家请的歌师在哪一道关口对答不上，歌逢对手，那么双方就会一直耗下去，直到女方家的歌师们认可了才会放行。

双方歌师对唱盘歌的过程中，因为不诵布依语，我们一句也没听懂，但是，在那温婉得像水一样清雅柔和的曲调里，我听到的是一种润泽肺腑的，如雨后山林般空寂清新的，却又不带任何杂质尘埃的清音。这种清音超凡脱俗、远离世俗、远离喧嚣，它像一条清溪般，荡涤尽你心灵间藏纳的所有尘垢，然后，静静地打你的心间流过，润物无声……

四

在进入女方家门的最后一道关口，德高望重的大"报松"潘方林才开口吟唱盘歌，"亚松"吴定芬此时也对阵上场。听完男方家的大"报松"与"亚松"的歌吟后，接亲队伍纷纷被请进家门。男客依长幼落座在堂屋，女客则从左入座于左边的厢房里。

大"报松"潘方林坐了上座,作陪的全是女方家请来的贵客和寨老。入座后,他除了要接下同桌的人轮番敬献的酒外,还要同一桌子的人对唱盘歌。大"报松"这一桌所唱的盘歌,内容有特别的规定,一般唱盘古开天和布依族的族源等以历史传说等为主要内容的歌,常常要唱到天亮,中途不得离席,没有实力的歌师,大多应承不了。

而另一桌的二"报松"吴安选就自由得多了,除了喝陪客们敬的酒外,也要对唱盘歌,只是这一桌的盘歌内容不受约束,可唱情爱、生产劳作、民族传说等。也许是歌唱内容相对自由,围观的人们不时哄堂大笑。

"亚松"吴定芬则入座于左厢房的席前,女方家请来的七个女歌师就会将她围住。从上第一道菜开始,她就要不断地应接女方歌师们提出的问题,还不时对端上桌的菜饭唱祝福语,比如上的是瓜子、花生就要唱多子多福之类的唱词。"亚松"这一桌同样不能撤席,要唱到天亮。

目睹双方歌师即兴演唱,对答如流,词不重复,以及席不撤、歌不停的精彩场景,我想:能担当歌师这一行当的人,真的很了不起,他们一定是布依族人中的智者。他们必须熟悉本民族的历史、生产、习俗等方方面面的情况,也必须是知识渊博、机智灵活、口若悬河的人。在布依族中,歌师是一个十分受人尊敬的角色。

五

第二天,为了拍女家发亲的场面,我们天不亮就从盘州市羊场布依族白族苗族乡政府驻地出发了。不巧的是昨晚下了一场大雨,尽管一大早太阳就高挂于空,可是通往化家庄坪地村的路全是土石铺就的泥泞小路。路况不好,车轮子容易打滑,车子险些掉进高坎下的深沟。我们的车陷进了泥淖,动弹不得。

为了安全起见，我们决定弃车步行进寨。羊场布依族白族苗族乡的乡长潘方文引着我们在山间的泥泞小路上跋涉前行，紧赶慢赶终于在新娘出门前赶到了女方家，架起了摄像机。

接亲、送亲的队伍汇集一处后，排成队等待出发。女方家抬出的嫁妆很多，箱笼帐柜，彩被衣衫从女方家门口一直铺排到寨口。出嫁的新娘叫岑洁，长得很漂亮。新娘子身着自己一针一线绣了两三年的嫁衣出门，从服饰上精致的挑花刺绣、协调大胆的配色，可见布依族人的审美。这一天，对于化家庄坪地村的整个村寨来说，真的是一家嫁女，全寨有喜，在全寨乡亲们的目送下，接亲队伍浩浩荡荡出发了……

潘乡长早已安排人把我们的车子推到了公路上。我们随同接亲的车队，在中午时分抵达了男方家。直至把"亚松"吴定芬为新媳妇挂蚊帐、铺床时要唱的祝福歌采录完成，我们才沿着北盘江峡谷边上的水（城）盘（州）东线驶上了返城的路。

因为是雨季，路不好走。山上不时有滚石落下，险情随时可能发生，一路上大家的心情非常紧张。离开布依村寨时女歌师吴定芬与我简短的一席对话，久久地徘徊在我的脑海里，让我更加惆怅。一颗心沉沉的，总也化不开。

我问吴定芬："在你们这儿做歌师很受人尊敬，很让人羡慕，也很风光吧？"

吴定芬说："以前做歌师是有些风光的，不过现在不同了，因为现在按本民族婚俗举办婚礼的人家越来越少，来请我们的人也就越来越少了。早些年举办传统婚礼的人家多，一年要唱十几回，有时遇到好日子，请的人家多，唱都唱不过来。可是现在一年到头还唱不到两次，有时候一年都没有人来请。

听了吴定芬的话，"最后的歌师"几个字突然间从我的脑海中蹦了出来。布依族盘歌即将面临消失的悲情深深地笼罩了我。

如果布依族传统的婚礼消失了，歌师也就失业了。我担心没了歌唱的潘方林、吴庭贵、罗照学、吴定芬、岑元美等几个已所剩无几的歌师以后该干什么，又以什么为生呢？

"饭养身，歌养心。"没了歌唱的布依人在解决了物质的需求与满足后，又将用什么来"养心"呢？

六

如天籁般动听的布依族盘歌是用布依语创作并传唱的民间文学作品，千百年来一直在布依族中流传着，是布依族人集体智慧的结晶，同时还是布依族人的一部口传史诗。

可如今，在六盘水市境内的布依族聚居区会讲布依语、使用布依语的人已越来越少，能用布依语演唱盘歌的人更为稀少。年轻一代价值取向有所转变，欣赏、传承古老歌谣的热情正一天天减退。20世纪50年代在羊场的布依族聚居区最著名的民间歌手吴定荣、岑国明、罗明先、陆国才、潘桂芝等相继去世后，现在能完整地演唱布依族盘歌的老艺人已所剩无几。中年人也只能支离破碎地演唱几段节选，大部分青少年甚至没有听过用布依语演唱的布依族盘歌。布依族盘歌的传承后继乏人，已走入失传的边缘困境。

做民族民间文化遗产的抢救、保护工作，使我得以走近这些了不起的民间艺人、民间大师们。但是这些精湛的手工技艺、千百年传唱的口头文学、承载民族历史的服饰、起源于洪荒时代的舞蹈等珍贵文化遗产，正在不知不觉中消失得无声无息。

我深深地为布依族盘歌的传承感到担忧，我更为年纪渐高的布依族歌王吴庭贵以及潘方林等几位歌师们担忧，我担忧他们真的会成为20世纪最后的歌师……

七

2008 年,在六盘水市文化局、六盘水市民族民间文化保护促进会、盘州市文化局、羊场布依族白族苗族乡政府等多家政府职能部门和民间团体的共同努力与高度关注下,盘州市羊场布依族白族苗族乡的"布依族口传史诗——布依族盘歌"成功申报进入了中国第二批非物质文化遗产名录。

为了弘扬布依族盘歌,羊场布依族白族苗族乡政府已着手实施布依族盘歌进校园等抢救措施和保护计划,当地的中小学校已开始教唱布依族盘歌。

我相信,有了各级政府部门的重视,有了热心人士们的大力呼吁,有了传习的课堂,对布依族盘歌的保护意识一定会被人们唤醒。作为布依族盘歌的传唱者——布依族歌师将不再沉寞,定会重现往昔的风采。

编后记

　　随着《凉都撷彩》第二辑编辑工作的完成，又一部展示六盘水市多姿多彩的民族民间文化的书籍即将与读者见面。它以真实的纪录、生动的照片向我们展现了一幅幅古朴清新的生活画面，激活了"凉都"蕴藏的民间文化的历史记忆，标志着六盘水市民族民间文化的研究在广度和深度上取得了新的进展。《凉都撷彩》第二辑的出版，得到了诸多热爱民族民间文化的专家学者及作家们的大力支持，多年来他们努力挖掘、收集和整理民间文学，做了大量艰苦、细致的工作。在此，编委会对他们的辛勤付出表示衷心的感谢。

　　中华民族优秀的传统文化来自人民大众，是世世代代相传的瑰宝财富，是文化发展的精神动力，抢救、保护和促进民族民间优秀传统文化的继承和发展依然任重道远。《凉都撷彩》第二辑的出版，既向外展示了六盘水市厚重的民族民间文化，又为今后对其更深入的挖掘非物质文化遗产、广泛开展具有地方特色的民间文化研究、加强文化建设奠定了理论基础。

　　本书在编写过程中，由于编辑知识水平有限，难免有疏漏不妥之处，敬请各位读者谅解并指正。

编　者

2020 年 8 月 18 日